南明史

錢海岳撰

第十一册 列傳

卷八十四至卷九十

中華書局

南明史卷八十四

列傳第六十

無錫錢海岳撰

林蘭友 從子炅 盧若騰 弟若驤 族弟若驥 鄭以佳 盧瀾 林汝翥 魏憲 陳家麟 林夢龍 陳世亨 林垐 子鍾爵等 鄧良藩 張士燦等 葉子器 郭文寬等 林之蕃 李士彥 王來聘 張寂惺 湯芬 周之夔 趙最 彭遇颽 胡允貢 盛于唐 王期昇 吳景亶等 郭符甲 子喬柱等 顏昌儒等 諸葛斌 郭顯 李甲 朱甲 林嵋 兄簡等 都廷諫 毛端 林逢經 弟逢平 林尊賓 林說等 梁鼎鍾等 黃同 王恩及 弟恩鴻 陳大年 黃贊朱 鄢正畿 弟正薊等 陳紹顏 王翊 弟翃 沈調倫 黃中道 蔣士銓 石必正等 馮京第 邵一梓等 張元 張文熊 王江 趙立言等 鄭溱 張夢錫 董志寧 子士駿等 朱養時 吳明中 鄭遵儉 郭定等 李國楨 李開國 梁隆吉 林瑛 楊思任 江用楫 董玄 劉午陽 朱萬年 顧珍 王璽 顧宗堯 顧玢 陳所學 曹威鳳等 陳駒 周在德 韓允祥等 江中氾 劉孟賢 張鵬翼 曹鼒 曾應選 戴仲明 章有

期　顧明楫　朱錫齡　林世英等

林蘭友，字翰荃，仙遊人。崇禎四年進士。授臨桂知縣，宗室貴戚爲斂跡。遷湖廣道御史，連疏劾輔臣張至發、薛國觀，冢臣田維嘉，樞臣楊嗣昌負國之罪。忤旨，禍且不測。黄道周、劉同升、趙士春、何楷交章論救，謫浙江按察炤磨。時稱「長安五諫」。久之，起光禄丞、考功員外郎。

李自成入北京，纍繫羣臣，令降者立紅幟下，不降者立青幟下，蘭友竟立青幟下，遂暴烈日中。有道士投以濡帕，噍之得不死。

紹宗即位，起太僕少卿，兼山西道御史巡按江西。上曰：「卿此行，須顯破情面，明樹擔當，大展忠猷，令人指目。如此行事，方是中興之驄馬；如此激揚，方是天子之法臣。卿爲朕親簡之人。卿之不善，即朕不明；卿之有爲，亦朕善用。江民憔悴於貪政久矣，切切以朕『先教後刑，先情後法』八字行之。又八字曰：『小貪必杖，大貪必殺。』真能代朕行此十六字，始不負人君耳目之寄。」蘭友之任，招集流亡，勵以忠義，衆皆感奮。擢僉都御史。

福京亡，歸倡義兵，練卒措餉。監國魯王入閩，迭晋兵部右侍郎、尚書，兼副都御史，總理恢剿軍務糧餉，督師泉、漳，與林尊賓犄角。踰年，力不支，乃奉親思明，羈窮飄泊，凡十五年乃卒。遺命墓碑書「罪臣」，勿具官銜。

從子炅，字孟炅，博極羣書。入清不應試。蘭友歿，有問及者，輒流涕云。

盧若騰，字閑之，同安人。崇禎十三年進士，授武庫主事。時楊嗣昌督師湖廣，好佞佛，請刊布華嚴經祈福。若騰疏劾之，被旨切責。尋遷郎中，兼總京衞武學。三上疏劾定西侯蔣惟禄。出爲寧紹僉事，轉參議。權奄田國興攬帶貨舟，濫用人夫，辱州縣，阻閘口。力糾其罪，上召國興回，論如法。諸豪奴詐取民財，捕至庭下，重笞之。一奴著綾袴，加笞焉。時天下已亂，若騰練兵無虛日。奉化山寇胡乘龍竊發，與寧波知府陸自嶽設方畧平之。

弘光時，以僉都御史督理江北屯田，巡撫廬鳳。未行而南京亡，紹宗命改浙東。時監國魯王已命孫嘉績、于穎矣，上又命若騰，於是浙東遂有三巡撫。若騰至温州，以事權不一，請專責成。上乃命以兵部右侍郎、副都御史巡撫温處台寧恢討浙西，而台寧又歸魯王節制，所撫者温處而已。已又命楊文驄就處州。若騰疏言：「兩郡制以二撫，是謂十羊九牧。且撫多則標員隨役必多，糜餉不資，無當戰守之用。請裁併歸一，責成文驄。」上命黄鳴俊酌議去留。而鳴俊以若騰無過，難以議撤。踰年正月，再疏請，不許。

時劉孔昭交搆閩、浙間，若騰疏言：「今日之用孔昭，非謂世臣足以繫屬人心，謂恐其歸向魯王耳，臣愚以爲此舉大誤。夫孔昭身爲操江大臣，事急鼠竄；得陛下便宜行事之旨，飛揚跋扈，旬月間有衆數千，且請臣與文驄專理餉，而兵專歸之。彼此其心，不過欲據温處爲郿塢畢老計耳。」已而郭貞一亦交章劾之，遂削孔昭便宜行事。孔昭因怨望，日與文驄爭括餉田，率兵向温。若騰與賀君堯、沈有玆、徐柏齡禦之。擢尚書督師，賜「無不敬」三字。時顧錫疇寓江心寺，爲君堯所害，若騰以聞，爲請卹。

六月，江上潰，魯王走台。七月，清兵攻温，督君堯巷戰，腰膂中矢，力竭入海。至鎮下關，上疏自劾。

汀州變聞，投水，爲人救免。乃之長泰，與傅象晋、郭大河起兵，所謂望山之師也。以食盡瓦解，遂依魯王海上。命以原官督師。鄭彩殺熊汝霖，衆莫敢言，獨揭聲其罪，朝野悚然。

永曆二年，路振飛疏薦，昭宗以故官召，道阻未赴。十一月，與丘建曾會平和萬禮及楊學皋漳浦佛潭橋，進新亭寨，斬總兵楊佐、參將陸大勳。建曾死，從扈舟山，間詣大蘭山寨，入張煌言軍。父老壺漿上謁，垂涕遣之。

舟山陷，奉疏昭宗，偕貞一、王忠孝依鄭成功思明，成功待以上賓。成功卒，煌言遺書若騰，謀復奉王。若騰謀於閩南遺臣，秣馬以待，會王薨不果，遂遯跡澎湖。十八年三月，疾革，大呼先皇帝而卒，年六十六。

弟若驤，總兵。

族弟若驥，三山福寧裨將遷遊擊，守盤山關年餘。清兵自紹興攻關，堅壁勿戰。清兵大至，乏食，議開關一決，副總兵周茂中矢死。兵敗入關，諸將見援絶請降。若驥於夜半以兵三百自温州歸舟山，後從成功軍。永曆六年，以恢撫閩浙，與黄興畧詔安九甲，破清兵平和。七年，坐擅歸罷。

鄭以佳，不知何許人。諸生。長樂知縣，被劾。王以其清苦，降級消息之，旋爲湔雪。終事不詳。

盧灟，字迴狂，龍溪人。工詩。依若騰卒。

林汝翥，字大葳，福清人。萬曆三十四年舉於鄉，授沛縣知縣。天啟中，戰卻徐鴻儒兵，緝妖人王普光黨有功，遷四川道御史巡視京城。

時魏忠賢亂政，楊漣劾之，有旨切責。汝翥繼上疏，請遠稽漢唐覆車之鑑，杜他時孤立之釁，立斥忠賢於外。疏上留中。會有民曹大妻與富家奴角口，服毒死，内奄曹進、傅國興以衆掠富家，用大錐刺其主，刑官不問。汝翥捕得進，進懼劾，請受杖，杖之五十。國興怒，邀汝翥於道，罵不已，復杖之如進。忠賢聞之，大恚，立矯旨收汝翥廷杖。先數日，羣奄毆殺萬燝，汝翥懼，乃逸遵化。巡撫鄧渼、都御史孫瑋、御史潘雲翼交章論救，不得解，卒杖之，削籍歸。一時强項之名大著。

崇禎末，起瓊州副使。坐奸民扇亂，貶秩。安宗立，調臨沅。紹宗即位，擢廣東右布政使、太常卿。未赴而福京亡。永曆元年七月，監國魯王至長垣，郡邑起兵應之，召爲兵部右侍郎總督義師，以魏憲爲監軍御史。與族人巠復福清。後汝翥敗觀音埔被執，誘降不屈，縶之。一夕，服金屑死。

憲，字惟度，福清人。諸生。工詩，後降於清。選詩持行世。卒於開封。

同時起兵者：

陳家麟，字恭夫，天興長樂人。諸生。聞沿海兵起，喜曰：「此吾致命之日也。」結義勇百人分隊出。家不及中資，盡所有佐軍。以無援死。

林夢龍，字言臣，永嘉人。崇禎十五年舉於鄉。官職方主事，行軍有紀律，累疏數千言。永曆三年，起兵福寧桐山死。事聞，王爲之不食。

陳世亨，瑞安人。歷鄧府審理、中書舍人。國亡入山。永曆元年十月六日，以六千人復瑞安，援兵不至，見執，大罵不屈死。

十一月，桐山尤山野攻平陽，兵潰，先後株連死者甚多。

林埊，字子野，福清人。崇禎十六年進士，授海寧知縣。之官，策一蹇驢，偕二童子、一老跛蒼頭，爨突操作，官署蕭然，門以内無胥役跡。涖任甫一月，北京陷，東南所在變起。邑賊李刀三以劍術惑衆，能緣壁走、伏水中一二日不出，聚黨千人，將揭竿。埊聞，故置不問，尋降牒云：「旦日縣官詣鄉約所講約。」至則數百人擁而噪，埊又故不置可否。講約方半，一卒縛刀三至，衆大驚，埊立杖殺之。從篋中出一紙曉通衢，以元兇既除，餘不問，一邑晏然，於是威名大震。

安宗立，埊寓書馬士英，言國難君仇，宜規圖中興，不報。數月，南京、杭州陷，卒乘亂乞餉，環署大噪。埊鎮攝之，亂乃定。埊以城孤不能存，引去。去之日，陳行李於庭，橐裹書籤外，絹素四端而已。闔邑民皆肖像以祀。

魯王監國，遷行人。黄道周、路振飛交章薦埊，因召對。區畫時務，大稱旨。道周督師，疏請埊偕行，遂轉户部員外郎理餉，兼參戎政。時士英擁兵叩關，請入朝。埊具疏劾之，士英不敢入。已改御史，往諭浙西。行至處州，又以典銓非埊不可，召回，除文選郎中，謝絶請託。時鄭芝龍恃推戴功，徧置私人。垐執祖制爭，芝龍銜之。會疏請召募福寧，斥私資得三千人。請復温、台，不許，以其兵屬他將。既而杉關失守，將從扈汀州，倉卒不能及。上殉社稷，大慟，散兵走山中，製棺，書「大明孤臣之柩」以待盡。

及魯王至長垣，福清義兵請垐爲主。垐别其父曰：「兒當死久矣。作令，城不守當死；扈駕，事不終當死；若再苟延，是以不令之名貽父母羞。」乃苴履負戈，雜徒旅中，與林汝翥、林師稷及御史蔡昌應、主事林泌、壯猷將軍鄧良藩、完義將軍某，聯六十社，合周鶴芝、周瑞、陳文達，以八月中旬，復福清、長樂、閩清、永福。垐與汝翥守福清，屯南浦。王擢左僉都御史，自將一軍，時所謂「忠武軍」也。九月十七日，清副將滿進忠兵至，衆潰城陷，垐身被數十創，猶血戰，矢貫喉間死。屍直立不仆。進忠拜之，乃仆。

子鍾爵、鍾哲。鍾爵，字思讓，去諸生。入山。鍾哲，有文名。垐從兄塤，亦工文。從弟懋勉，字伯奮，隆武二年舉天興鄉試，授福建道御史。垐死，王命領其衆，以隱遁終。子弼，博學，擅草書，亦終隱不出。

良藩，字如磐，武平人。鎮東衛百户。崇禎末，遷江南營都司，調汀州，有清名。隆武中，擢總兵。福京亡，起兵扈王，挂征虜將軍印，封安福伯，晉侯。當垐之死，武進士薛允先同歿於陣。同春社總兵施三陽，偕弟中書舍人致和及薛五光、高枝聲，以援垐同日死，總兵鄭士奇被執死，守備張士燦力戰死，舉人毛翼徵陣亡，妻陳經死。

士燦，福清人。武生。妻薛服毒死。

埅友人葉子器者，初在營掌記室，先爲清兵所執，使作書招埅。子器受紙筆，書絶命詞與之，亦被殺。

埅葬福京井樓門外，友何晋卿附。晋卿故與埅同起義，後佯狂遊江湖，没身不返，其弟仁卿負骨葬之者也。

同埅起義者：

郭文寬，字容甫，福清人。亦偕其族文祥應埅，先埅一月死於陣。子之禎，族人祚豐、文臺、名銑，邑人莊尚志、蔡薦侯、黄盛、盧坦然、陳仕功同殉焉。千總顧其龍得文寬胄歸，血漬幾滿。九月晦，餘軍復屯於蒼霞嶺，諸生張可均死之。

林之蕃，字孔碩，侯官人。宏衍子，埅同年進士。授嘉興知縣，遷寧波推官，爲政清簡，以計罷歸。魯王起車駕主事。紹宗擢考功郎中，以浙江道御史巡按浙江，督餉聯絡嘉興軍。轉太僕少卿，齎敕存問錢士升、徐石麒。未行，昭宗即位，起故官。隱唐嶼，以畫自給。王攻福京，謀爲内應，事洩係獄，吞金屑死。

李士彦，字其迪，福清人。隆武二年廷試庶萃士。萬元吉駐忠誠，士彦以忠誠推官參軍。城破，冒重圍出。王航海至，士彦糾衆曰「忠定社」，偕埊屯南浦。埊死，復糾餘衆，合施爌、方奇捷、謝鼎、樊翻、周庠屯蒼霞嶺。十月朔，拒戰水南敗。十一月十七日，戰觀音浦，退杞店龍田，衆潰。士彦啟王，自劾無功。王念其勞，陞御史。後附阮進舟北行卒。

王來聘，福寧人。後復福清海口城，爲清兵所執，不屈死。

張寂惺，一名宋惺，會稽人。崇禎中爲僧，名石田。工詩，通内典，爲曹學佺、祁彪佳所重。威宗嘗召入，問成佛宗旨。曰：「陛下治世，自有帝王道法，佛教特臣等自善身耳。」上爲悚，重其言。半年辭歸。南京亡，號哭，糾合義兵秦望山，有衆三千，守小亹。監國魯王舉爲將。清兵至。曰：「事急矣。」請南行，引兵迎扈，乃説鄭彩迎王。紹宗封護國禪師，賜紫衣金印。永曆元年，起兵應王連江，衆四萬人。命以兵部右侍郎總督恢剿軍務。郭天才敗後被執，所部皆散，遂隱琅琊白雲山，以詩寓感慨之思。

湯芬，字芳侯，海鹽人。雲章子。崇禎十六年進士。授山陽知縣。史可法、王永吉薦監紀推官，監劉澤清軍。遷户部主事，督理杭、嘉、湖、蘇、嵩、嘗、鎮軍餉。陳洪範降清，招之不應。南京亡，雲章起兵平湖死，海鹽義師奉芬爲主。而參將周一誠持兩端，陽言起義，陰款於清，心害芬，嗾義兵殺王有虔。溆浦義師以無餉譁一誠門，一誠又嗾義兵追殺溆兵，釋清令陳之杰，督軍民薙髮。營兵義兵大譁，與溆人火其門，一誠走，韓萬象追斬之黃泥橋，芬乃微服走謁福京。

紹宗於淮上夙識芬，及見歡甚，遷四川道御史。時鄭芝龍專政，芬於軍國利弊無不盡言，力請發海師直擣浙直，以是忤，屢欲中以危地。出使浙東，博雒入閩，見執嵩溪。張存仁以天時人事說之，將任官。芬抗聲乞死。

已得脱，間扈監國魯王，擢兵科給事中兼福興泉參政。及幸琅江，陞兵部右侍郎，總督義師。時水陸主兵者各自雄長。永曆二年五月二十五日，芬道寧德水漈，水師將章雲飛與秦川將黃際盛鬨，芬說之息爭。雲飛裹甲復攻，際盛疑，執芬，緋衣大罵死。

周之夔，字章甫，閩縣人。崇禎四年進士，授蘇州推官。故有聲復社中，偶與張溥爭軍儲事不合，已調息爭矣，之夔復揭之於總督。衆論大譁，謂調停而陰揭之，奸險孰甚。尋坐事罷，疑溥爲之，恨甚。聞陸文聲訐溥，亦伏闕言溥把持計典，己罷職實其所爲，因及復社恣横狀。張國維言之夔去官，無與溥事，被旨譙責，溥幾危，久之始解。陸清源糾之，削籍，之夔憾不已。弘光時，阮大鋮修怨復社，之夔願效前驅。特旨雪前罪，起兵科給事中。

紹宗立，與趙最等五人膺考選，擢編修。徐孚遠自嵩江浮海入閩，上水師合戰議，請討虜自效。福京亡，率家丁拒守，衆寡不支走。張肯堂以之夔熟海道，且起兵報國志甚鋭，薦之監國魯王，晉兵部右侍郎，扼防三山。永曆二年二月，謀以福京納師，事洩死。

最，字我惟，餘姚人。崇禎十六年進士。授邵武推官、簡討，降清。

彭遇颸，字君萬，沂州人。父文炳，遵化遊擊。清兵至，戰死，贈都督同知，謚武節。遇颸，崇禎十三年進士。好大言。安宗立，授職方主事，召對，改山西道御史。自任募兵，請用遼將招海兵，爲戰守備。出京，多携劣衿粟監，給劄同知、通判、推官、參將、守把許召募，受賄不貲。尋巡按浙江，以家丁數百人括市錢。市人蹋署門逐之，遇颸出兵擊殺七十餘人，幾激變。遇颸故黨馬士英，乃以邊才調江北。士英走杭州，潞王常淓命以僉都御史募兵兩浙。隆武元年，謁福京，仍起故官。路振飛力爭之，乃止。後降清爲興泉副使。

永曆二年正月，朱繼祚起兵，命王士王攻興化。遇颸間致書約開門納兵，繼祚未敢信。遇颸於三月八日令清兵出戰，置酒邀總兵張應元、參將路運皞、知府黎樹聲等共坐。酒半酣，從容言曰：「若猶念大明衣冠之盛乎？」衆曰：「毋言，族矣。」遇颸手起斬運皞。樹聲等鬭不勝，亦被殺，應元逸仙遊。諸坐上不知所爲，長跽唯命。於是登陴易幟，與知府胡允貢、知縣盛于唐反正迎繼祚。紹宗擢廣東布政使，允貢爲馬將主餉。監國魯王留遇飈，除福建布政使。清使來招降，斬之。七月十二日城陷，與允貢、于唐被執至福京，不屈死，謚文莊。將王時華後死廣東。

允貢，大興人。歲貢。

于唐，遼東人。選貢。

王期昇，字麗青，宜興人。崇禎四年進士。歷工部主事，紹興、襄陽、長沙知府，南瑞副使。安宗立，遷職方郎中，請行稅契法。清兵逼揚州，吴适問防江守禦策。曰：「長江天塹，寧能飛越耶？」陞太僕少卿。南京亡，與吴景亶起兵西山。隆武元年七月，將路正、張德名、周六執於太湖陳母山，監紀通判張曾，遊擊方啟泰、任君易執於西洋大樹死。斯昇復長興，兵多不戢，四出劫掠。後謁福京，擢兵部右侍郎總督義師，亦以振飛言而止。入清，以義師牽連入獄卒。

景亶，字漆生，歸安人。祖某，舉於鄉，官僉事，南京亡，年八十餘，命景亶起兵。景亶，崇禎十三年進士。授新昌知縣。流寇縱横，捐俸三千金修城。寇至，單騎招降其渠盧錦三。去任日，出千金完逋賦。遷禮部主事、員外郎，請開館設局，修三朝實録。杭州降，與金有鑑起兵復湖州，己軍西山。兵敗，被執嚼舌死。

郭符甲，字輔伯，晉江人。崇禎十六年進士。安宗立，授户部四川司主事兼職方，督理南直兵餉。弘光元年五月，命偕譚貞良典廣東鄉試。未聞命而南京陷。方督餉至蘇州，已徵十三萬金，胥役請曰：「國無君矣，請充橐，且分給各避亂者。」符甲曰：「吾生不受一介，况此金者，國帑也。」悉還之原解州縣。紹宗即位，遷禮科給事中，册封韓王於邵武，迎魯王於舟山。在垣三月，章三十餘上。自度不能容，引疾歸。

汀州變聞，歎曰：「吾散髮入山，早知有今日，然崖山航海，塊肉猶存，小樓三年，黄冠請歸，死吾分也，倘時猶有待，敢遽伏一劍以塞責乎！」

魯王次長垣，起兵科，監王祁軍。未行，適惠安、安溪、永春、德化、大田、尤溪兵起。永春右族周、李、顔、鄭等糾鄉壯迎符甲至梅溪爲帥。不旬日響應者萬餘人，分部五鎮，以林忠、顔昌儒、鄭英達、鄭岳、李錫燕、周天麟、蘇迪統之。復永春、德化，上遊聞風降附。聞昭宗立，命從子維城詣行在獻捷。王晉副都御史，提督義師，統制全閩招討軍務，便宜行事；忠等各副總兵。符甲承旨，益自激厲。

鄭成功攻泉州，營桃花山。符甲與沈佺期檄會攻，號召連絡惠安、安溪、永春、德化、延平、建寧、大田、尤溪各州縣爲犄角，衆至五六萬人。會成功走，清兵入泉州，各道兵多爲清騎所蹂。符甲師不動，數戰皆捷。但孤軍無援，清兵並力深入，昌儒、英達分守東關、太平鎮者，皆敗。清兵趨永春，諸軍潰，符甲獨率親軍五百迎戰。身被數創，退守上場堡，絶粒不死。二年十一月十九日，因冠帶南向再拜，自經未絶。馬得功入，從小樓解其繯，以一扉舁之，拱手語曰：「先生何自苦！東南未盡平，願有相託。」符甲瞪目叱曰：「忠臣不事二君。子封任汝，報國繇吾。」唾其面大罵之。得功慚曰：「郭公志不奪。」命持刀就扉上斷其首。首懸杆上，面必南向。血流漬草盡枯，後其地無寸草焉。陳屍七日，顏色如生，蠅蟻不敢犯。夜中，聞空中人馬聲，火光起，得功乃俾其僕謝曉蒼備棺衾禮殯拜奠焉。曉蒼葬訖奔東寧。事聞，贈符甲兵部尚書。

子喬柱，任錦衣衛指揮僉事、監紀同知。先奉母入武榮山中，得免。後與維城依成功中左所。維城，太學生，任中書舍人，自有傳。

昌儒、英達、岳，於永春陷死，三百寨俱歿，德化亦陷，總兵鄭雲陣死。昌儒，兵部主事；英達總兵；岳、錫燕、天麟，總兵；迪，副總兵，皆永春人。

同時，諸葛斌，字士倫，晉江人。倬從子。隆武時爲監紀推官，從成功桃花山。清泉州西門守將楊義謀内應，有成約矣。而提督趙國祚召守東門，斌不知也。夜率衆臨城，與副總兵蔡參等全軍俱歿。

郭顯，晉江人。必昌子。亦以謀内應，事洩，一門十三人被殺。

又李甲，九江德化人。以賈居閩，欲起兵，事露遇害，一門十餘人被焚死。

朱甲，崑山人。完髮入閩，欲歸成功，被執，縛樹杪，叢射刳腹死。死地皆不詳。

林嵋，字小眉，莆田人。崇禎十六年進士。李自成攻北京，上書史可法言兵事，可法奏留之，授吴江知縣。隆武時，遷都水主事、精膳員外郎。敕祀霍童太姥。擢監軍御史、兵科給事中。福京亡，與考功郎中黄岳謁監國魯王長垣，轉吏科都給事中。朱繼祚舉兵興化，令嵋監其軍。城陷，賦絶命詩三章被執，嘔血數升，自經死。

嵋磊落負奇節，見時事已非，輒寄悲憤爲詩。

兄簡，字子山，副貢。著蟲書，文章奥峭。抑抑卒，年未三十也。從子佳璣，字衡者，質樸修志行，詩文能世其家。

同時，都廷諫，錢塘人。恩貢。莆田知縣。城陷，自縊死。

毛端，字大宜，湘鄉人。舉於鄉。剛武善槍法，力敵百人。北京亡，號泣欲起兵，鄰翁以金三千、米五百石助之，得子弟三百餘人，率以勤王。中道，聞清兵入關，改就魯王海上。戰敗被執，降臣周亮工説之降，大駡曰：「我中國人，寧爲朱氏鬼，不爲異姓生也。汝狗彘不食其餘，尚何面目向人！」不屈死。

林逢經，字守一；逢平，字守衡，天興長樂人。兄弟皆諸生，入復社，用文雄一時。逢經性剛急，或面摘人過。逢平性沖和。閩中建文社，八郡人士悉集西湖荷亭，二林領袖之。從逢平問難者數十人，從逢經十數人而已。兄弟皆出黄道周門。隆武時，道周薦逢經中書舍人兼司經局正字、五經博士，轉武選主事，改簡討，纂修國史、毅宗實録；逢平兵部司務。時勳鎮跋扈，官方無序，逢經屢上封事，皆人所不敢言，上温旨答之。

道周死南京，請出使覓其齒髮，或難之，逢經曰：「若得營厝三尺，使忠魂時望孝陵，吾即殉師，何憾哉？」已聞南京有殮葬者，乃已。閩敗入山，監國魯王命起原官兼監軍御史。永曆二年，永福陷。曰：「天朝近臣不敢草草。」舁籃輿抵嵩下，赴海死。逢平亦不食四月死。

林尊賓，字燕公，莆田人。崇禎十五年舉於鄉。紹宗立，首陳誤國諸臣罪，因條列戰守機宜。賜白金文綺，授監軍御史。尋以秉政非人，退處洋城，黄道周疏薦不起。監國魯王入閩，起兵科給事中，從朱繼祚起兵，督兵與林蘭友犄角。師老餉匱，興化陷，衣冠坐廳事，賦絶命詩死。

與尊賓同事者：

林說，字傅公，崇禎十五年舉於鄉。授教諭，恬澹嗜學。兵敗，遁深山，絶食死。副總兵林聚之驍勇絶倫，陷陣死。

梁鼎鍾，字夏章，中書舍人。從周霑起兵，與諸生游慎行、林淑德戰死，吴永寧潰圍走。永寧將兵不擾民，後入壁山中死，民多泣下。勇士馮晞等三十騎善射，兵敗走仙遊。清兵圍之，皆自殺，無一降者。

又黄同，字聖通，諸生。事敗，痛哭死。皆莆田人。

王恩及，字戴君，天興長樂人。天啟元年舉於鄉。授信宜知縣。邑介萬山中，蠻人時竊發，剿撫並施，盜乃戢止。會北京亡，土寇告警，躬冒矢石，城乃獲全。隆武元年，召赴行在，欲大用之。會汀州變，歸拜老母。負土營先墓畢，應監國魯王召，除御史。時事日棘，而正色立朝，風采如承平。永曆二年十二月，長樂陷，與陳大年同死。妻李服毒死。弟恩鴻，字子玉。母李病革，割股。知縣虞世祐旌曰「孝友相師」。恩及，魯王贈太常卿，謚忠襄。

大年，天興長樂人。隆武恩貢。從周瑞、陳韜起兵復城，官都督。長樂陷，與都督徐斌、監紀黄贊朱執死。

贊朱，字心赤，諸生。從子克焕，走。

鄒正畿，字德都，天興永福人。伉爽喜言兵。崇禎末，山寇犯邑，設伏伺懈，禽其渠及黨數十人。隆武二年，以恩貢廷試，授户部司務。汀州變，起兵德化、仙遊謀大舉。監國魯王入閩，錢肅樂薦遷兵科給事中。命察核各邑義兵，屢上封事。鄭彩專政，特疏劾之，爲所惡，歸。經年，兵潰城陷，呼二弟及妻子曰：「今日乃大明兵科給事中鄒正畿死日也。」家人環泣。曰：「人生必有死，死得從文、謝遊，夫何憾！」賦絶命詞，以繩屬弟正衡。正衡懸之東，命易西。曰：「西，吾君也。」從容自經死。

弟正蔚，字德虞，諸生。北京亡，賦傷懷詩，投月洲溪死；正重，字德端，從林師稷起兵，殁於陣；正衡，字德銓，諸生。以三兄皆殉，悲不自勝，遁於僧。

又陳紹顔，字愚發，吴川人。崇禎十二年舉於鄉。招兵數千人，聞王在金門，往謁。行之閩，以未薙髮，爲清執死。

王翃，字完勳，餘姚人。諸生。智畧有大將才。與王江起兵海濵，自爲一軍。王正中薦之監國魯王，授職方主事，以軍事屬之。時楚人舒益生，故新安王華堞客。華堞自徽州至，益生以軍付之。華㶵無分地可賦，軍散。司餉者案翊所破召募之金，將罪之。已而正中合黄宗羲軍西渡。江上潰，宗羲引餘衆入四明山結寨，山民攻之。時翊方走海隅，清購之急，縶其弟翃以招之。翃與幕下諸生皆不屈死。翊泣曰：「是真不負完勳家也。」

既依黄斌卿，知不足恃，與屠獻辰、華夏等謀襲寧波不克，乃以所募衆入山。永曆二年三月，率前鋒將軍王岳壽及宣岳、王雅四復上虞，斬知縣劉方至，浙東震動。清寧紹台兵繇清賢嶺入，翊令諸寨軍屯丁山以待之。久而弛，清兵猝至，翊兵四百人戰死。有孫説者中流矢死，屍不仆。

馮京第自湖中軍敗，亦間行至四明，與翊合軍杜嶴，守關禡牙，軍容甚整。山民之團練者導清兵攻破之。别部邵一梓見執死，京第匿民舍，翊以四百人走依新昌俞國望，謂諸將曰：「是皆團練置。虜雖健，吾視其鋭則避之，懈則擊之。非團練爲導，彼安能行險如枕席乎？吾卒雖衄，蕩團練尚有餘力。」遂自天台至四明，盡殲團練。隨道收兵，民荷鋤從者萬餘人。而京第亦出，勢復大振。翊謂京第曰：「吾始事託此，將以待天下衅，而勢不可猝出。今與我犄角者惟舟山。我滅，則舟山無援；而舟山危，我亦無援。欲去經畧中土，此固大言，人不信。前余煌詞臣，斌卿又無謀國誠，故沮徵兵日本之行。今誠得包胥其人，痛告日本以討亂復仇興滅大義，使發兵二道，一趣南京，一指天津，則天下擾動，我悉山中島中軍以掃江東西，淮揚以南可坐有也。日本事成，割諸島與之。夫大海天塹，孰與長江，彼豈能與我爭中原哉！且今之地，譬如博人，以人爲注，於我何失？」京第然之。

三年三月，再復上虞，逐知縣施鳳翼，東徇奉化。清兵方攻吴奎明、袁應彪，追至河泊所。翊猝遇之，戰清兵敗退。乃告山中父老曰：「前此諸將横擾激變，今我軍足爲是山衛，而一無所犯。倘念王室，其許我乎！」遂結寨山西北境大蘭山，號大蘭洞主。當是時，浙東千里間，山寨鱗次。蕭山石仲芳；會稽王化龍、陳天樞、顧奇勳；天台國望、金湯；奉化公塘奎明、應彪；高橋墩陳倉；五十都金魁、謝旗牌，方壘馮家禎、沈爾緒；浙西湖州柏襄甫等亦應之，各授將軍，其餘小寨支軍不下百數，然皆招集亡命，從事鈔掠。張煌言軍上虞平岡，李長祥軍奉化夏蓋山，章憲軍會稽南鎮，張夢錫軍鄞縣大皎，徐孚遠軍定海柴樓，則且耕且屯，不擾於民，而又單弱不能成軍。惟翊一旅雄長於四明八百里之内。平時不義之徒，立寘重典。凡所決罰，人人稱快。

翊兵設五營，驍將左都督褚九如、沈調倫、鄒小南、黄中道等及監軍道分領之；五内司，江、毛明山等分領之。九如用法嚴而屈己讓能，帳下士或戰傷矢，即以所乘馬載之，己執鞭以從，故最得人死力。調倫爲國模兄弟，夙向義。小南亦諸生，主賓客。中道、明山戇而敢死，搴旗摧鋒，議事侃侃不屈，清兵望旗幟即走。以故翊軍中多故家，相聚講求義烈，列城畏之如老羆當道，郭門晝閉。

六月，王之健跳，翊使奔問，貢方物。王遣官詣寨，遷河南道御史。是冬，朝舟山，擢僉都御史。

時僉都御史會稽嚴我公、知府許珧降清，爲招撫兩浙山寨，襄甫等相繼畔。我公因渡海發使入四明山。中道謂翊曰：「田横不烹酈生於説降之時，其志屈矣，及其後而烹之，不已晚乎？」翊曰：「善。」執其使而烹之，分羹各營曰：「敢畔降者視此」。我公懼，遁去。

四年三月，再朝舟山，晉兵部左侍郎副都御史，尋加尚書督師。八月，偕國望、天樞復新昌虎山，北越餘姚，紹、寧道梗。九月，清將全礪繇奉化，田雄繇餘姚攻大蘭，仍脅團練爲導。翊累戰不能禦。京第遇害，王思二降清，翊猶大治海舟，期身往崇明，而以西事委劉翼明。會九如從弟素先劫餉北走，衆心摇散，翼明歸家，九如逃天台山爲道士，氣結死，小南亦爲僧，翊勢日蹙。

五年七月，聞舟山急，乃復入山，集散亡爲援，而諸將死亡殆盡，旁皇故寨，父老勸之繇奉化招兵榆林、白溪間。是夜，大星墜地有聲，野鳥驚噪，父老憂之。

二十四日，將自奉化出天台。至北溪，爲團練所執。蔣士銓從之。越日，過奉化，賦絶命詞。在獄日飲酒賦詩，束幘掠鬢，謂守者曰：「使汝曹見此漢官威儀也。」時陳錦、礪、劉之源、雄集定海訊之，翊坐地厲聲曰：「成敗利鈍天也，毋多言。」八月十四日赴市。諸將憤其積年倔强，聚射之，中肩中頰中脅，洞胸者三，如貫植木，不少動；又截耳刲額，終不仆；斧其首，始仆。年三十六。牙將石必正明知等三人並死。

翊首懸鄞西門，陸宇𤎤謀之明山、江漢篡取歸，藏密室凡十二年。每寒食重九，招同志祭之，放聲慟哭，雖家人亦莫知爲誰祭也。十七年，宇𤎤以海上事連入省獄，有司籍其家。既去，其女屏當遺棄，於櫝中得一錦函，啟之則赫然人頭也。其弟宇爆哭之曰：「此王公首，而得不爲有司所録，天也。」遂束蒲爲身，瘞之城北。

翃，字完初。

調倫，餘姚人。兵部尚書經畧浙直。十年，再起兵山中死。

中道，奉化人。前軍總兵，亦死難。

士銓，字右良，嘉善人。諸生。爲翊參軍，在山三年。寨破，他人皆去，士銓獨從，被執，賦絶命詞死。翊爲文祭之。

必正，江都人。知，餘姚人。翊被執，曰：「數年辛苦，全爲今日，願無錯念。」翊命之去，曰：「死生險阻，相從數年，今何往？」清將以無三人名，使去，不應。臨命不肯跪，掠之跪，則跪而向翊，同聲駡敵。清兵見者曰：「非獨王公忠也，而其從者皆義士也。」無不泣下。

馮京第，字躋仲，慈谿人。元颺從子。師事劉宗周、黄道周。以歲貢入復社。佐元颺御清兵墻子嶺，録之未及用而北京亡。南京亡，從沈宸荃起兵。謁福京，上中興十二論，授職方主事，擢江西道御史監理浙直，晋僉都御史。江上潰，入舟山依黄斌卿，監張名振軍。

周鶴芝時亦駐軍舟山，故與日本撒斯瑪王善。遣人以齊之存衛、秦之存楚勸之，撒斯瑪王許之。鶴芝謀以林籥舞爲使，斌卿止之曰：「此吴三桂之續也。」京第曰：「北京之變，並東南而失之者，是則借兵之害也。今我無地可失，比之前者，爲不倫矣。」斌卿於是使其弟錦衣孝卿及諸生淩士弘偕京第往。抵長崎，值日本與西洋人相仇殺，兵甫解，不聽登岸。京第於舟中拜哭不已，並致血書。撒斯瑪王聞長崎之拒中國也，曰：「中國喪亂，我不遑卹，而令其使臣哭於我國，我之恥也。」與其國之大將軍謀，發各島罪人三千，致洪武錢數十萬。長崎多官妓，孝卿樂之，若忘其爲徵兵來者。日本人輕之，益無出師意。京第鬱鬱歸，師竟不出。已同名振率舟師北次崇明，而海嘯舟覆，得脱歸，責斌卿令以奇兵西略寧、紹、台，會翻城之師敗。

時太湖尚有義師，乃起兵天目山，會吴易軍太湖。攻湖州敗歸，與族弟諸生愷煇間入四明山，與王翊合軍守杜嶴。永曆三年，爲清兵所破，别部邵一梓死，翊走天台。京第匿民舍，亦往來舟山，聯絡諸寨，再晋兵部右侍郎督師。冬，名振、阮進啟請再命京第同宗羲、阮美徵兵日本，監國魯王賜宴。卒不得要領而返。

四年，再結寨四明山道巖，出復上虞。清繫其家招之。母尹，後陟北道死。妻葉，以財輸軍，割衣帳爲甲，被執自經。二妾江都人，有才藻，被執。清迫作書招京第。曰：「頭可斷，書不可作也。」乞入山。清欲留之。以首觸階，賦詩死。子頌，年十五，清帥欲留之，不可死。諸子没入勳貴家，萬斯同贖而歸之。

京第本儒生，將略非所長。顧以門第自重，視山寨諸洞主蔑如也。嘗執周昌時勒餉，徐鳴珂篡之去。京第告王朝先殺鳴珂。自母妻死後，茹素不近妾媵，與士卒同甘苦，日再食，惟一鹽。所部有擅取人瓜壺者，殺無赦。寒則解衣與卒，自裹片絮忍冷。得粟必與卒共之。故所部憚其威，亦懷其惠。

明年九月，清兵覆四明山寨，翊入海，京第走舟山。舟山陷，京第歸，復招兵，故部復合。時沈爾緒亦立寨合軍，其餉爾緒獨任之。

十一月，京第病居灌頂山中，爲畔將王昇執致寧波。金礪誘降，挺立不屈，鞭箠雨下，罵不絕口。田雄從旁掠之仆地。明日赴市，清帥畏其罵，銜以枚，支解，刳其心醢之。都督張元、參將張文熊等五十人同死；昇亦伏誅。

一梓，一名不倫，字端木，餘姚人。尚書陛孫。與兄一柱，散財結客，從軍江上，授副總兵。命連水陸義師，挂滅虜將軍印，還屯四明山，衆萬餘，勢鋭甚，郡邑相戒毋犯。一柱死，戰敗，被執至酒務橋。嘆曰：「不可破我網巾，使我無以見君親地下。」旋致上虞寸磔，仰首兀坐不跪，張目任剄磔，至開膛之際，始大呼高皇帝而絶。官兵數百皆拜泣。一梓膽勇冠軍，既死，山中奪氣。一柱，字文幬，諸生，與弟一槐、一栴及諸生晏一洪，皆先後戰死。一棟復破家起兵四明山，誅一梓仇丁甲。歲餘粟盡，以衆欲赴舟山，遇敵死。

元，河南人。

文熊，慈谿人。與諸生張棨嘉同死。

王江，字長升，慈谿人。諸生。畫江之役，與王翊上書監國魯王，請募沿海義士勤王自效。師甫集而王航海，二人遂頓兵四明山大蘭洞内，設五營五司。五營主軍，翊統之；五司主餉，江任之。江善會計，量富以勸，履畝而税，感以忠義，兵無盜糧，閭閻安堵。清守令亦爭薦誠講解，四百二百八十峯之租賦遂不之清而之江。江强毅不如翊，而智畧相埒，海上人呼爲東、西王。王授户部主事，歷户科都給事中。

清兵入山，縛江母以招之。江削髮，以僧服見，得安置杭州。母以天年終。江忽娶一妾，昵之甚。妻日夜勃谿。江怒之吏，出之。妻亦攘臂登車，歷數其隱微之過，渡江徑去，聞者無不薄其爲人。一日，江出遊湖上，守者以其妾在，不疑。久之不返，始知向者以術脱其妻也。

江既得逸，携妻復入海，朝王金門，擢僉都御史，晉副都御史、兵部右侍郎督餉浙、直。張名振請爲監軍，再入長江。永曆十年，沈調倫復起山中。三月，江入奉化雪竇，屯大蘭。人聞其至，壺漿相迎。四月，與毛陰山入上虞境。清兵恐其重爲舟山聲援，急攻之，江中流矢死。總兵王秀、楊挺生、朱甲，兵科給事中章天彩，副總兵毛甲，遊擊章玄執死。參將朱元二、徐美生、周奇降於清。

同時有趙立言者，休寧人，亦以餘衆棲山中，與江山諸生李國楹約取江山。十一年元旦，立言以三百人復之。國楹失期不至。越日，清兵大集，立言獨戰，連殺數十人，馬躓墜水死。其子禎恨國楹，詣其家，欲手刃之。清兵掩至，乃與國楹同受執，不屈死。

與江同起兵者鄭溱，字平子，慈谿人。父啟，字伯蕃，副貢。爲黄道周所重，隱。溱以副貢入太學。祭酒以十八人薦，與焉。威宗將異擢，不果，尋授知縣歸。江東兵起，王之仁薦監軍副使。時營弁籍餉根括，閭里騷然，抗言禁止，幾爲張邦寧所害。紹興亡，自經，迫母命止，讀書教授。故人來爲監司者，一見不納，然名益重。以著述自娱，卒年八十六。

張夢錫，字雲生，鄞縣人。諸生。六狂生中，董志寧、華夏輩皆文士，司書檄，奔走其間，夢錫則於弓矢戈矛皆習之，故嘗在戰陣中。初入幕府，監國魯王授兵部司務，尋晋屯田主事、御史。江上潰，山寨大起，曰馮家軍京第，曰王家軍翊，曰李家軍長祥，其餘小寨支軍，不可指屈。而平岡張煌言之軍，與夢錫大皎軍相望，故諸營呼之曰大張軍、小張軍。永曆四年，清兵攻山寨，煌言航海入衛，長祥軍散，京第、翊二軍相繼死，獨夢錫軍五百人誓相守不去。已而清兵合圍，夢錫挾長矛出鬭，夷傷相當，力盡死，五百人亦從死，無一降者，有三人突圍出。翌日，大皎之南麓有負夢錫屍以葬者，即此三人也。

董志寧，字幼安，鄞縣人。以貢入太學，自勵名節。南京亡，從錢肅樂起兵里中，爲六狂生之首。監國魯王授大理評事，遷職方主事，監軍瓜里。無何，謝三賓入閣，志寧惡之，棄官歸。

江上潰，浙地止舟山、石浦未下。而魯王航海至長垣，連復閩海州縣，且逼福京。清兵之屯浙者，調以備閩。遺老結寨浙東者，以李長祥、王翊爲主盟。志寧與華夏等計，將以翊軍攻寧波，而己翻城應之，復連長祥軍下紹興，則魯王故土可復。夏、王家勤皆喜。馮京第聞之，亦請以舟山軍剋日來會。部署定，爲三賓諜知，發其事，搜捕四出，志寧走舟山。尋魯王至，擢兵科都給事中，聯絡山寨諸軍，以爲海上應。諸山寨感其孤忠，資糧不戒而集。

永曆五年，舟山陷，志寧巡城，中矢不退，自刎文廟死。陸宇爗尋其遺骸，先一夕，夢志寧曰：「吾刖一足，奈何？」啟視果失右趾。大驚，束蒲補之。妻羅聞赴，仰藥死。

子士駿、士驤，爲高宇泰所匿。及長，痛父之志，皆蹈海不返。又其僕文周者，當志寧入舟山時，妻孥在急捕中，文周匿之，挺身赴官，鍛鍊幾死，而卒不言，乃獲免。後悼其主祀絶，以縞衣蔬食終其身。

朱養時，江陰人，諸生。從監國魯王入閩，授職方郎中。王幸舟山，兼河南道御史、禮科給事中。永曆五年二月，清台州道耿應衡遣間入舟山覘虛實，託於日者，謂監國祿命宜禳災星。張名振遂設醮，請王行香。養時爭曰：「如此舉動，使人聞之，當曰朝廷無人矣。」王乃止。九月城陷，自縊死。

時殉難自閣部七卿外，文臣可紀者：兵部右侍郎吴明中，通政使鄭遵儉，太僕少卿李思密，尚寶卿李拱先，大理丞張冰如，禮部郎中郭定，職方郎中李國楨、李開國，車駕郎中張三奇，虞衡郎中朱應登，職方郎中兼吏科給事中周鼎臣，兵科給事中謝龍友，河南道御史李哲，定西監軍御史梁儁、梁隆吉，俱全家自殺。文選主事林瑛、楊思任，户部主事劉朝則、李貴榮、江用楫，皆經死。儀制主事蔣先宸，刎死。張家璧，投城未殊，被執誘降不從死。祠祭主事董玄，井死。職方主事劉午陽，刎死。朱萬年、顧珍、王璽、馬呈圖及弟兵部司務貢圖，經死。呈圖，名振妻家從子也。工部主事顧宗堯，中書舍人顧玢、陳所學、顧行、曹威鳳、林伯起、張瑞初，死學宮。顧玉蟠、陳駒、周在德、韓胤祥、翁健、江中氾，太嘗典簿黄甲、劉孟賢，鴻臚主簿張鵬翼，國子典簿曹鼒，學録曾應選，營繕所正戴仲明，鴻臚序班王旭明，監軍副使馬世昌、尹志美，或全家投火、投井。太醫院副章有期率太醫童廣生與太監劉朝貴等躍身烈燄死。定西參謀職方郎中顧明楫，衣巾入太廟題詩，扼吭死。朱錫齡、朱錫爵、蕭賓侯，同經死。林世英上書魯王，經死。陳瑞芝母李，嫠也，密紉衣上下爲一，曰：「吾苦節十餘年，不可使人窺吾體。」城陷，入水死。瑞芝經其旁。李年三十六，瑞芝甫十七。貢生張惠政、黄希范、洪復僑、范佩璠、范佩綬、趙孟遴、顧明復、林遠、李善毓、吕鳴倫、黄蛟，及士民林達、孫位卿、范贊樞、范爾堯、沈相玉、徐觀國、陳有瑞、周景文、周元魁、顧天如、吕悦恒、顧德初、王布凡、江勝水、周文翰、徐文諭、黄泰貞、徐玉斌、劉興宇、陳九榮、孫惟宗、金近如、張元魁、顧斗文、葉招符、朱爾玉、徐名則、陸尊來、劉養傑、方日新、方維新、范洪培、范洪鄭、范洪尊、范洪正、范洪譽、范洪瑞、范佩滿、郭景文、郭景武、郭士瑚、郭斗魁、劉在仁、劉在義、劉在寬、劉大升、劉允升、劉時升、劉雙、朱錢妹等，皆不屈死。一時節烈之盛，蓋中土所未有云。

明中，字庸子，歙縣人。儀容秀卓，工詩文。南京亡，結納山澤。累功官御史巡按福建，從劉中藻復福寧，從扈舟山。阮進命與張晋爵入温州，聯絡周鶴芝、周瑞，左瑞而激鶴芝。鶴芝上啟詆之，進亦糾其罪，罷官。

遵儉，字雅存，會稽人。遵謙族弟，通政參議擢。定，字敏叔，舟山人。廩生。王開科舟山，領薦，授司務。與弟聖叔、滿叔、任叔、族士珏死。

國楨，會稽人。

開國，字格誠，臨山衛人。諸生。監紀推官。江上敗，約黄斌卿復臨山，不守，朝王舟山，遷營繕主事。衣冠辭文廟，賦絶命詩。母周經死。

隆吉，餘姚人。職方主事遷。

瑛，字玉芝，莆田人。崇禎十五年舉於鄉。户部主事改。同母妻壻女從扈。壻偕鄭彩入海。母女卒，瑛與妻陳自經。

思任，字鼎臣，鄞縣人。諸生。

用楫，長洲人。與妻周率子自經。

玄，字天孫，會稽人。與妻子投井。

午陽，永嘉人。

萬年，字拜虎，閩縣人。

珍，長洲人。一門火死。

璽，字爾玉，崇明人。諸生。

宗堯，長洲人。從母童經死。

玢，字玉盤。

所學，字顧行，紹興山陰人。

威鳳，字儀公，黄岡人。

伯起、瑞初，永嘉人。招兵不克。

玉蟠，舟山人。諸生。

駒，字龍文。

周在德，字元升。

韓允祥，字麟長，與健皆舟山人。諸生。

中汜，字于燦，紹興山陰人。諸生。一門火死。諸人皆輸財上供，啟請開屯持久，上丁謁文廟行釋菜禮，從之。

孟賢，字典宇。

鵬翼，字爲鴻，舟山人。

鼒，閩縣人。諸生。曾應選，寧都人。二人自經於國學。

仲明，鄞縣人。諸生。

有期，字紹泉，會稽人。一門火死。

明楫，字心服，大興人。諸生。首薦進，自職方主事累擢。

錫齡，字天爵；錫爵，字元序，上海人。錫齡嘗使日本。

世英，閩縣人。瑞芝，定海人。諸生。惠政等，舟山人。

贊曰：監國魯王再出師海上，閩越義從一時景附。蘭友、若騰之叱馭海隅，汝翥、烇、寂惺、芬、之夔、遇飀、符甲、嵋、逢經、尊賓、恩及、正畿、志寧、養時之效命危疆，雖或死或隱，而造次顛沛，始終如一。至矣哉，社稷之心乎！王在舟山，以石浦、健跳爲關中、河內。

清不即下者，以翊、江、夢錫山寨乘其後，而資糧屝屨有所給也。翊敗一月，而舟山陷矣。京第乞師，事縱有成，決鯨海以救焚，何逃没溺，然忠臣窮思極計，海水不足量其淺深，蓋包胥之亞焉。

南明史卷八十五

無錫錢海岳撰

列傳第六十一

王之仁 子鳴謙 林時叙 陳肇域 李杲等 張堅 章其元 張傑 丁壽昌 姜鎮周 何永懃 戴一美 向應龍 陳衷赤 吴琦 方元科 方士衍 方國榜 鄭遵謙 父之尹 子懋繩等 薛允勳 鄭之翰 周晋 施湯賢 鄭體仁 傅商弼 史在慧 阮日生 吕宣忠 父願良 康承爵 倪長圩 湯雲章 馬鳴雷等 萬方 周一誠 馬文治 王斌 許丕祚等 金光宸 孫爽 朱民悦 王雲衢等 嚴廷傑等 劉鼎銘 曹鳳鳴 韓萬象 王有虔 祝以真等 卞洪載等 蕭奇中等 金有鑑 蔡璠 温侃管之奇等 費弘璣 陳上勳 孫文龍 毛濬思 李虎 馮爾翼 吴紉蘭 韓繹祖等 張萼盛 王光祗等陳盛儀 王士譽 徐昌明 華始旦 姚志卓 方元章 張嘉運 丘若濬 嚴于鉽 帥應璧 周其仁朱東觀 童聞孝 阮國禎 陳萬良 翁思明 田一鵬 僧垂髻 徐龍達 穆祖泉 王草包柏襄甫 朱弘宇 盛貴 沈良 黄岳 王潛夫 奚安國 張守智 行滿 顧飛熊 唐彪 王俊

夏三殷　金甌等　真勗等　**錢達**　薛貓　**裘紹錦**　子永明　族文煒等　周敬執　**劉穆**　子肇勣等

陸建夔　沈迴瀾等　謝正讓等　謝正謙　汪登瑞　張國紀　張立中等　張其燮　高應龍　黃明卿　王時

柏等　熊師　鄭維城　章贊　宋明宇　王觀昉　葉進達等　**吴凱**　子舜景　族萬里等　裘尚奭　高鶴

鳴　**壽胤昌**　黃岳　吕元鋋　周昌祚　姚球　俞其茂　張岐鳴　郎奉泉　宋印晟　**李唐禧**　章廷綬

李礎　徐瑩　范廷宰　侯干城　葛元亮　郭圭　張錦　朱少奇　**蔣若來**　子傳等　從子珍　袁鼎等

張鵬翼　弟鵬飛　繼榮　徐汝琦　徐彦琦　徐洪彦　徐日舜　謝之玄　趙文鈐　顧勳　張其勳等

姜君獻等　**陳謙**

王之仁，字九如，保定人。太監之心弟。崇禎二年，以遊擊駐定州。九年，清兵畧山東歸，將趨喜峯口，之仁爲參將，嚴陣待，清兵自他口出，威名大著。遷副總兵，守馬蘭峪。十一年，以勇衛營從盧象昇戰清兵順義，全軍而返，授左都督，謝病歸。

十三年，起嵩江總兵。海盜顧容、廖二掠崇明，知縣、守備出戰死，將窺江淮斷漕餉。詔之仁會應撫黃希憲討之，遇賊高家口、大安河，連勝，賊北竄。史可法迎擊，賊復折南，降程峋，之仁功爲多。

清兵圍北京，奉命入援。次宿遷，夜遇清兵，火光百里。曰：「敵衆我寡，及明覘我虚實，危矣！乘不備，可驚走也。」乃令軍擂鼓，人擊銅器，爲聲動天。清兵退，遂復兗州，解濟寧圍。抵京，清兵去。上嘉其忠勤，加太子太保。

之仁修眉高顴，目爍爍有光。精究兵法技擊。爲將善拊士卒，得人心。所過秋毫不犯，與黄得功齊名。

十六年，母憂歸，調定海。北京亡，草檄勤王，訓練士卒。海寇翁彪掠蛟門，以計禽之，使招其黨林智降，兵勢大張。安宗立，挂鎮倭將軍印。疏請清察衛軍、團練，以資戰守；開屯金塘、大榭，以裕餉源。

南京亡，請潞王常淓募死士斷平望，自以部扼獨嵩，不從，降清，爲書招之仁。之仁方謀守錢塘，計曰：「今浙江風靡，清必疾渡，以三千騎入寧，千騎入紹，浙東不可爲矣，不如陽款以堅其意。清兵旬日不渡，吾事濟矣。」乃入杭，以總兵印上，而留其將軍印不繳。清信之。陳洪範力保以原官復任。

會錢肅樂與華夏等六人起義寧波，謝三賓西行納款歸，密使貽書之仁斬之。而肅樂亦遣倪懋熹使之仁軍。之仁兩答之。剋期大會諸鄉老，突出三賓書，數其罪，遂與林時叙、陳肇域、李杲從肅樂締盟共城守。

時東南承平久，民不識兵革，諸義師多紈袴及市井田野兒，衆疑懼。比之仁兵過，部伍明整，甲仗犀利，衆心大安。方國安夙將强兵，獨憚之仁嚴，支吾依附，浙東倚以爲重。魯王監國，改武寧將軍，加太保，率兵三萬八千人守西興。西興，杭之對渡要衝。之仁坐守，不出挑戰，衆疑之。蜚語之仁初封上印降清，今所行，爲僞篡者也，且諸軍江上連日搏擊，斬獲無算，而之仁獨怯不一舉，此或爲内應。鄭遵謙等至欲以兵相攻，獨王深信，謂之仁純忠，以其守固，封武寧侯。别命從子崇謙練兵寧波，隆武元年九月，紹宗封恭順伯，鎮守浙江屯田。部將劉文舉、靳國良、郝文相戰清兵江上死。總兵張堅謀内應杭州，事露執死。

江上諸軍日以劇戲豪飲，般樂怠傲，屢戰不勝，西望心灰。之仁上啟曰：「事起日，人人有直取黄龍之志。及一敗後，遽欲以錢塘爲鴻溝，天下事何可忍言？臣願以所部沈船一戰。今日死，猶戰而死；他日即死，恐不能戰也。」晉寧國公。

二年三月朔，清兵驅船開堰入江，張國維命各營守汛，之仁以水師從江心襲戰。會東南風大起，之仁揚帆引火發礮奮擊，碎舟數百，鄭遵謙獲鐵甲八百餘副，諸軍繼之，遂大捷。一日，之仁約國安飲，見數舟從上流下，以爲國安。及近，則清舟也。倉卒間，清兵舷上小童，以酒缶撞之，兵皆落水，之仁手刃之。覆其一舟，餘舟遠前。之仁舟巨，觸之皆糜。清兵自是不敢輕渡。至是喧前疑之仁者非也。遵謙至，自引罪，與要約。國安亦曰：「西興，門户，非巨手不能扼。得九如，吾可以縱横。」

踰兩月，諸軍以糧乏潰，魯王航海，獨之仁一軍猶在。國維議簡兵五千分守諸壘，之仁泣曰：「國安壞天下事。今敵生兵數十萬在北岸，旦晚畢渡，孤軍何以迎戰？之仁有船可入海，公無船，當速爲計。」國維追扈王去。

之仁至定海，欲走舟山，圖再舉。黄斌卿以前疑拒以礮，不得入。度事不支，乃載其妻章，妾楊，二子婦蕭、管，幼女、諸孫八十餘人共一大舟，沈諸蛟門外，再拜，捧所封敕印投焉。遂立旗幟，鼓吹張蓋，揚帆抵嵩江。峨冠、斗牛服、八騶登岸，百姓傳駭聚觀，護至蘇州，見清撫土國寶。

國寶與有舊，置酒諷降，可力保大用。之仁責其畔逆，且謂：「吾不即死，然貪數日活，乃欲大駡洪承疇，小駡國寶，然後歸身斧躓，使天地間男子一吐不平也。」遂洋洋走南京，見承疇。承疇婉容下階勸慰，欲官之。之仁曰：「承疇官至八坐，受國深恩，假作陣亡，反面事仇。先帝贈若官，立廟祠若，祭若，蔭若子。若背義亡恩，操戈入室，平夷我陵寢，焚毁我宗廟。若通天之罪，過李陵、衛律遠矣，胡靦顔爲他人作説客耶？」復勸其易服薙髮，之仁笑曰：「我大明大帥，握兵柄，爵上公，謀人國事而無成，死固分也。然葬於波濤，身死不明，後世青史無所徵信，故就此以求死耳。」承疇猶餼之公館，餽以袍帽。之仁閉目不視，輿馬訪所知，談笑如嘗。二旬入獄，慷慨作忠孝歌。承疇終不殺。會丹陽起義，有傳之仁爲內應者。八月二十四日赴市，從容整衣冠拜孝陵，口占絶命詞，植立受刃。部將王恩浩、周天錫、周永年、王得爵、李福、趙祥、姜魁、李復爵、陸周等從死。時人皆爲泣下。總兵夏道隆、副總兵李文貴等八人及章國登、莊國泰等，自瞿山降清。

子鳴謙，字益公，沈毅敢戰。之仁既封公，以總兵代挂鎮委將軍印，封靖江伯，駐定海蛟關。有張國柱者，劉澤清部將，依鳴謙海上，有弓箭手五百人，劫掠餘姚。行朝震恐，遂署國柱勝虜將軍。國柱乃據定海，鳴謙反爲所制。自是之仁懷內顧憂，無心復戰。之仁死，斌卿誘致鳴謙而併其衆。鳴謙爲僧名宣在。國柱再爭之，亦敗，以兵五千降於清。

時叙、肇域、杲，皆鄞縣人。時叙總兵。肇域，字旬綏，武生。金堂百户陞都司，屯田輸軍實。國亡，賣書畫餬口。杲，字華宇，蛟關都司。從弟凱，字仲捷，與江上幕，賜恩貢。

堅，字不磷，仁和人。都督。

又章其元，字蘊之，嚴州新城人。崇禎十二年武舉，累官廣東總兵，歸。弘光時起用。

夙爲承疇所知，招之不出，隱卅年終。

張傑，餘姚人。杭州總兵。清兵至，僞降前導，領兵渡江，斬其兵數百人，自刎死。

丁壽昌，字永侯，仁和人。守備。杭州亡，渡江，王命協守江上。七月，中礮死。

姜鎮周，字玉簡，象山人。參將。西興潰死。同時象山指揮千百户多戰死者，姓名不可考。

何永懃，宛平人。武進士。杭州右衛把總，解東陽圍，累陞副總兵。

戴一美，休寧人。浙江都指揮。賣藥爲生，足不履地。

向應龍，字青林，定海人。世襲指揮掌衛。稽餉，不以一文入私。清起不應。

陳衷赤，字孚白，定海人。諸生。百户。入清不仕，出遊，詩酒終。

吴琦，字燦生，江寧人。從周旋患難。後借軀報仇，髡鉗隱去。皆之仁故部。

方元科，字晋明，諸暨人。國安從子。軍中號方三。以戎旗參將從國安轉戰川楚，自蒲圻復岳州先登，勇敢莫敵。又能飭士卒，禁淫掠，於方軍中獨以嚴整稱。

左夢庚東下，從國安拒之蕪湖。安宗蒙塵，轉趨杭州。潞王常淓謀降清，元科憤，因棄去東渡。

魯王監國，命自嚴州出富陽。所部萬餘人、舟五百餘，沿錢江立營。或説急據清風亭，西接五雲、天竺，瞰杭州，連合江東。不從，沿江分汛。遷總兵，挂蕩胡將軍印。

隆武元年八月，與傅明德、田勝、涂有聲以三十騎破清兵五雲山，直趨六和塔，屯鳳凰山寺，日夜與清兵戰。寺僧苦之，詗元科下令明日士卒暫解甲少休，即密告清兵，與約明日以十餘騎來偵，如果弛甲，寺鳴鐘應，然後以精兵襲之。明日，元科兵盡弛甲。偵至鐘鳴，元科疑之，急令士卒甲，度營前寬平地四面置礮，攢向敵以待。俄清騎數千直趨營前。礮擊之，殲清兵，氣大挫。十一日，大風起，順風揚灰，斬清兵五六百級。

清將張存仁以數騎行西湖上。偵卒覺之，返告。元科急率數騎往禽之，存仁已去刻許。他日遇存仁江滸，與鬬，存仁敗走。追斫之，斷其馬尾。馬驚踴，存仁墮，幾獲之，清兵競救去。又於江上立三營，前壘壁，次木柵，次草營。清兵攻壘壁，元科入木柵。清復攻柵，元科穿草營去。清兵狃勝，盡入草營，火發焚之，無噍類。

十二日，戰清風亭，而所約江東兵不至，清騎繞之，元科兵卻。九月既望，清八百騎自清風亭、五百騎橫山至。夜，去營一里，元科始覺，亟據橋發礮，風火迴激，橫山火藥俱發，清兵乘勢奪橋，逼營門。兵走，元科手刃數人，嬰柵力戰，斬殺相當。清兵登廟山，望營中白牆當柵中立，遽發礮。牆傾，大呼入。元科兵潰，得舟僅濟，死者五百餘人。清火柵，國安焚六和塔退。是月，總兵方士衍、參將何升亦守富陽戰死。

元科機捷多智，所將磨盤營兵稱雄武，江上倚以爲重。戰雖迭勝，然孤軍屯浙西，勢難持久，遂還浙東七條沙。十月，紹宗封武興伯，晉侯，督四十八營，挂大將軍印。十一月，魯王晉威胡侯。

十二月，國安約諸軍大舉入杭。元科適臥病，曰：「侯來年二月病起。」國安不聽，遂命總兵王明義漢土營鋭師徑入五雲，出西湖，而張國維以其師爲後援。計洩，存仁預鍵西湖三門，而伺驍騎歸，截其援。國維不經戰，先潰。江上前鋭師進當堅，無所得，退無歸，一日而盡。元科流涕曰：「吾見吾師之不返也。深入無援，古所忌。大將軍久行間，而忘此乎？」自是江上之氣大沮。

二年三月，清張天禄從徽州入浙，繞出錢塘背，與杭兵表裏夾攻。元科聞其謀，即以兵趨嚴州邀擊，大破之。天禄走，不敢復出。元科仍還七條沙。

五月，國安棄軍，元科諫，不聽。江上潰，從走黄巖。有聲見諸軍走，怒曰：「平時受國豢養，有難乃走乎？」獨鬭，斬數百人死。又一將單騎突入紹興，亦斬敵數百人死。

六月朔，國安欲劫王入閩，再諫不聽。清兵迫，元科殿，扼小江，斬清兵少卻。部將王慶甫告元科，請營中盡殺妻子決死戰。元科曰：「諾。」清兵聞之，卻兵三十里。

國安降清，諭元科薙髮。元科哭一日夜，不得已亦薙。國安死，元科請從死。清愛其勇，欲用之，不從。一夕，孑身遁去。妻大駡清兵，不食死。慶甫亦去。

元科得脱，變姓名，自荷薪入城賣之，因招親兵四百入會稽山。永曆二年春，以六十騎攻破浙東諸邑，清官無得免者。一日清兵渡江時，元科在七條沙病甚，兵入營，遂大罵死。

士衍，字于蕃，歙縣人。官太子太保、左都督。妻郭從死。

又方國榜，本苗種。票悍絶倫，戰輒披髮跣足，長槊陷陣，所向披靡。所將苗丁百餘人，皆善鬭，尤精蘗弩，發無不中，中立死。從國安楚中，屢著戰績。同入浙，統數千人守富陽。清兵薄城，輒奮擊破之，斬無算，清不敢迫。元科大破天禄，還守七條，國榜守嚴州，而以總兵方國泰守富陽。江上潰，國榜痛憤，自刎於壽昌死。

鄭遵謙，字履恭，會稽人。父之尹，字伊如，天啟五年進士。授丹徒知縣，累遷大同僉事，督學山西，致仕。魯王監國，起考功郎中，紹宗擢太僕少卿。紹興亡，投水卒。

遵謙少爲諸生，放誕喜結客，扛鼎擊劍之徒日盈其庭。妾金，嘗殺人，推官陳子龍論坐之，東陽許都救以免。後都作亂，遵謙將從事。其叔扃户，不聽往。

南京亡，中官屈尚忠至。遵謙執之曰：「吾聞之劉念臺先生，凡係逃官，皆可誅也。」未幾，杭州降清，謀於章正宸，於弘光元年閏六月十日，與劉翼明、王紹美、王亹、薛允勳、鄭之翰、周晋、施湯賢、鄭體仁、傅商弼、史在慧、阮日生、鄭錫藩、茹文焕，諸生王襄、張玉鉉、楊克伸、盧斗虞等，詣演武場，告於衆曰：「天下事尚可爲，我欲舉義旅，何如？」衆曰：「惟公命。」乃出家財集衆，號「義興軍」，自稱都統制大將軍。搴旗過清風里，斬清知府張㥞，知縣彭萬里、官撫渙，迎故知縣孫㮣。召商周祚、姜逢元以下入計事輸餉，取庫中兵仗給士卒。命子懋繩，副總兵蘇材、吴明傑，參將范正斗，以三千人表迎魯王監國。浙東諸義旅一時並起。民震鄭公子，如三字天語。旨授左都督總兵、挂義興將軍印，與熊汝霖、錢肅樂分守小亹。

時子龍將往浙東，以前嗛，使夏發英釋之。遵謙曰：「往者陳公以執法故，不能遂私情。今以隻手奠九鼎，私仇所不計。僕方承教，舊事何足云！」

尋命懋繩及總兵洪聲謁福京。紹宗獎其起義獨先，誠心推戴，命挂定虜將軍印，封討夷伯，賜其軍曰「忠義營」。

隆武元年八月，遵謙以軍渡江，副總兵鄭維翰戰死太平門。九月，失利，歸小亹。魯王勞軍西興，封義興伯。紹宗晉興明侯，督理浙直義師。遵謙有衆四萬人，汝霖復海寧，調守赭山，高祥等戰死。明年三月，偕諸軍戰江上，獲鐵甲八百餘副。後爲田仰、方國安、王之仁所扼，勢浸衰。

四月，清兵取前得沙船，自内河開壩通江盡出，地正直小亹。各營飢，遵謙尤甚。江上潰，魯王航海。上使召之，遵謙未至閩，福京亦亡，漂泊閩海。王次長垣，率師入衛。王大喜，晉侯，以陸師營牛田，軍容甚盛。所克州縣，遵謙之力爲多。

時海中洋船皆統於鄭彩。遵謙取其二艘，器械萬計，繇是爲彩所惡。及彩仇殺汝霖，遵謙益不平。

遵謙方與周瑞扈王三沙，王命督福清義師。未行，彩詐撲部將吴輝、楊賡，令扶傷就遵謙，求書投鄭鴻逵。遵謙過輝船送之，被執。輝與總兵洪彦既執遵謙而㪺，伏艙底不出。遵謙呼曰：「汝彩厮養，殺我豈出汝意而相避乎？」輝、彦出，遵謙乞隻雞盂黍，哭奠汝霖畢，嘆曰：「身爲通侯，死不恨。但不膏虜刃，而爲同舟所擠耳。」遂蹈海死。事聞，王大怒曰：「殺忠義以斷股肱，生何益耶？」欲跳水死，左右與彩勸止，乃究首謀十餘人磔之。王輟朝三日，爲歌以祭，贈太保、興國公，謚武閔。妻孫留紹興，清按籍録之。有陳日暄者，手刃之，而後自經死。

子懋繩，總兵。江上戰敗被執，與方逢年同死；懋公被執至鎮江，大駡死。成緒，任錦衣，從扈入海。

允勳，字子勣，紹興山陰人。諸生。以參將征流寇先登，弘光時，鎮采石。馬士英盡撤北師西拒，力爭不得，引兵轉赴紹興。王擢都督同知總兵。以忠勇爲同事所忌，遇害。陳盟稱其正直不阿，有鋼鐵之目。

之翰，字素予，會稽人。遵謙父行。任俠好射，嘗戰李自成開封斬將。王授總兵。江上之戰，以深入死。

晋，字文伯，紹興山陰人。諸生。弘光時，爲張鳳翔旗鼓，以數百人起事，王授征西將軍，獨守龕山，移小亹。與遵謙不合，偕之翰、玉鉉西渡，欲復海寧。八月二十四日，登牛頭灣西岸，深入將軍殿。清兵截其歸路，遵謙不救。晋潰，鼓衆陷陣死。

湯賢，烏程人，都督水師總兵。聯絡浙西，中道被執，死赭山。

體仁，字平世，會稽人。武舉。參將。戰死錢塘。

商弼，字賚予，義烏人。萬曆末武舉第一。以戰功官守備。從遵謙爲火藥局都司，守三江。兵潰，斬數十人死。

在慧，字俊之，會稽人。崇禎十五年武舉。歷守備、參將，守江口。江上潰，且戰且走，死蕭山西郭門外驛亭。

日生，會稽人。諸生。守備。守富陽。清兵至，力拒，手裂五指，猶前搏鬭。僕某身蔽之，先死。日生脱，中礮，與葉伯惠、陳玉環皆死。

吕宣忠，字亮工，崇德人。父願良，字季臣，諸生。監紀推官，史可法薦職方主事。國亡，安貧樂道，不仕。

宣忠，諸生。工文，任俠好結客，習騎射，審究兵法。聞魯王監國，陰養士爲内應，旬日間，衆至數千人。隆武二年正月，謁紹興，乞師於熊汝霖。王召對，宣忠曰：「臣本書生，臣年二十二，臣日食粟五升，臣力能搏多人，臣學頗知通變。臣有死士數百人，能内應浙西，惟王師速濟。」又曰：「清兵恃馬，我多步兵，周旋不易，曷用水師勝之！浙多水鄉，清馬塘上來，我於蒙密處出不意猝以舟師進，用鳥銃以擊馬，馬仆則人入水，足奪其鋭矣。預連太湖師搗其前，我擊於後，則嘉興不敢動而蘇、嵩皆可圖也。」王爲動容，即日署都督同知總兵。吴易特薦挂扶義將軍印。還至太湖，部衆與易呼吸應援。三月，大戰爛溪，三日夜不解甲，並不及飲食。各較失律，宣忠所部獨全。

江上潰，宣忠爲僧洞庭山。尋以父病，歸視湯藥。清吏得其標將沈君仲、金和尚，連及宣忠，被執。親友戒曰：「去，慎無抗。」宣忠不聽，曰：「無多言。彼小言，吾小言答之；彼大言，吾大言答之。吾自有舌，任我用，不煩誨。然此非愛我，速別去，毋亂人意。」及見清吏，大駡，捶膝至碎不跪，遂下理。在獄寄親友詩文百餘首。

有副總兵微服間道自海上來，得入謁，宣王旨，加太子少保。猶謂宣忠尚得自爲，副總兵頓首行屬禮。宣忠驚扶起曰：「此何地，顧左右無人，且立死。」副總兵恭曰：「奉命至此，凛將軍威嚴，不然褻朝廷，且廢將軍法。」宣忠在患難，使人不敢玩如此。宣忠因謝曰：「寄語主上及從亾者，好爲之。宣忠待時日耳，不能爲也。」

預作絶命詞七章書壁。及赴市，大言曰：「大丈夫不能爲國家做些事，即今死猶後。」辭氣壯烈，昂首先導，曰：「總是我快，若輩趨不及。」又顧市人曰：「今日乃大明義士報國之日，何不來觀！」從父留良送之，談笑如平時，無一語及家事。同死者易等六人。

康承爵，字德復，平湖人。世襲乍浦百户，萬曆三十八年武進士。自衛鎮撫遷浙撫中軍。饒有幹畧，以材武見稱。入爲神機營遊擊，清勾羽林軍。值魏忠賢用事，求外補，乃遷潮州參將，平山寇葉文林、海寇劉香。調廣西，定龍山賊胡扶紀。崇禎初，陞台金嚴副總兵，破海盜張宏銘大陳山、韭山。擢都督同知貴州總兵。未任而北京亡。安宗立，詔天下勤王。行至丹陽，聞馬士英用事，乃以兵屬他將，微服歸里。

嘉興兵起，郭紹儀、馬嘉植、陸清源、倪長圩、湯雲章、馬鳴雷、萬方兄弟，於弘光元年閏六月八日，推主守平湖，衆數千人，斬佐領色赫、知縣朱圖隆、縣丞王牧民響應。將兵至郡城下，戰不利。嘉興陷，退保平湖。陳梧至，長圩以爲將，衆不與，乃僞爲神武元年喜詔開讀，聽者萬人，人心稍奮。平湖西門當衝，東臨水，弛備。有以此狀告清兵者。於是清陰掠民舟數千，置農具草物其上，伏健卒於中；别以大軍伺東門外。隆武元年七月二十三日，賺開東關，輒斬陸門入大軍，城中大驚，火起，西門兵散。城陷，承爵戰死西關外。清兵遂屠城。

長圩，字伯屏，平湖人。崇禎十年進士。授蘇州推官，重法懲豪右，與陳洪謐並著廉名，郡人爲立雙清書院。遷武選主事，監黄斌卿軍鎮江。魯王監國，陞兵科給事中。事敗，爲僧奉化寧海山中。久之，歸老大場。

雲章，字耀之，海鹽人。諸生。與參將周一誠以五百人助守平湖西門。城陷，被執不屈死。紹宗贈太僕卿。子芬，自有傳。

鳴雷，字伯臺，平湖人。鳴霆兄，歲貢。授靖江訓導，協餉城守。城陷，獨坐中堂大罵死。子廣軨，字飛生，長辨才。國亡，教授四方，三吳人士多出其門。

方，字遐卿，歲貢。授兵部司務，從熊汝霖軍。兵敗，被執，逸去，隨扈海上卒。子班。妻趙昭，字子惠，吴縣人。高士宧光孫女。工詩。國亡爲尼，名德隱。

一誠，應天人。武進士。

同承爵殉者：

馬文治，字遠之。少遊京師，葉向高薦，不用。舉賢良，不赴。安宗立，授光禄丞。罵寇死。

王斌，字兼山。官參將，力戰死。

許丕祚，字芝裘，諸生。工詩文。投水死。弟丕猷，字元震，與兄齊名。

一時諸生金光宸、沈栻、顧之琦自經死，諸生倪遷與妻陳自經死，沈夢麒投水死。賣麵人王四，於城陷斬清兵數人死。董學玘與妻劉死嘉興鍾帶鎮。皆平湖人。

當平湖兵起，孫爽與海鹽參將朱民悦結中、後二營澉浦、乍浦，同日起兵海鹽，推芬爲主。

王雲衢、沖衢、秀衢兄弟，與嚴廷傑、馬甲、劉鼎銘、曹鳳鳴、韓萬象，於隆武元年七月十八日起兵澉浦，斬清將，勢甚鋭。參將王有虔命馬士遴守海鹽城，禽知縣陳之杰。一誠通之杰，有貳心，嗾義師殺有虔。八月，爽、萬象與王正中合兵三千人入城，斬一誠。一誠子自嘉興引清兵至，城陷被屠，士遴戰死。鄉官祝以真痛哭不食死。諸生盧王臣、張奎拒戰死。諸生卞洪載不薙髮被執，賦絶命詞，絶粒死。諸生朱泰復、沈德潤火衣巾歐血死。諸生陳時格寇死。沈三妻某投水死。

爽，字子度，崇德人。廪生。慷慨工詩文。清兵至，以弟子起兵下獄，已而得脱，團練鄉兵，合正中兵，城陷，入馮京第軍。兵敗再入獄。後以黄宗羲計免。清招不出，抑抑死。

民悦，字皞如，海鹽人。右衛千户。兵敗隱終。

雲衢，海鹽人。世襲百户。不甚精武事。而弟沖衢，字雲龍；季衢，字雲鳳，皆勇敢善擊刺。既殺一誠，謁紹興。丕中薦沖衢爲副總兵。微服入澉。咸曰：「兵果至。吾輩開門延入。」及期至澉，門果開。正中兵不進，獨秀衢奮入，萬象死，身中數十刃，不能爲。沖衢、季衢匿。清兵執雲衢及妻某氏，令必出二弟，不應死。妻給兵，義不從，自經死。

廷傑，字天秩，海寧人。官指揮五督軍漕，守禦澉浦歸。兵敗不出。甲平湖人，乍浦千户，陣亡。妻嚴及二子罵寇死。

鼎銘，字叔子，海鹽人。世襲百户。有文武才。與弟鼎鐘、鼎銓及義兵徐可三戰死澉浦城外。

鳳鳴，諸生。不薙髮，自經死。

萬象以屠户爲卒伍，起兵二千人入海鹽，以城不可守，函首上王，率百餘人入海。明年正月，正中命爲間，欲渡海先入澉，以萬象爲前隊，身督千人過渡，則澉南門已開，内萬象。後隊不繼，巷戰斬三十餘人，救不至，乃出，中矢死。贈參將。

有虔，字衡之，崇禎九年武舉。陞蘇嵩副總兵。

以真，字佑徵，萬曆四十六年舉於鄉。南豐知縣，折勢豪，裁馬户，致仕歸。倡理學。

卒年八十五。

洪載，字子厚，高攀龍弟子。泰復，字元生。德潤，字而喻。皆海鹽人。時，字九若，餘姚人。流寓。書法勁遒。

又蕭奇中，字對一，海鹽人。諸生。與城守，兵敗不試，隱。五團圩人徐亥三善交結，不薙髮，招鹽徒出沒波濤。清兵攻之，皆爲所敗。終事不詳。

金有鑑，一名鎰，字攻玉，長興人。諸生。負膂力，剛摯，不事生産，以賭爲業。弘光元年六月，長興陷，訓導蔡璠，貢生欽日都、臧爾炳死。有鑑自殺其妻子，與温侃、管之奇、張明綱、嚴藍田、孫權秀、柏襄甫、錢道生、朱彦猷各起兵數千人。時潞王常淓在杭州，命費弘璣募兵蘇、湖。湖州不守，陳上勳水死，推官馮汝綰、同知朱國藩降清爲知府、同知。黄蜚兵潰，總兵黄光志、副總兵沈廣生猶屯太湖。

有鑑偕弘璣、孫文龍、毛濬思、李虎、馮爾翼，千總黄永錫、王元震犒素迎師。於閏月三日，與吴紉蘭、韓繹祖、張萼盛、王光祇、許昇、沈磊、沈士宏、金豔色、蔡允心、蔡子標等萬人復湖州，斬汝綰及參領王元爵，國藩反正。弘璣主城守，有鑑復長興。

清兵乘虛攻湖州，弘璣力拒食盡。邑人丘文伯、蔣理臣爲間。十八日城陷，國藩降清。

弘璣守羊角嶺，與從兄之墀被執，作絶命詞。其夜皆脱。翌日遇兵，弘璣入水死，光志等皆戰死，婦女投稱錘潭死者數百人。

有鑑與葛麟奉宗室盛瀓，授總兵。長興失守，退獨嵩關。陳盛儀復安吉，武康、孝豐亦下。

隆武元年七月二十八日，有鑑與推官戴重再復湖州，命王士譽入守，國藩再反正。八月，盛瀓在太湖告急，援之，而湖州空，再陷。朱燦、張文秀執死寺橋，有鑑屯大雲寺，徐昌明及吏員王士麟引兵會，再復長興不克，士麟戰死。十月，戰吕山，盛瀓以金公玉、毛蜚卿兵二千來助，攻長興復不克。尋遣總兵賈應龍、楊觀象、吴永昌，參將金筠鹿等合軍攻城，復大敗，回至梅溪。盛瀓弟盛滌被圍合村急，有鑑單騎援之，身中七矢，遂收健卒數十人走宜興山中，與岑元泰保鳳洲寨。清兵逼之，三戰三北。

明年正月，復攻長興，敗走獨嵩關下。有鑑偶獲清馬，騎臨陣。馬習北號，忽載馳清陣中，被執死。元泰亦陷陣死。

璠，崑山人。歲貢。

侃，字公俊，烏程人。大學體仁子。任中書舍人。隆武元年八月戰死。

之奇、明綱、藍田、權秀，皆長興人。之奇、明綱，諸生。與藍田、權秀皆戰死。道生、彦猷，亦長興人。道生授副總兵。彥猷從盛澂守衢州戰死。

弘璣，一名運天，字玉衡，烏程人。諸生。好奇計，以守備從史可法軍。常滂至杭，上救時十二策，授監軍副使。常滂降後，以單舸入太湖説光志軍來歸。後與兄恭庵執於塞山，作歌見志，得脱。

上勳，字公懋，烏程人。副貢，鄞縣訓導。

文龍，字魁宇，會稽人。崇禎六年武舉。湖州總兵。

濬思，歸安人。湖州參將，陣亡。

虎，長洲人。湖州哨官，城守，巷戰死。

爾翼，字公翥，烏程人。天啟四年舉於鄉。

紉蘭，字既滋，烏程人。諸生。起兵趙灣村，巷戰死。

繹祖，字茂貽，烏程人。修撰敬子。諸生。嘗佐可法軍。清兵入浙，知縣欲上啟迎降，請列名，不從。兵敗，走海上。歸，匿金壇山中。一夕，見伶人衣冠，大慟死。子斌，字咸士，武生。隨父軍，與趙彪、孔孟文出入海上。孟文降清，彪敗死南直，斌死杭州。

蕚盛，字茂公，烏程人。諸生。弘璣死，蕚盛妻弟王通告訐，繫獄死。

光祗、昇磊、士宏、豔色，皆長興人。諸生。於江上潰後死。

盛儀，字元白，安吉人。諸生。有膽畧。起兵斬知州包灝。十月九日，清兵至，衆散入閩。後歸家卒。安吉陷，先後死義者甚多，姓名不可考。

士謦，字永叔，武陵人。天啟五年進士。歷臨川知縣、九江推官、都水主事、湖州知府，爲政寬仁。湖州亡，走死。

昌明，字闇如，嘉興人。諸生。初入盧象觀軍，爲監紀推官。敗走安山，合有鑑軍，亦死長興西門。

又華始旦，字若木，無錫人。工詩，有奇力。聞湖州白將軍死守孤城不下，糾死士三人往救之。甫至數日，城陷，白將軍死，三人者亦亡其二。始旦與一人被執，脱歸土室中。事定，出遊南京，於驢背作休休歌。

姚志卓，字子誠，長興人。官瓶窑副總兵。杭州亡，與方元章、張嘉運從金堡誓義舉兵。監國魯王授都督同知總兵，挂忠武將軍印，以嘉運爲總兵，丘若濬、嚴于鉽爲監軍。弘光元年閏六月十九日，與方國安、劉穆進復餘杭。一時帥應璧起兵昌化，斬清令。周其仁起兵臨安，與江東諸營爲聲援。尋參將王寅生、監紀推官陳泰、王正心，益陽王副總兵陸國祥，遊擊許伯修攻孝豐，敗湖州王家莊死。都司汪進明、監紀推官潘芸戰臨安，康陵源死。餘杭亦陷。會于穎復富陽，張國維復於潛。

隆武元年十二月，元章及部將陳居一，守備方炤明、虞治、徐濟凡，參謀俞成戰於潛大湖山死，嘉運被執死，志卓走，父母弟妹妻皆死。紹宗晋左都督，封仁武伯。魯王除官封爵亦如之，命守分水。堡爲國安所執，志卓乞援於陳潛夫得免。

二年二月，諸父文惠執死。志卓一夕復蘭谿，斬知縣吴夢鼎。族人三屯孝豐金石鄉。僧隱元以萬人攻於潛執死。王命出廣德，援陳萬良於浙西，未行而江上潰。十月，攻江山不利，入處州山中。與詹兆恒復永豐。十一月出玉山兵敗，清兵圍急。其兄志元揚言志卓降清，志卓因得脱，而志元遇害。

永曆元年，朝王長垣，招兵於閩。八月二日，復淳安，斬知縣史可證。未幾陷，章元之、翁武陵、林符長等戰死。兆恒死，出入山寨，行止靡嘗。

二年，總兵高自生自臨安降清。五年，孔三自德清西南山中降清。六年，三以數千人入孝豐境。十一月，志卓與朱東觀會錢謙益嘗熟。謙益命入貴州請命。七年七月至貴陽，謁安龍，命歸集義旅海上。及歸，而三已執死。是冬，從張名振破清兵崇明平陽沙。明年正月，再攻崇明，歿於陣。

元章，烏程人。自參將陞副總兵。

嘉運，字起芬，錢塘人。諸生。渡江上書，官都督總兵。與童聞孝招兵餘杭山中。未集，被執至杭州。張存仁問：「何官？」曰：「平虜將軍。」存仁曰：「吾國虜，然豈易平乎？」時田雄在坐，指曰：「此賣主求榮之國賊也，豺狼成性。既不忠天朝，亦將不忠於爾。弑君之賊，汝其爲天朝誅之！」雄大怒，懸諸樹間，連射三矢。赴市，賦絶命詞，慷慨死。

若濬，南平人。副貢。授餘杭知縣，遷職方主事。

于鉽，字公定，錢塘人。副貢，授知縣。兵敗被執。爲僧。卒年七十九。

應璧，歙縣人。昌化知縣。

其仁，杭州衛人。武生。兵敗被執，大駡死。平生不讀書，正命時有詩云：「頭能過鐵身方顯，死不封泥骨亦香。」人皆異之。

東觀，字全古，錢塘人。副貢。與烏程唐瀚講學福京，後隨志卓謁安龍。范鑛以其萬里赴義，薦儀制主事。八年，文安之謂東觀曰：「劉文秀、李定國交必合，衆志均與孫可望離，但未知得失何如也。我當入川，君可還吴楚上下流觀形勢，各靖其志。」鑛遂使宣諭志卓。東觀至海門，而志卓已歿。九年三月，遷簡討、兵科給事中，視師海上。十一年，還楚報命安之歸，卒年八十。

聞孝，淳安人。官參謀遊擊。

又阮國禎，名姚三，不知何許人。杭州亡，起兵天目山，衆萬人，魯王封昌化伯，雄長江浙間。久之兵散。永曆八年，與陳滿、江佛龍執至杭州死。

陳萬良，字鳴皋，仁和人。少以人奴爲盜，計攫縣餉四萬，令其黨各自爲生，不復盜。衆義之，願效死。

弘光元年，授遊擊。南京亡，與馬雲龍、淩應章合千餘人，推仁和道士范大倫爲帥，起兵湖州。大倫徵糧於郭店，爲村民所殺，衆推萬良。偕沈羽儀結寨塘棲、臨平，妻亦衷甲從戰。扼嘉湖餉道，每出不意，商賈驚遁，數百里無往來人跡，清叵苦之。永昌寺殳茂環，太湖沈泮、高國元、湯有元、柏襄甫，桐鄉沈龍，吳江吳昜，他如周志韜等，少者千人，多者萬人。一時響應，聲聞浙東。查美繼、繼坤、繼佐兄弟啟言其勇，熊汝霖命副總兵張行龍以書招之。萬良喜曰：「久聞熊督師，無路自達，乃今江東亦知有吾輩矣。」遂以五六十人間歸。時汝霖督西征師，張名振不受命，吳凱、裘尚奭願間渡臨山，張鵬翼亦聽調，而廷議遊移。候十日，監國魯王擢萬良都督同知總兵，挂平胡將軍印，合徐龍達僅可五百人。

隆武元年九月十日，萬良戰清兵四通橋，至塘棲北。十九日，龍達兵會，斬臨平務官。日午，屯北陸，焚糧舟。監軍僉事魯美達、旗鼓蔡禎祥截殺清援。十月二十二日，萬良、龍達進五杭。清嘉湖道佟國器兵千人至，龍達以舟師，萬良據高橋發礮石，至午，斃數百人，焚大舟二，奪小舟二十、大礮四，械杖無算。二十三日，屯新市。二十四日，屯雙林，前鋒及杭州北關。副總兵沈一安戰落瓜橋死。二十五日，別部至吳江，後軍不繼。二十八日，自五杭退臨平。二十九日，至天開河。十二月十八日，進吳家埠。終以兵寡，不能窺城邑。頃方復東渡請益師，而爲期會者所誤。清以騎兵截江口，萬良令其衆且散匿，而身爲殿。追及，萬良遇道擔者，奪其衣裝，擔而徐行，清騎見之不覺也，乃脱去，收散卒，無失者。尋沈志學、馮君美執死。

二年正月，封平胡伯。紹宗封武成伯。別部史弘弼以太湖衆三千人攻長興，參將嚴貞戰死。時易兵强，嘉善、長興、吳江、宜興有成約。萬良言但得兵三千、餉半月，即可有成，而汝霖力殫不能應。萬良三啟請行，又少舟楫，孤軍扼崇德、桐鄉間。汝霖命行龍及總兵朱世昌歷各營聯絡，決意大舉。萬良得七百金，自募數百人，監軍僉事胡景仁備舟不果，乃與龍達、推官嚴士杰、副總兵來時桂繇陸路出橋司。前標至落瓜橋，清兵猝至，募者驚潰。萬良冒矢石斬清兵，抵德清城下。楊耀宇起兵攻濮鎮。龍達戰死德清，萬良獨全師走，還駐黄道湖。復東渡，謀再舉。

六月，紹興陷，萬良率數十人還渡浙西，與清兵戰翁家埠不利，藏印田婦饁者飯下，陳明環得印歸萬良，結盟而去。時浙西諸師皆解散，應章及故起義首領多降清。萬良復起兵千人，欲先討應章，應章遁。

永曆元年正月，清騎圍萬良臨平南，畏其鋒，未敢迫。萬良知不敵，又令其衆各散去，乃與雲龍、翁思明、范貴易清人服，作北地口音，反入清伍。時清將於騎上迭呼曰：「萬良何往？」萬良亦大聲曰：「萬良何往？」雲龍等競舉手指曰：「恐走東南，當急逐之。」騎稍馳東南，而解鞍飯者未盡登騎。萬良等捷得其馬，奮鞭脱去。是役也，傷祁祥等五六人耳。去入餘杭山，清兵尾之。方飯，急起戰數十合，百人不失一。

三月二日，與衆復東渡，欲便入海。行次富陽尖山，命雲龍、思明、貴還發臨平所窖金致舟山。爲清所覺，雲龍戰死，思明僅携印與貴間脱。十一日，從邗海洲舟東渡，爲邏者執致杭州。見清撫不跪。問：「何官？」亦隨聲曰：「若何官？」問：「萬良安在？」曰：「客歲已故。我護平胡印久，請速殺思明一人，萬良不可得也。」極楚毒，不言萬良所在。訊至貴，任能致萬良自效。十四日，思明卒不屈磔死。

十七日，貴、許益導清兵，爲故裝誘萬良。萬良不疑出，遂執至杭，亦不屈膝。訊者曰：「看汝無甚異人，十三布政司皆聞名，今亦就吾禽乎？」萬良裂眦曰：「大明不止萬良。萬良死，稱戈者尚多，正未可高枕卧也。」發滿洲營，四壁高峻，繯鐵索九固守之。數日後，斷索循壁，聳身從空出。清閉城大索。走伏城池，水泛覺，復被執。折其臂肋。萬良曰：「吾得江東兵五千，任吾使，吾見虜之殲矣。此烏合，非吾用也，豈非天哉！」五月十六日，赴市死。前蹤跡得印之明環，以明環與萬良字近而又同姓，清以爲萬良弟，執之。已而廉其未嘗與萬良同事，脱之。甫出獄，大言曰：「萬良已敗，我當復爲萬良，看汝等何處乞生！」因復繫獄。歎曰：「從萬良死，吾之願也。」亦就義。已美達、貴咸磔死。

思明，紹興山陰人。諸生。

又田一鵬，字北宜，河南人。衛輝參將，從黄蜚南。蜚敗，變姓名客蘇州。魯王擢總兵。永曆二年四月，與支硎山僧謀起兵。事洩執。令供餘黨，剚其項，以炭火燃之，卒不從，遂死獄中。

僧垂髫，江都人。結庵東洞庭山，好經史。宗室華堞權拜國師，與謀恢復。被執送南京，慷慨受刃死。

徐龍達，字懋功，紹興山陰人。剛勇好義。貧無賴爲盜，捕繫獄，清兵入杭州，浙東郡縣獄空，龍達出。鄭遵謙兵起，從軍，授副總兵，率三百人守長山。與遵謙左，不與餉。西征議起，熊汝霖命張名振等援，不應。龍達忿曰：「與我三千人，剋期且直馳南京矣。」

時浙西人心未去，日望東師，願起疾應，蓋一日蜚語海上旌旗者三四。有羣兒爲嬉，分兩主，各自爲東西，隔溝投石爭勝負，必令主西者陽負以爲快，則歡呼東捷，鳴金而歌於道。一日競投石中，殺一兒，其母曰：「兒不肖，願爲浙西，今死不恨。」

汝霖淩應章陳黄道湖，陳萬良出没臨平，控扼水陸，清兵苦之，跡求輒散，聲聞浙東。使人招之，然所率不過四五十人，諸軍不肯屬萬良。龍達軍不得食，曰：「與我三日糧，願從萬良西。」遂合萬良，不足五百人。

隆武元年十二月，從吴家埠入，衝擊内地。凡十戰克捷，北出太湖，與諸寨應。以兵少難窺城郭，然杭州亦危甚，兵多亡，守關者以飲食款鄉民曰：「即不幸爲我匿。」又或僞爲鄉民服以待竄。

龍達等還請師，使人潛約渡。約者失期，五百人夜至江口，清數千騎至，持一日，失數十人。會汝霖以舟師應，還浙東。萬良爲平湖將軍，龍達自稱挂將軍印。二年正月，旨如其自署，復請行。

方國安大敗，萬良募新兵，合龍達千餘人，器甲不備。偵者告内應且急，萬良欲入内地因糧。方渡，遇清兵，衆潰，亡者過半。原部五百人從間入，而内應不即至，鄉人所在執槊爲護。戰二三捷，相與謀約應章疾來援，往攻德清，嗷攻西門。門開，兵疑有備，不進。久

之，清兵自他道遶其後，蔡孺法先驅陣死。龍達怒乘之，斬八十人，身中數創死。明日，應章兵至，已不及，還合萬良，保黃道湖

穆祖泉，歸安人。一目眇，勇力絶人。本屠家子。好結客，人樂與遊。黄兵起，與姚武亭、邵逸民、朱弘宇、朱玄卿、王草包、黑先鋒各起山中。事聞，監國魯王授總兵，挂將軍印。諸部多者千人，少者四五百人，日拷富户助餉；富户練鄉兵自保。

逸民，武舉。負才畧，率百人屯彌陀寺。鄉兵數千人攻之，祖泉入山，不敢救。武亭方飲逸民家，挾壯士五人躍樓下，突鄉兵，鄉兵走。逸民衆繼至，斬五六百人，鄉兵潰，不敢再至。

祖泉過趙村索供應，姚玉宇拒之。祖泉命趙歌率百人執玉宇，將斬之，爲左右勸止。太倉吴子斐、唐憲卿以勇稱，統百人在山中，請釋玉宇，不許，皆被殺。玉宇脱，朱寧卿攻祖泉，祖泉敗走。及見武亭，武亭責之，祖泉謝。

時逸民屯黄村，富民朱子章來款。有尤大經者，衆二三百人，屯村北山口，使人執子章，勒千金，出六百免。逸民謂子章曰：「長興水口鄉兵四五百人，可約攻大經報仇。」子章引水口勇士梁茂、蘇忠、汪志立與逸民夜半圍大經。犁旦，大經出不意迎拒。首領周奎出

戰，忠不敵，鄉兵散。茂大刀格鬭，奎雙刀擊之。茂力扞，奎雙刀落，直前斬之。大經敗走，逸民殲其衆。茂追殺大經，名振遠近。

茂大刀重三十斤，當者輒碎，祖泉叵畏之，謀中之，使黨控之湖州清兵道，逮獄死。

草包，餘杭人。衆千餘人，推爲帥，大經其部將也。聞其死繇逸民，欲引兵攻之。逸民入山，草包又圍祖泉於後溪岕。祖泉知不敵，與議和罷兵去。草包後卒襲殺逸民。時清撫趙廷臣聞湖州義師盛，命湖州總兵攻之，祖泉力拒不少屈。已兵大至，草包死，諸義皆走。清招祖泉。祖泉念起義最先，事終無成，遂約降，散衆歸里。當其出降時，守備周奇恃勇深入襲祖泉，祖泉據險，奇大敗歸。至是過祖泉門，陽招與謀，縶之。祖泉欲自辨，長興怨家訐祖泉，竟瘐死。部勇百許受撫回，聞祖泉死，皆復入山，從柏襄甫。

柏襄甫，長興人。諸生。潔白秀雅，眉目如畫。弘光元年六月，長興陷，金有鑑兵起。襄甫從子孟憲力絶人，與之通，事洩連襄甫，乃與穆祖泉入山。衆以其武畧，推爲主，屯合溪岕中。徽溪民糧，擁高纛，張麾蓋，衆至五六千人。監國魯王授都督總兵，掛威勝將軍印。勇將趙良璧持鐵鞭重四十五斤；朱弘宇號白毛，本木工，用大刀四十斤；沈子應挽八百斤物，在襄甫左右。屈良甫便捷善射，周子蓋陷陣先登，相倚爲心腹。

時山中有黑先鋒者，本名朱德，勇冠一軍，每戰左手六十斤防牌，右手三十斤刃，所向無前，清畏如虎。湖總陳之麟夜襲之，圍數匝，先鋒突出，斬將三十、兵千餘，身受十餘矢，以無援敗歿。

轉攻襄甫合溪，弘宇獨斬七百人。清兵大潰，告急杭州。命副將檀之材率萬人攻襄甫。時襄甫移屯中峯，衆三萬，山口屯前鋒營，皆新附，任哨探，山中前後左右各置守。之材本山東盜降清。襄甫命孟憲三千人拒戰，力相當，之材不能勝。一夕，以五鼓登山。前鋒營走。良璧援之，鞭之材傷臂，執之。襄甫解縛，宴款釋歸。

各道兵大至，毁襄甫祖塋。報至，襄甫惘然自失。嘗以讒醉殺良璧，兵多亡去。清撫至湖會師，襄甫衆號十萬。永曆四年五月，之材單騎入山説襄甫，散其衆，獨偕左右數人至湖，授守備，調戍錢江鴨嘴灘口。已被訐下獄。

襄甫私人大布金錢，賄獄吏卒。城内外倡沙泥會，人囊泥爲識，謀以敗舟載稻草百餘擔泊水門。已而草濕，發岸積城下，陽爲曝狀。城中衆候夜，灑泥獄瓦。襄甫正與獄吏狂飲歌呼，聞聲，謂吏曰：「我衆已及門，行矣。」同繫五人横刀立，吏失措曰：「公去，我死奈何！」襄甫曰：「當同去。」乃相次出。候衆集，擁至門，則草高齊城，諸人躍下，入山，從者不約而至，聲震浙西。於是火劫諸仇，斬其婦女，殲八十三家。

之材罷去，新總兵劉傑萬人至，謀以奇兵伏東山，俟襄甫出，即襲破其營，合兵擊之，必全勝。弘宇詗其計。襄甫前軍方與傑戰，弘宇逕掩東山，清兵未起，獨斫千餘人，墮崖死者枕籍，傑奔。襄甫攻湖州，清兵不敢出。

襄甫使人通鄭成功，會趨南京。張煌言、甘輝大悦，相與結好。

時吴阿留已散兵，挾劫掠資爲大賈，販豆千石鎮江，爲清執死。清專力攻襄甫，命山民保甲，山口屯重兵，客商併絶。先是孟憲微行入廟，被執死。襄甫兵勢浸衰，又扼於兵。糧盡，欲走舟山。與弘宇、徐老大、穆天富、陸試、童子潤、郎共相買舟湖州西門，至太倉，訪曹寧一，覓海舟。寧一與璜涇夏臣山雅故，臣山則熟海道者也。及至，臣山已入海。不意爲僧浮生所識，訛索不遂，乃繇嘗熟出顧山，謀走南京。

方襄甫之逸，清刊章名捕，得其交通出没之跡，因至沙溪，執浮生、寧一，繼之楊舍執楊季明，命導緝襄甫。襄甫舟十餘、衆百人次顧山。市中見有異，執之。襄甫門牙銀鑲，寧一曰：「是矣。」又執弘宇，亦不識。寧一曰：「髮白否？」則盡黑矣。弘宇大聲曰：「我朱白毛也。」解至杭州。襄甫不屈。清撫訊弘宇曰：「聞汝陞山如猿猱，壯士也，惜不早降。」最後訊寧一。襄甫恨其賣主也，連及之。均赴市死。季明釋。

盛貴，字玉麒，餘杭人。魯王監國，與章賢起兵錢塘、餘杭、臨安山中，衆數千人。永曆元年五月，授總兵，屯黄湖雙溪山後。所部六營：前營沈良，衝鋒營李大奇，後營俞科，中營戴文祥，左營章龍壽，右營陳應騏，皆副總兵。

四年八月，貴至東關山中。宣武將軍黄岳與宗室尊涑、俞子久送敕印至，貴等挂昭遠將軍印有差。貴、賢、良、文祥、鄭應奇、王匾匠皆衣冠二十四拜。及去，貴餽銀二十兩。已以餘杭清兵搜牢急，移吴江爲農。

五年，賢、黄永年、張大成戰敗車巖、鳴殿、基頂，至石賴鎮降清。貴入石魚坑山度歲。六年至杭州。見王潛夫，命改名蔣四，與弟五送崇德朱秋佳家，潛夫課其子。

八年八月，良、高介甫招貴復入山起兵。十月，清兵迫，與良、李大吾、倪阿一、官孫出山。貴仍冒名蔣四，回秋佳家。十二月，良、大奇、科、龍壽、應、麒、阿一赴餘杭，戴文祥赴武康降清，首其事。清捕貴崇德。秋佳又匿貴濮院姊壻李迓仙家，見執。良復訐尊涑改姓名依子久海寧。并執岳，皆死。匾匠、賢死於獄。文祥赴武康降清。應奇亡命。良後再反正。龍壽爲族人所誅。

良，一名沈二，臨安人。

岳，字律祖，定海人。

潛夫，餘姚人。

同時，奚安國，字康侯，烏程人。膂力過人，能舞鐵棍四五十斤，獨鬬二百人敗之。浙西陷，結壯士三十六人爲天罡會，以醫自給。湖州武啟泉、解明宇奉宗室盛澂，衆萬人，授安國遊擊。程良夫、張楚材、姚武亭、姚玉宇及從子留，各以兵會。一夕，留違令行劫，盛澂使人執之，留跳。盛澂左右忌安國，殺之，義從散，盛澂赴衢州。

張守智，長興人。捕魚爲業，與妻皆矯健善鬬。冬日嘗徒跣行水，又能水底伏三日夜，潛行日百許里，人呼赤足張三。南京亡，起兵攻木瀆應魯之瑱。兵敗入太湖。

永曆三年，清撫義師而衆不散。守智見清弛備，糾衆南至嘉、湖，北至吴江。舟師所至，湖路爲梗。時湖濱有崇明寺，楊州僧行滿主之，使六十斤鐵棍，又有延真觀，道士顧飛熊善雙刀，勇匹行滿。二人歸守智。三人皆好飲，酒石不亂。徧訪巨室，折簡邀之，出千金或四五百金，不復擾；不則燔其室，劫人爲質，拷之必傾財乃已。至貧民則秋毫毋犯。清兵進攻，多斬獲。

湖濱張王墩演劇，守智以地僻，輕舟赴之。邏者報清將。守智見場中人衆，恐有識者，不移時去。清兵見其逸也，大呼抵敵，守智出袖底刀斬數人。不及登舟，躍湖入水，如履平地。清舟迅追，守智忽隱湖心。清僅執其從者二人而歸。

十三年，守智與朱達生攻宜興，敗於西氿。

十六年，攻橫山、木瀆。清各道兵集，聞守智好飲，設計以舟載酒入湖，遇守智兵，輒驚竄。守智以爲清兵怯，得酒喜而不備。西山朱允恭與守智雅故，清命允恭誘守智至山。守智、行滿狂飲大醉，被執死，飛熊走免。

太湖義師自弘光元年吴易起兵後，沈泮、毛一、毛二、柏襄甫、扒平大王等於溵山、長白蕩、陽澄湖徵糧巨室，以人爲質，於貧户則公平交易，衆多歸之。至是乃熸，首尾都十八年云。

唐彪，字起凡，仁和人。武舉。耕田湖州白竹隖中。南京亡，邵陵王在鉞來湖州，與王俊、夏三殷奉之，招集壯士五六千人，屯天目山。同時錢達亦以水師響應於杭州江上。與姚志卓、陳萬良相犄角。事聞，監國魯王授總兵，封崇安伯；唐緝爲中軍都督，挂靖胡將軍印；周君泰前軍都督；李魁後軍都督；王大有左軍都督；章國平右軍都督；金甌監軍御史；繆甲監軍道；穆彦夫督糧道。

隆武元年九月，聞志卓敗餘杭，出安溪援之，不利。十二月十六日，戰瓶窑，殺傷相當。

二年，攻昌化不克。柴日乾自山中會之，欲屠三竺。九月，敗於安溪。彪出入安溪徑山、瓶窑，屢破清兵，兵號十萬。

永曆十五年三月，先鋒葉爾行、姚濟被執仇山死，君泰等爲副將王可就所敗，次第歿。國平逸去。其女龍嫗敢戰，亦隱。十六年三月，彪兵潰，與張應麟皆死。十七年七月，黄五兄弟亦死東行嗚。

俊，歸安人。王授總兵，封崇仁伯，屯虎山。十五年冬，粟盡兵散。十六年正月，甌被執，嚴訊無完膚，終不言俊所在。俊不忍累之，挺身出死。

三殷，餘杭人。總兵。元年十二月，清兵入大全山，執守備項祥爲導，破黄洞營，三殷走，參將阮龍、吴夢雷死於潛、臨安山中，兵皆降。三殷與總兵陸懷、胡田，副總兵施匡之、郎文榜、郤祥芝、盛亨、阮有福、倪世瑞降於清。

甌，字寧武，秀水人。諸生，死獄中。兄完城，字耳韶，亦事連死。從子始垣，字公覲，歸葬，不復應試。

僧真勗，姓馬，嘉興人。居烏鎮。十年八月，納總兵陳凱散劄，授朱三水師官，張二、高應龍、張雲、張龍都司。與沈國戚、吴阿留、施通、彪、國戚、阿留執死。真勗等事泄死。凱、六亡去。龍，海寧人。

錢達，一名奎，字應元，嵩江華亭人。少爲人奴，及長以販鹽爲業。長軀偉貌，負膂力，精刀法，尤善鳥銃，中人項下立死，呼曰一顆珠。南京亡，集衆陽城湖，以新涇薛猫爲先鋒，從戴重復湖州，吴易復吴江，臨陣勇而健鬬，狎浪如飛。易每稱之曰：「真猛將也。」易敗歿，與唐彪、姚志卓、陳萬良相應。監國魯王授總兵，命守錢江。紹興亡，從扈海上，挂破虜將軍印。

永曆元年四月，入太湖招兵，易、黄蜚、吴志葵故部歸之，南至平望、八尺、嘉興，北至西洋村、新村、斜塘、真義、唯亭沙湖、夾浦、寶帶橋。遇清舟則邀擊之，斬獲不可計。清兵大至，則散入湖。清知不能禦，乃塞太湖口困之。達屯沙湖。

五年，命王秀甫攻烏鎮。

八年，達以數千人攻吴江，破江浙兵，先鋒唐四、張鬍子戰死。六月，吴阿留復桐鄉、烏青。

九年，李之椿疏薦達將陳國興左總兵，丘戒僧右總兵。

十年，鄭成功命秀甫、陸和尚至，晋達都督同知，挂平南將軍印；老陸二嘉興總兵，周觀嵩江總兵。遣王四置箭，王瑞林朱老大置硝磺。達尋以四百人入崇德張公漾、金花子橋。

十一年，出没太湖真義。

十二年正月，清兵四至，力拒，老陸二、朱老大及副總兵陳上言、顧貴老、錢三、馬三、殷鬍子、來壽、卞四、吴大貫、殷君實、灣梁、吴三、陳鴨蛋、陳阿明、吴胡子、褚二、張阿壽、朱允章、吴小二與達母沈執死。二月，達敗於蔡社，唐二死，國興、秀甫、周二降清。

十三年，成功攻南京，達合漁舟亡命據諸湖口，攻甪直、千墩，屯尚書浦上。妻楊善戰，持矛上陣，千人辟易。女金姑亦武健，擅雙刀，斬將菉溪，威動南直。

十四年，陳標數千人襲海鹽、蒼山。杭州張闊嘴、沈公起自嘉湖合陳彪湖泖。七月，斬崇德守備鄭鉦。

二十四年，王七入德清新塘。冬，降清被殺。

二十六年，達斬把總黄仕賢。達治軍有紀律，部將相二剽掠，立斬以徇，故濱湖之民多愛戴，爲之耳目。清重其名，令必生得以獻。達破圍久，糧盡，兵死大半，再敗泗涇，將入海。清將偵知之，要於道，大呼請見錢將軍。達知不免，躍過舟，拔刀斬數人，厲聲曰：「大丈夫死事耳。」羈蘇州獄。

一日，妻楊、妾王自至。楊留侍，王與諸媵婢去。守者問之，曰：「吾遣妾還太湖，諭諸部解甲耳。」清兵信之，送至湖口。越二日，達置酒召守令飲，楊亦出。達與楊南面坐，守令東西向。酒半換席。楊拜，入赴井。守令大驚，遣人救止之不得。詰旦，語守者曰：「汝等各以土三石見贈，當厚賞。」諸騎欣然負土填井，須臾口平，視鋪石其上，而後拜祭焉。數日至南京，見郎廷佐，大駡不屈，絶粒數日。械致北京，再發嵩江，行次山東，不食死。王聞，自經太湖死。

子佚名，人呼小錢大，勇如其父。鄭經兵起，湖中推爲主，以恢復南京爲己任，屢敗清兵。已知事無成，乃散衆隱。

猫，脱歸唯亭，改名雲鋒，以壽終。

裘紹錦，字紹東，慈谿人。性慷慨。年四十，杖策入京師。崇禎初，授榆次縣丞，遷徐州判官。時漕河梗塞，官吏多以輸輓獲譴，紹錦毅然請行。以折色疾馳天津，易餘米赴部，完納如額，陞兗州通判。巡撫器其才，用參謀，檄赴軍前。以平孔有德登州功，改福建都司僉書，陞參將，屯舟山。時海宇承平，將士離伍。紹錦至，一以法約之，日習止齊擊刺，傾身下士。歲旱，斥奉濬河修碶，大興水利，民甚德之。累擢潮州副總兵、總兵，與周敬執鎮惠潮。安宗立，晋右都督。

魯王監國，上合併策，再晋左都督，挂平波將軍印，移鎮浙海。尋命偕林必達使福京。下獄，杖八十，以贖免歸。魯王以不辱命，封平波伯。

紹興亡，歸隱。永曆十七年卒。

子永明，字德純，諸生。江東兵起，散家財數萬，募兵自效。從扈台、紹，歷官都督同知，提督九門禁旅。清兵窺江，姻家邵輔忠招回里，復書拒之。隆武二年夏，有傳清大將命邀議款者。永明曰：「事不避難，臣之職也。吾自起兵以來，義不反顧。此行幸而集，彼此獲安；不幸見殺，亦非始願所不及。」遂渡江見清大將，臨以兵，不屈。九月十四日冠帶死。

族人從起兵者：文煒，字彬吾，遊擊。有德，字君美，都督同知。與永明出入鋒鏑。師潰，走海上，憤死。褐黃，字文中，諸生。之緯，字贊伯。鼎新，字日又，撫永明孤。皆完髮終。

敬執，睢寧人。崇禎十六年武進士，累官廣東遊擊、潮惠總兵。

劉穆，字公岸，紹興山陰人。貌修偉，善射舞大刀，寬而愛人。崇禎十年武進士第一。史可法知其才，繇上海把總累遷應天水師參將、副總兵、西廳西營總兵。

南京亡，聞方國安兵潰掠寧國、廣德，可急撫爲用，身往招之。未還而江上兵起，遂於弘光元年閏六月十三日率諸暨兵趨江口，封舟截渡，得義士百人、義兵五百五十人，具火器衣甲，慷慨誓師。十六日守潭頭。十九日命子肇勳復富陽，禽知縣鄭始。二十四日渡江至清風嶺，前鋒失利，肇勷戰死。乃命劉光世、孫振百人爲左拒，陸建夔、孫謀百人爲右拒，張國紀、王士褒、鄭順百人策應，沈鎮東、劉震統老營爲後勁。戰六十合，穆以五十人大呼陷陣中堅，一矛刺敵前鋒墮馬，鄭順槊殪其大旗將一，清兵北，明日各師始集。王之仁推其忠勇。

時清伐大木爲桴，浮江下將渡，穆命壯士夜泅斫其營，得木數萬計，繇是營栅、樓櫓、牌楯之屬皆因於敵，軍容改觀。

國安命將王甲分屯七條沙，國安擊其中，經旬日大小數十戰。忽一日，清兵急衝國安營，國安邀擊截之，殺傷相當。國安告急，穆以火器三百人赴援，分五十人攻其西，二百五十人伏小灣邀其歸路，斬獲無算。

富陽再陷。隆武元年七月，禽知縣郎斗金，復其城，策應江上。監國魯王命挂定虜大將軍印，封威夷伯。明年晋侯。

國安遁，與王之仁議拒守，各以戰船截江上下。忽大風覆舟數十，軍資盡喪。王航海，與忠衛伯章雲飛、驤武將軍盧世選、總兵金裕、裕子振聲、陳廣、徐升之、徐啟明、錦衣指揮使楊秉忠走舟山。

六月，暴疾卒，目不瞑。子肇勣，字子膚，以遊擊從父軍，乃與諸弟長跪床下，刺「盡忠報國」四字於腹。涅而誓之，目乃瞑。

肇勣弟肇勷者，字子讓，短悍有膽識。幼亦隨父任，識大盜畢昆陽於獄。昆陽，歙縣人，善用槍，世稱之爲「畢家槍」。肇勷與兄肇勣咸慕之，日賂守者進以飯，經年不怠。昆陽出，遂以槍法授，繇是劉氏兄弟以「畢槍」名天下。後奉父命分領一軍守江干。復富陽，援不至，肇勷與建夔、王胤賢、郡吏印玉及掾吏壯士十六人騎而據清風嶺，連殪數百人，應格輒倒。矢盡，控弦作霹靂聲，皆反走。會伏兵益起，合圍叢射之，矢集如蝟，猶僵立不仆。肇勣號而上者三，勿應，視之則死矣。抽矢出鏃至斗許。負以歸，江上軍奪氣。弟子翼，亦從軍戰江上，後爲僧上海。

建夔，字芳侯，紹興山陰人。膽力絶人，善射，學肇勷槍法。從軍授總兵，戰先士卒，一軍倚以爲重。後守江干，值沙漲，即率兵涉淺而渡，思爲掩襲計。距營數百步，清兵已戒備，矢如雨注。建夔持槍奮鬭，矢不入，轉戰至萬嵩嶺上，失足仆地，遂不支。僕負歸，血猶縷縷相屬。出鏃斗餘，踰刻始絶。子曾昇襲職，痛父不數月卒。

同時與穆共事江上者：沈迴瀾、謝正讓、謝正謙、汪登瑞、張國紀、張立中、張其燮、高應龍、黄明卿、王時柏、熊師、鄭維城、宋明宇、章贊、王觀昉、葉進達。

迴瀾，字灝孺，義烏人。諸生。天啟中寇起，上書軍門，授山東守備，累晋都督同知。

王封寧遠伯。江上潰，死難。子泗，任武選主事。

正讓，餘姚人。與邑人謝遂升、謝正謨從軍江上，歷都督挂將軍印，封襄勤伯，遂升副總兵，正謨，參將。江上潰，皆隱。

正謙，餘姚人。方國安薦，挂襄武將軍印。江上潰，自沈百官江死。

登瑞，字熙宇，餘姚人。萬曆二十三年武進士。官都督僉事、大同總兵，著戰功。奄亂歸。王命挂威毅將軍印。江上潰，賦詩哭東山寺，不食死。

國紀，字羽儀，紹興山陰人。官都督同知，挂襄毅將軍印。馬士英奔越，國紀白於長吏，請誅之，不聽。嘆曰：「壞天下事者，必此人也。」慟哭而退。江上潰，不食死。

立中，字躍天，鄞縣人。諸生。自都府贊畫，累陞御營都督總兵。年二十四，兵敗隱槎湖，溺酒色死。族人尚燮，字世調，司餉，隱。

其燮，字君翔，紹興山陰人。負膂力，從軍薊遼歸，爲羅木營教師。張國維薦總兵。紹興亡，杜門。邑人總兵周魁降清。

應龍，字雲翼，紹興山陰人。崇禎十二年武舉第二。官總兵。江上潰，戰死。

明卿，蕭山人。歷涿州守備、九江都司、定海總兵、都督同知，死難。

時柏，字太乙，紹興山陰人。右府、後府都督總兵。江上潰，隱。從子相，字廷武，諸生，前軍參謀，傾財餉軍。江上潰，不食十五日死。

遂死。師，會稽人。總兵。兵敗被執，裸縛之。厲聲曰：「勝敗死生，兵家之嘗，何辱之有！」妻例入營。曰：「我命婦也，豈肯見辱？一死爲快。」亦命斬之。行刑者惡其不肯下營，故以刀虐其私。妻憤極，唾其面。首甫斷，行刑者仆，七孔流血死。

維城，武岡人。天啟二年武進士第一。歷劉河遊擊、舟山參將，旨召入覲。紹興亡，卒。子壯圖，爲僧天童卒。妻瑞芝，岷祁陽王定爍女，年十九，爲尼餘姚，名行珍，字靈源。

姑向，亦爲尼。

明宇，字子明，冠縣人。登州參將。以兵扈王台州、紹興、象山。王薨，隱吴城。

贊，藤山人。千户。隱。

覲昉，字子初，紹興山陰人。父員外郎應遴，死難北京。覓屍受酷刑，卒負歸葬，任錦

衣鎮撫。

進達，一名斌，字武木，慈谿人。金堂屯田把總。工文。隱。

王在紹興，以潘茂斌挂鎮江將軍印；都督張憤爲錦衣指揮使；黄明輔爲提督東司房

官旗辦事；王之任提督九門禁捕，挂忠衛將軍印；楊汝慶挂勇衛將軍印；池鳳鳴爲都督

同知總統護駕軍。鳳鳴，遼東人，後降於清。餘皆不詳。

吴凱，字南柱，諸暨人。少隸鳳陽衛伍籍，稍遷爲材官。馬士英督鳳陽，母患癰，凱故精鍼灸，應募愈之。士英謀報，及與語戰事，則大喜，署督標右營。時張獻忠方蹂蜀及楚，勢張甚，鳳陽皇陵重地，銳意得之，攻甚力。凱每戰用火球，内納小球十餘，寇遇之輒挫。累陞左都督總兵。安宗立，命協鎮浙江，兼屯玉環、寧、紹、台、温。見朝政日非，屢上書政府，多行規勸，士英不能用。

南京陷，結寨東陽場元里。魯王監國，台州僅海道兵五百。凱以三千人至，王大喜，拜蕩虜將軍，封開遠伯，旋進侯，以兵策應江上。紹宗亦封誠敬伯，守温台屯田。而總兵李礎奪其餉，無所仰給。

方國安攻朱大典金華，以古廉藺爲勸。士英、國安、張國俊比擠錢肅樂、孫嘉績，不與餉。肅樂、嘉績合啟請以其兵歸凱，不從。

陳萬良起兵浙西，議繇海寧、海鹽直趨蕪湖，熊汝霖請援萬良，張鵬翼請以所部先濟，國安等尼之。凱力爭曰：「行朝僻守浙東，勢不可久。義團民兵多守險，無出對陣者。請自監軍浙西。速發兵渡江，無孤豪傑心。」裘尚奭、高鶴鳴毅然請以奇兵五百會副總兵謝國禎行。議下，行且有日，忽傳中旨，令鵬翼援嚴，凱守温台，萬良遂戰敗。

未幾，清内河舟通江，議調凱防守，不果，紹興亦陷，王航海。士英書招降，曰：「貴藩忠肝義膽，炳耀千古。英雄謀畧有盡，而天意眷顧靡嘗。識時務者爲俊傑，惟貴藩圖之。」凱復書曰：「向沐鴻恩，未遑圖報，期以他日捐軀酬國士之知，未爲晚也。凱，暨陽匹夫耳，禄享千鍾，不爲不厚；爵忝通侯，不爲不高。遭國家多難，正臣子報效之日也。不意恩相手握朝綱，身總機務，苟且偷生，以希榮寵，律身不忠，教人不義。凱自顧七尺昂藏，一腔熱血，恨未能如申包胥之痛哭秦廷，庶幾效魯仲連之身蹈東海。一戰不勝再戰，再戰不勝，然後披髮雲遊，以圖後局；否則惟死而已。毋多言。」

隆武二年七月，清兵畧温，以沙埕侯印來招，不應。率總兵項鳴斯拒戰，力竭死。妻沈與侍女七人赴水殉，後人名其地曰八婆塘。

子舜景，任錦衣指揮。與族人萬里、堯宰及周子德等從凱死者百二十餘人。萬里，崇禎十二年武舉第一，副總兵。

尚奭，嵊縣人。諸生。江上兵起，自以一旅起於鄉，授都督僉事副總兵，挂宣義將軍印。守江有功。兵敗隱。

鶴鳴，字永圖，嵊縣人。諸生。有經世才。與總兵錢伯彰傾家起兵，授後軍都督同知副總兵。兵敗戰死。

壽胤昌，字卜如，諸暨人。諸生。著才名。南京亡，熊汝霖募兵寧波，胤昌應募。汝霖與論兵中機要，承制授總兵，使迎監國魯王於西興，拒清兵江上。時海寧陷，俞元良死，姜國臣集兵雙林，請師期，命駐塘棲。

隆武元年八月五日，汝霖遣趙清會鄭維翰兵赴黃天蕩襲清大營。前鋒黃岳，參將諸盧崇、邵應斗伏海塘，孫嘉績、張名振各率師相犄角。維翰失師期，清被流矢。十六日，退駐喬司。汝霖領中軍，嘉績、錢肅樂分左右屯。胤昌、盧崇率輕鋭前進，抵牛頭，焚大營。清百騎突出，應斗接戰，陣動，盧崇軍退。胤昌救不及，亦潰。清以勁旅攻汝霖，别以鐵騎衝嘉績營。遽爇礮，礮裂，遂大敗，師奔渡江，浙西不守，胤昌去官歸。

汝霖謀拒清師，啟王曰：「朱大典部兵火器最精，胤昌文武兼才，豈可令其投閒，當使統大典兵至江上。海寧疆域未定，宜令名振速渡，以固浙東門户。」會名振歸石浦，閩、越又搆衅，方國安、張國俊比擠汝霖，謀遂寢。

二年三月，胤昌再起，副方國泰守富陽。江上潰，自火其舟，角巾歸里。因山爲屋，環樹修竹，題曰「靜觀」，日嘯詠其中，焚香撫琴。間作書畫，饒有天趣。見者不知其爲故將軍也。

岳，諸暨人。采石營副總兵，挂將軍印。自喬司敗後，回軍江上。二年五月，師潰，與凱合屯尖山，相與議曰：「古人背城借一，豈可以數萬衆一譁而走，不思轉敗爲功乎？」胤昌歸，凱亦死，岳乃奔處州，與山陰徐允臧爲僧，名了塵。

同邑呂元鋋，後軍都督同知。

周昌祚，好兵家言，國安慕名招之幕下。談兵輒曰善；及與論君臣大義，至國勢艱危，主辱臣死，國安默然。昌祚輒語人曰：「吾固知其不能用也。」遂歸。

姚球，字鳴玉，諸生。博學負經濟。嘉績知其才，招入幕。後隱太白山。國安與故，物色不得。

俞其茂，字秀寰。父邦輔，以總兵從國安貴州卒。奔喪負骨歸，隨國安江上。兵敗爲僧，名佛鑑。

張歧鳴，助餉十萬，官參將，協守諸暨。兵敗，與兄國信隱居。

郎奉泉，蕭山人。知兵，力絕人。累功，挂將軍印。江上潰，隱。

宋印晟，字燦明，濟寧人。崇禎十年武進士，處州副總兵。從王南渡，遷溫處總兵，挂援剿將軍印。憂憤成疾歸，不入城市，卒年七十四。

李唐禧，字長濬，嵩江華亭人。世襲金山衛千户。能文善書。陳子龍、夏允彝咸重之。

崇禎十七年春，輓運北行。聞京師陷，草檄告郡縣起義，莫有應者。會安宗立，有詔趣糧艘入南京。唐禧先至，授指揮同知。馬士英枋國，四帥列淮上，各擁兵觀望。唐禧上書請出師，不報。出爲福寧副總兵。未行而南京陷，與侯承祖起兵金山不克。

紹宗以前軍都督僉事召。故與鄭芝龍有隙，遂就監國魯王於台州。陳函輝起兵，以兵屬之，鎮海門。王以其夙將，累進右軍左都督，掛鎮南將軍印，總理浙、直恢剿，命與章廷綬、谷文元、李礎、宗室常淩共治軍台州，日練兵以輸江上。

清兵至，唐禧謂廷綬曰：「公當偵陳公消息。然敵已逼，不如同死。」廷綬曰：「諾。」各袍笏坐營門。清兵過其營，勸降，皆不屈，殺之。唐禧臨命，鬚戟張。廷綬家屬從軍者亦盡。

廷綬，字雲衢，鄞縣人。武生。能挽强弓，舞大刀。隨錢肅樂起兵，以驍勇署總統。會師江上，授都督僉事總兵。

礎，字克光，會稽人。廩生。累功官左都督，掛鎮遠將軍印，加太子少保。戰死台州。同時，徐瑩，本名承栻，字羽玉，吴縣人。官台州總兵，封靖逆侯。戰死。

范廷宰，字碩公，鄞縣人。官都督同知台金嚴參將，守海門衞。賦詩投江死。

侯干城，字君椽，臨海人。官監紀推官。兵敗戰死。

葛元亮，字德符。臨海人。官監紀推官。兵敗不食死。

郭圭，字先兆，會稽人。襄府紀善。依魯王台州。不食死。

張錦，字絅倩，仙居人。諸生。家素封，傾財起兵。被執不屈死。妻趙，指血題詩，水死。

朱少奇，臨海人。諸生。清兵至，不薙髮死。嵩門指揮羅萬卷降於清。

蔣若來，字龍江，長洲人。短小獨骨臂，善騎射，以亡命居劉河。張國維拔授把總，累遷守備。

崇禎八年十二月，守江浦。寇薄城，螘附上，若來提刀截殺，應手而斃。方坐城樓下，俄見有金冠紫袍者，握大石直前，擊中若來面，仆地。寇乘勢合圍，若來奮躍登城，射殪其酋，復發大礮殺三千人。以功轉遊擊。

十年正月，命援六安、宿、嵩。戰張獻忠酆家店，七營數萬人齊至，突擊數日。天雨，甲重不得出，陳于王戰死，若來服圉人服免。寇復出太湖，會牟文綬、劉良佐大破之。寇遁湖廣，調守安慶。

十五年，城陷，中軍尤玉中矢死，若來削籍。是秋，從黃得功大破寇潛山，復官，守安慶。國維調畿輔，從郝雲龍戰屢捷。尋移金華參將，定許都亂，歸。

南京亡，率家丁數百人，與魯之璵入蘇州。突圍出，從侯峒曾守嘉定。事敗，依義陽王朝墠海上。監國魯王擢右都督總兵，與袁鼎佐朱大典守金華。數遣官福京迎駕。

隆武二年二月，與監軍黄天復、章張復開化，執降清典史鍾淑哲，以朱顯宗權知縣，回守金華。及城將陷，痛哭曰：「天乎，不可爲矣！」乃召妻妾子女於廳事，諭曰：「以匹夫受國恩。國亡與亡，死復何憾，而曹盡爲俘矣。」妻王曰：「臣既死君，妻亦死夫，理之當然者。」妾七人言亦如之。次子都察經歷傳、三子官生祖曰：「父爲忠臣，兒敢不學孝子耶！」二女及子婦趙曰：「願同行，全忠孝節義也。」遂積薪火宅門燒死。若來視灰燼，提刀出，巷戰經日，斬四十餘人，力盡自刎死。

從子珍，字叔葑，蘇州遊擊，亦遇敵死。

鼎，海州人。崇禎十六年武進士。官江西遊擊。守金華，巷戰死。

金日僑，字仲惠，義烏人。諸生。崇禎十七年六月，許嘉應、丁汝彰陷城，糾鄉兵禦之。至是同死。

張鵬翼，字搏九，諸暨人。父景雲，遼東都司。鵬翼與弟鵬飛、季熊皆以勇力從軍前軀，戰比有功。毛文龍疏薦鵬翼可大用，繇行伍累遷登州水營副總兵。

崇禎十五年，從楊文岳戰郾城，相持十一晝夜，俘斬數千。尋移守山海關。吴三桂降清，南歸，歷左都督、浙江總兵，挂淮海將軍印，從劉澤清守淮上射陽。鵬飛、季熊俱都指揮僉事。左夢庚東下，與徐汝琦、徐彦琦、徐洪彦合兵入援。未至而南京亡，澤清降。與李士璉、胡學海、張國柱率兵六千，從田仰航海，合沈廷揚，奉義陽王朝墠屯崇明。崇明陷，從至寧波。

江上兵起，監國魯王命進駐西興。潮至帳淹，無敢離伍者。晋太子太保，挂震威將軍印，封永豐伯，衆萬人。

陳萬良乞師，鵬翼請行，方國安力沮之。紹宗封忠勇伯。

隆武二年二月，忽傳中旨，命鎮衢州，便道援嚴州。行過龍遊，有千人告益陽王掠害、擅制、驕蹇諸不法事。鵬翼曰：「請得以聞監國。」王閉關不納。欲善諭之，親至城下。矢雨下，不得已揮兵進。民開門迎，王走。追至西門，中流矢走。因啟陳狀，旨不問。遂得至衢州。

鵬翼治兵嚴肅，秋毫不犯。嘗過城市，令不得入民居取一草，孑身露立竟夜，衆遂無敢玩令者，江以東獨稱節制之師。時與客論浙西形勢，欲搗杭州，不果。紹興、金華陷。

七月二十六日，清兵至。自守三門，斬招撫徐準，出戰屢捷。盛澂標下副總兵秦應科内應，城陷，與鵬飛、汝琦、徐日舜、謝之玄、趙文鈐、毛邦貴巷戰，同被執。博雒温語誘降，大駡。斷舌，聲不絶。釘手足於門，刳腹，皆臠死。妻戴及眷二十人先自經死。

鵬飛，字耀羽，武舉。累官前鋒總兵左都督。妻吴先死。子國維巷戰死。

季熊，字君石。貌偉傑，身矯捷，能平地奮起丈許，軍中呼「三張飛」，官太子太保、右都督總兵，挂振威將軍印。鵬翼至衢，時淳安已陷。五月，卜從善攻開化，衢將鄭甲、温將潘文龍禦之。文龍力戰，挫敵前鋒，甲不動。文龍尋敗走，甲以軍三千人降，皆爲清所阬。清兵攻嘗山，命季熊率顧勳、張其勳精鋭疾援，爲衢州犄角。季熊屯南門外高阜。五鼓清兵至，季熊未飯，戰至午餘數十合，斬清兵千餘人。兵寡而飢，猶斬將七人。濟兵後益至，乃入城。清兵至闕，疑有備，不敢入，卒棄淳安去。季熊部署未定，清兵再掩至，季熊戰敗匿村巷。追騎至，令村人獻之。季熊突出大吼曰：「大丈夫肯避爾者耶？」復手刃數十人。援絶，躍上屋，拾瓦四擊，坐尾脊大駡。攻益急，拔鞾刀自剸。尸直立三日不仆。妻陳亦殉。子國經，先隸標將劉東江力戰衛之出。鵬翼聞變，驚痛如失左右手。鵬翼兄弟時稱「張氏三忠」。衢人義之，爲建祠以祀。監國謚鵬翼忠烈。紹宗謚季熊武襄。

汝琦，字叔玉，紹興山陰人。右都督中軍總兵。大駡死。

彦琦，嘉興人。武進士。以霍丘戰功，自登州陸右營遊擊，歷參將、總兵。隱。

洪彦，紹興山陰人。右都督總兵。隱。

日舜，字五臣，衢州西安人。歷雲南參將、貴州遊擊，擢總兵。巡城力戰。清人説降，大罵，矢貫舌端死。

之玄，字昆吾，吴江人。從盛澂起兵西山，隨至金華，授副總兵，攝金華知府，移守衢州。

文鈐，字二有，紹興山陰人。修髯偉貌，能書善射。崇禎末，受聘山西。中途聞北變，傾資募旅勤王，幾遭賊害。歸，以職方主事監鵬翼軍。

勳，字碩功，會稽人。官左都督，封斫夷伯。紹宗封保寧伯。同時王問仁封攀龍伯。勳守嚴州。清封舟山伯，不應。拒戰累日，一門死。

其勳，字君美，嚴州建德人。父立中，字躍如，天啟元年舉於鄉，授萍鄉知縣。其勳，歲貢，入山。嚴州陷，書「全受全歸」於壁，自經死。

開平將軍姜君獻、安遠將軍王用陞、翼義將軍陳龍，總兵周廷輔、陳德芝、雷虎彪、楊子龍，監軍副使吕一成、高樹勳，畔降於清。君獻，字軼簡，嵊縣人，都督同知總兵。廷輔字君榮，嵊縣人。

陳謙，字以牧，武進人。崇禎三年武舉。授貴州守備，平安邦彦有功，歷都司、遊擊，後以都督同知總兵鎮廣東，與鄭芝龍同官盟好。紅毛夷求互市，謙爲居停出入，誘致十餘萬金。事露，自請調用避禍。爲淩義渠疏劾，坐逮訊。

安宗立，起右都督水師總兵，陳追剿三策，末云：「藩鎮之勢，逼於肘腋。處理未當，調馭難施。諸臣宜滌積習，忘爾我門户之私，中外交應，以贊中興。」部議謂切時務。令齎敕書金帛封芝龍，調兵六千人入衛。比啟敕，誤「南安」爲「安南」，芝龍愕然。謙曰：「安南兼兩廣，南安則一邑耳。」請留券而易敕，芝龍大喜，厚贈而別。未復命而南京亡。

魯王監國，擢太子太師、左都督，封靖夷侯，鎮衢州。命朝福京，挾閩、越自重。於王曰上封伯，於上曰魯爵侯。上命取侯印爲信，芝龍引之入見，啟函稱皇叔父，不稱陛下。上怒，下獄。隆武二年五月，錢邦芑密奏謙魯藩腹心，與芝龍交深，不急除，恐生内患。」請即斬之。芝龍行賄五千金於邦芑，請免謙罪。邦芑以聞，上決意殺謙，命邦芑監刑。芝龍聞之，過市令且停刑，亟入朝，願以官贖謙死。上故留久語，夜半，移謙他所殺之。芝龍伏屍慟哭，爲文祭之，有「我雖不殺伯仁，伯仁繇我而死」之語。自是益疑懼謀畔。子六御，自有傳。

贊曰：之仁揮戈江上，事敗之後，請死南京，其完顏陳和尚之流歟？遵謙肉袒挺劍，八郡雲合，屑齒江廣，屏蔽閩浙，東南係名號者迄一年，壯哉！元科、承爵、龍達、紹錦踔厲涣發，穆、凱、胤昌雅尚儒風，唐禧、若來、鵬翼强摯壯猛，皆不愧一時熊虎之將。宣忠、有鑑、志卓、萬良、祖泉、襄甫、貴、彪、守智、達異軍蒼頭特起，與稽山甲盾桴鼓相應，批吭搗虛，使清兵疲於奔命，又歷十餘年而亡。事雖無成，足以雪浙西文弱之耻已。謙嬛巧之士，伏屍都市，固其宜也。

南明史卷八十六

列傳第六十二

無錫錢海岳撰

張名振 子文魁 兄名拱 弟名揚 名斌 馬龍 顧忠 焦文玉 楊復葵 一泓 平一統等 劉應德等 王朝先 萬時輅 阮進 從子駿 美 騂 驥 孫三魁等 張晋爵 陳九徵 俞師範 劉守賢 張義 周鶴芝 子家正 弟瑞 林籥舞 趙牧 趙玉成 孫昌文 楊秋 曾德 顏榮等 陳國祚等 湯蘭 弟桂 涂覺 章義 艾元凱等 章雲飛 劉世勳 子炳 沈大成 李向榮 馬泰 張弘謨等 吕金聲等 單登雪等 王天培等 王朝相 何兆龍 高復卿 陳文通 王安邦 廖元 陳倉 林太師 馮生舜 程煌 沈可耀 王廷簡 沈時 張實孚 徐裕 吴懋修 柳國柱等 翁陞初 陳君鑑 王廷楝 王樂天 俞國望 丁日鑲等 徐鳴珂 袁國華 楊三教等 沈爾緒等 董有成 尹燦 喻恭復 趙壽 徐守平 俞茂功 周欽貴 陳憲佐 何德成 王善長 陳天樞 劉翼明 陳國寶 石仲芳 王化龍 顧奇勳 陳瑞 方胤昌 蔡乃漢 董其成 張元石 周魁軒 孫化庭 徐小野

趙應元　楊王休　李小亭　張輿　潘之英　王俊　劉黑虎　丁維岳　扈大文　路伸　曹化鯨　張鳳翔等

羅光耀　楊振邦　楊國輔　張明宇　田嵩山　李明吾等　石應元等　陳生白　陳鼐臣　盧洪業　陳弼　徐應奇　郭德輔　潘應祥　鍾禮鼎　邢思明　汪大儒　左之青　馬標

于樂吾　李應祥　曹良　臣　梁敏

鄭彩　劉全　江美鼇　吴雄　楊權等

張名振，字侯服，江寧人。世襲南京錦衣衛。少孤，好騎射。壯遊京師，與宦官較射京營多中，累金數千，携邊市馬，所獲更以萬計。不三年，積資至數千萬。益任俠，結交傾朝野。天啟六年，獻策，授京營火攻都司。孔有德反登萊，以偏將從征，穴地置火藥，城崩下之。

初，名振在京師，太監曹化淳延爲上賓。化淳以王安門下，故與東林親，名振亦遂附復社諸人，通聲氣。熊開元廷杖，名振陰屬杖者，得不死，而實未嘗識面也。崇禎十六年，以他事毆死一奄，出爲石浦參將。議招水軍，添設戰艦，出千金禮請阮進爲將。繼斵金五萬，即南田造艨艟八十。都費金十六萬有奇。轉副總兵。杭州陷，清安撫浙東，獨不受命，慟哭誓師，以張煌言、金鐘爲左右參軍。至台州，請魯王監國。

率兵萬三千人至蕭山，從戰江上，屯白楊。隆武元年九月九日，以五千人渡江先登，斬五百級，追至杭州城下。十日，火礮殲紫衣將一，接放大銃數十，斬八百五十級。清兵入城，閱十餘日不至江岸。晋左都督總兵，挂定西將軍印，衆至四萬人。

二年三月二日，張國維渡江，名振以三千人抵草橋門，攻杭，訖不下。或勸渡浙西海寧衝清首尾。曰：「必得監國命而後行。」名振性和易得人，而内多機智，其實欲離白楊還石浦，非果有西渡意也。未幾，竟歸石浦。黄斌卿鎮舟山，與石浦爲犄角。斌卿薦名振於紹宗，命挂捧日將軍印，封義勝伯，總督直浙師。鄭芝龍封公，名振亦晋侯。

時閩浙方爭，而名振兼受上與王命。聞陸清源死，曰：「禍自此始矣。」請陳謙、林埜使閩。又議繇海道崇明復南直，以爲錢塘援。未行而江上潰，王脱方國安之危，走石浦。名振命弟名斌，迎扈至南田。

會斌卿併王鳴謙軍，張國柱悉定海之衆攻舟山，斌卿敗。斌卿知名振有女，爲少子聘之，且求救。名振命進破走之。斌卿遂迎名振共保舟山。名振既與斌卿爲兒女姻，又拯其危，乃留偏師守石浦，自勸斌卿迎王。八月，名振扈王至舟山。命溧水貢生王爾玉爲教諭，課士三百餘人。

斌卿不容王。適鄭彩至，名振乃以王詣彩，且曰：「隆武皇帝一家，好爲之。」彩以其軍匿王入閩，王封名振定西伯。請歸浙中招部曲，攻吴淞、兩浙，與江廣應。及還，而石浦已陷，遂入舟山依斌卿。斌卿見其勢孤，稍侮之。

永曆元年，慈谿錢三一糾忠義號天罡會，約四月八日攻城内應。事洩，與淩三、張十一、張伯、馮四、羅二、王恩、羅雲飛死；錢燮六、馮大勝、馮彪、葉彪、陳所尚、姚四、王舍、姚如棟、錢九、羅雲六、劉二己、錢四、馮新、馮小道、方大壽、楊和尚、曹啟、袁林等徒。嵩江吴勝兆反正，通書舟山，請一軍合力向南京。斌卿猶豫，名振方有自遠之志，立助餉萬金，沈廷揚、煌言又縱臾之，遂與馬龍、顧忠、焦文玉、楊復葵水兵四萬，陸兵三萬八千人赴約，請王給敕印二百道，聯琮二千六百北上。次靖江，嚮導官賈繼誼請泊黄連港。名振惡其名，移之白沙，傳令洗礮。龍驚浪鼓，颶風大作，全軍盡覆。與顧有成、孫標、蔣平階於洪濤中浮篷上不死，登岸冥行二十里，遇僧一泓者爲薙髮易服，得復入海。將歸者文玉、劉大業、楊福奎十餘人，兵不及千人。斌卿標將朱玖欲因是殺之，斌卿不許。玖守各洋，凡海上一舟一客赴名振者，悉沈没之。名振坐困山城，紳士相見以目而不敢言。然斌卿時過其家，登堂拜母慰問，握手傾心，飲宴而别。

初，名振救斌卿，進最有功。斌卿忌進爲名振用，間之。及北征，不從，間歸閩海，招軍頗盛。二年五月，進以兵至舟山歸名振，斌卿請名振止之，而進已泊螺頭門。斌卿忌之，突以兵數千圍名振宅，漏盡始解。名振託言屯田去南田，斌卿酒餞。名振坦然巾服，率童僕數人赴會。酒數行，斌卿陳兵數千夾岸，更以甲士百人侍酒。顧明楫、中軍副總兵阮玉欲命兵入衛，煌言、徐孚遠不可，令文玉、海得功、馬泰、史文龍趨侍。斌卿亦無害名振意。翌日，名振祭纛興師，斌卿自至犒師。名振發舟山，斌卿前營礮擊進後營。進戰船駐沈家門者風吹返螺頭門，斌卿匿其舟兵仗。進怒欲戰，名振止之。及至南田，並開金堂、玉環及南海外諸島。

六月三日，靖夷將軍朱國禎、副總兵王家棟襲台州不克。尋家棟練兵南田，以令嚴，兵畔，死。十月，進前哨守旗頭洋，獲洋船三，留其二，一有斌卿幼子在，放歸。斌卿傳聞名振害其子，發兵圍宅，没其家財，奪其甲兵，旗鼓大業等水死。然朔望斌卿仍陞名振堂拜母，與其弟名揚通殷勤如故云。

時王所復閩地盡陷，名振自南田復健跳所，招進，復與合，扈王駐健跳。斌卿既不奔問官守，進告羅又不應，怒結王朝先，傳檄謂：「海上諸島，舟山稍大，共殺斌卿，奉王駐軍。」名振陽阻之，而諸軍卒擊殺斌卿。

三年十月，王入舟山。名振晉侯，加柱國太師，當國。以中軍總兵張晉爵、葉有成、劉全、朱鼎臣、方簡挂將軍印；泰、文龍、王有才、熊夢熙爲左都督；包元定、張應辰、李國徵、鮑國祥、鄭麟、任麟、旗鼓周鳳鳴俱都督同知，符文煥、林世傑、李化龍、李英傑、晏應龍爲都督僉事，皆總兵；羅蘊章、方剛、厲象乾、周昉、趙賢爲副總兵，軍容甚壯。朝先有標槍手八千，既殺斌卿，併其軍，一不以付名振。軍中謂斌卿之死，謀自名振，名振不安。久之，以他故襲殺朝先，曰：「吾爲斌卿報仇。」以蓋初不預衆謀云。

朝先死，其部將張濟明畔，引清兵五年八月分道攻舟山。警聞，王會諸將議堵禦之策。名振以蛟關天險，海上諸軍熟於風信，敵必不能猝渡。乃留進守橫水洋，名揚、劉世勳、泰三標營守舟山，自督晋爵、有成、龍、簡、全、鼎臣、阮美、阮驥、阮驊遏南兵，煌言、阮駿率忠、蘊章、國祥、阮騂、鄭麟、英傑、昉、應龍、文煥、應辰、元定、象乾斷北洋，任麟爲監督。已王攜世子欲登舟，名振不得已奉擣吴淞以牽制之。或謂曰：「物議謂公藉此避敵。」名振曰：「吾母妻兄弟皆在城中，吾豈有他心哉！」

尋進敗死。監軍御史金允彥，主事丘元吉，户部主事倪三益，兵部中軍周士禮，副總兵周名臣、鄭國化、王培元縋城降清。城中纘允彥子，而呼名振救。清攻益力，九月二日午城陷。時名振會師火燒門外，離城六十里，候潮長還，突見城中烟燄蔽天，知不可救，乃解維去。尋聞母李、庶母范、妻馬及妾，闔門五十餘人火死，慟哭曰：「臣誤國誤家，死不足贖。」奮身欲投海，王與諸將守之乃止。遂與總兵張子先、錦衣指揮楊燦復扈王航於海，謀取海壇駐師。奉書鄭成功，請會師迎駕。

六年春，次中左所，與簡等收餘燼，往見成功。成功大言曰：「汝爲定西侯數年，所作何事？」名振曰：「中興。」成功曰：「安在？」名振曰：「濟則徵之實績，不濟則在方寸間耳。」成功曰：「何據？」名振袒而示之背「赤心報國」四字，長徑寸，深入肌膚。成功愕然謝曰：「久仰老將軍大名，奈多憎之口何！」出歷來謗書厚尺許，名振遽火之。成功命領前軍，待以上賓，行交拜禮，指腹聯姻。贈金五萬兩、哆囉呢五十端、日本刀一口，爲名振聘王氏女。職方主事陳韻起兵長泰，以衆數千來附，成功命歸名振管轄。

四月，提調鄭榮、姚國泰、黄梧屯八角樓，圍漳州，議就鎮門水灌城，攻泉州，復平和、詔安。

七年二月，余寬以水師五鎮守三都。

三月，名振請兵北復浙直。與兵二萬、舟二百、糧三艘，陳輝、黄興、沈奇、林順、藍衍、施舉從之，賢爲導。獲允彦及千總王彬於金堂山，誅之，祭死事諸臣。姚志卓、劉孔昭父子以衆來依，號召舊旅，復鎮江，截長江。平一統等響應。回駐崇明，副總兵林正禮戰死。

尋被讒，撤回思明。寧靖王術桂爲力辨於成功。及相見，語至夜分。更益以兵，而令輝、王秀奇、洪旭、周全斌偕行。至羊山，颶風折兵十一，惟名振全師無恙。九月，與駿忠各以舟百餘泊排沙洪。十一日，入施翹河。十八日，抵高橋洪，攻崇明，斬千總呂公義。二十三日，復駐平陽沙，分舟泊大安山前平安沙小港，火畧諸村。唐銓、許升、包綱翦辮上海執死。會糧絶，名振與士卒同餓，有「太師枵腹，我輩忘飢」之謡，軍得不散。十二月朔，崇明清兵萬餘、馬三百乘凍涉沙，名振鼓衆迎戰。王善長挺矛當先；志卓，將軍任麟，總兵昉、王有才以内司三百人、步五百人衝其左；煌言、王淩、黄鑑，左都督孔元章、符瑞源以將百人、内司步兵六百人突其右；龍應辰、姚錫徵以大礮手六百人擣其腹。鳥銃環擊，左右皆深溝，清兵不能出，大敗，無一返者。十二日，戰崇明洋，破清督撫鎮水師吴淞口外，斬參將張其業，守備王義忠、劉自什、鄭貴。自上海入虬江，戰施翹河口、采淘港口。十八日，畷塘陳四、篾箍沈七等内應死。

八年正月，名振以上遊孫可望、李定國有蠟書，請爲内應，率海舟三百溯流而上，再攻崇明，劉河、吴淞、靖江、泰興，入鎮江、儀真，副總兵阮姑娘戰死，都司劉應德，遊擊彭應龍、胡勝，守備臧白廷、孫宗應儀真執死。名振至觀音門。十三日，泊金山，遥祭孝陵，三軍慟哭失聲。越二日，獲級四百、戰船三百七十，題詩東下，旌旗蔽江。二月，攻七丫，斬守備呂珍。四月，復攻吴淞、崇明，李七、老壽等戰死。上鎮江，焚小閘，抵儀真，獲戰船六百。五月三日，自崇明南下，舟至千餘。尋命忠以海舟八十踰登、萊、天津，邀糧船百餘，北歷金、復、海、蓋，直抵朝鮮，告捷乃還。十一月二十七日，再屯平陽沙，攻崇明，遊擊張起龍戰死。十二月四日，覆小洪敵，斬領兵官崔甲。二十一日，攻堡鎮東岸溝。太子少傅左都督挂紹義將軍印後鎮總兵俞揆、總兵國祥、副總兵鮑承恩、遊擊沈玉煌、言官太倉顧雲降清。

九年三月，名振攻新鎮。十六日，攻米行鎮。

五月。成功拜名振爲元帥，旭、輝、陳六御副之，統二十四鎮入長江。郎廷佐以書來招，拒之。六月六日，定關守將張洪德以舟二百五十反正，結爲父子。七月朔，入采淘港，火舟百三十。入金家港，大畧寶山，攻吳凇，得舟二百餘，蘇嵩震動。四日，圍高橋堡不利。嚴我公使至，斬之，火其書。八月，再攻崇明，許奇、潘忠戰死。攻上海、嵩江，鎮弁王璟内應事露。

與旭不和，程應璠解之，名振仍不悦，回攻舟山不至。十月，旭復舟山，始以兵會。徒步入城，至行宫，祭陳妃及殉難諸忠臣，又祭其親，哀動三軍。遂督六御、駿留守舟山、烏洋。將金勝、王元、周文進至青村執死。十一月，旭等回思明。

先，台州副將馬信反正，納母爲質，將入見，而名振已寢疾。二十七日戌刻，有大星隕海，光芒如雷，有聲。亥刻，名振起坐擊床，連呼「來拜孝陵」而逝，葬蘆花嶴。遺言以所部歸煌言。事聞，王痛哭，幾廢寢饋。

子文魁，隆武二年與歸安義兵首沈國清起兵埭頭山。清名捕急，永曆九年匿嘉定徽商丁彦先、朱家角李三家。十年十一月，爲人所首，與國清、彦先被執死。

兄名拱，武進士。舟山陷，奉父少溪木主自焚死。

弟名揚，累功官左都督總兵，屯田舟山。城陷，與幼弟火死。名斌，都督僉事副總兵。從名振白沙，與甥等五百餘人陸戰不利，被執死。

龍，仁和人。崇禎武舉。以都督同知總兵，從成功攻南京，後降於清。

忠，崇明人。號網倉顧三，又名三麻子。精水戰，爲名振親隨營。王授都督同知總兵，挂濟勝將軍印，封濟勝伯。十年正月，與總兵都督同知王有才及副總兵黄忠、董禮、黄卿，參將王斌、陳傑、施龍、陳祥、盧彪、王所遂、蔡鳳、項德、蔡仲、賀顯，參將王斌、樊英、陸信，旗鼓葛之、覃顯、余起忠、吴永爵、覃科、趙貴、潘有湖、許龍、黄瑞，守備曹明、王輔，以兵三千、舟七十許，自舟山降清。成功聞之，大沮。

文玉，字稺存；楊復蔡，字向昇，皆山西人。以殺斌卿功，累晋左都督總兵，挂前鋒將軍印。文玉善射，有膽畧，後從進戰螺頭門，負重傷，自刎，屍不仆。妻張葬之畢，亦自刎。有「夫忠婦烈」之褒。復蔡以標下挾之降，一門三十餘人赴水死。

一泓，爲名振薙髮易服，飯罷請即走。名振貽印，屬以後騎。甫脱而清兵至，搜得大領濕衣並印。泓紿以他路，追不獲，遂遇害。

一統，江浦人。吴永功齎討虜將軍印授之。世父心授推官，王來聘授遊擊，楊大偉授職方主事。名振兵退，與威遠將軍闞名世，總兵陳懷忠、吕之選、黄文燁、李心、吴逵、饒經，副總兵吴鼎、萬爾順，僉事吴名烈、秦解、陸一光，監紀同知黄三，推官董焕奎，參將吴君甫及黄表、程龍、葉芳、張沖甫，推官江之龍、管葵祝、吴鴻甫、顧養沖、李五與賀王盛、冷應祥，副總兵趙臣輔同死。

應德，字光吾；勝，字德山，皆儀真人。九年正月死。

王朝先，字紹宇，成都人。或云故四川土司。驍勇善戰，使飛標中人立死。天啟中，奉調征遼，與黄之奎、孔登左轉戰貴州，累功授副總兵。從黄蜚剿寇。蜚死，走浙東，監國魯王擢總兵，挂平西將軍印。

隆武元年八月，張國維命從海寧攻杭州。九月，張從仁攻海寧，朝先與蔡喬前後擊之，斬三百級。十月，田雄三千人至，朝先折兵二百，喬鞭殺雄將數人墜馬，至十二日乃撤兵。已從張國柱、王鳴謙海上。

黄斌卿三書招之，朝先以二艦渡横水洋。斌卿標將朱玖、陸瑋以假迎劫之，朝先跳水免，妻子皆死。已見斌卿，留之部下，而不以事任，鬱鬱不得志。名振解衣衣之，贈千金，朝先心歸焉。請於斌卿，徇海邊，屯奉化鹿頭鎮，有衆五千，皆西北、遼人健鋭，一時邊海爲之出賦。王次沙埕，朝先遣兵入衛，與阮進復健跳以駐王。

永曆三年秋，朝先取糧溫、台，斌卿標將黄大振得罪，搆之曰：「將軍家口標屬，被本爵鈔没，以將軍久假不歸，有懷貳心故也。某以苦諫獲戾，故出亡耳。」朝先久蓄恨，聞之則大怒，厲兵誓師，啟斌卿罪狀，命進水陸並進。王手敕和解之，不聽，卒與名振、進擊殺斌卿及其副總兵黄佐。得其陸師七千人，軍資百萬，一不以付名振，漸自恣。王入舟山，封平西伯，授其標下張濟明、嚴武挂將軍印，吕廷詔、王文龍、嚴端、張聖治左都督總兵，孫參同太僕少卿，范可師、萬時輅皆以職方郎中兼兵科給事中監軍。

鄭彩爲鄭成功所敗，名振、進因而墮之。朝先又不與合，用是相水火。

四年八月，將蔡甲、守備劉勝攻昌國衛死。

時斌卿故部以斌卿拜命，死非其罪，朝先矯制害斌卿，疑出名振主謀。名振慮衆解體，五年二月，僞爲治兵南田。朝先不之覺，散遣士卒於民舍。名振猝至，朝先手格數十人而死，參同、時輅、孫微頎亦死。名振曰：「吾惡朝先搆兵弑主將，故誅之。」函其首，爲位海澨遥祭之。朝先兵大譁，不肯歸伍，願解散。名振不能留，聽其去。濟明率千餘人跳城，奪船奔清，願充前鋒，於是舟山虛實盡洩。論者謂舟山之亡，繇朝先死也。

時輅，新建人。諸生。

阮進，字大横，會稽人。虬鬚虎目，膂力過人，負鐵七百斤入市，飲一石不亂。少以舵工爲盜海上，善水戰，已散衆居南田。張名振鎮石浦，拔爲水師將，命董造戰艦南田。南京亡，黄斌卿、鄭鴻逵兵至，劫其舟盡，進奔石浦請罪，名振更出金二十萬造之。進感泣，義拜名振爲父。

隆武二年七月，張國柱合統領韓岱兵三萬、舟六百，自嵩江攻舟山，斌卿求救於名振。十六日，名振命進率五千人赴，進不從，以兵八百、水艍七至舟山。斌卿有難色，進曰：「以進視，破敵摧枯拉朽耳。公安坐，待吾破敵。」進於是列布四舟爲合後，三舟衝波直入，敵沙唬三十餘碎，二十餘礮沈，披靡退，吴勝兆以大舟六遁。進曰：「此舟已去十里，吾舟追二十里，必聚殲之。」遂率自坐水艍一，張帆如飛，果追及之，沈其五舟。日將夕，見國柱匿夾港。夜以舟守口，國柱不能出，扡小舟過山，得路回嵩江。次日，進於口發大礮數百，殲其舟二百。兵甲充積港内，計獲鳥船七十三、沙唬百五十。國柱兵舍舟上山者，盡斬之，兵死二萬許人。斌卿置酒賀，並餽兼金，授參將。進命旗鼓鄭凱告捷名振。

道辭。斌卿既獲救，又忌進爲名振用，以計間之，進爲所惑。名振北應勝兆，進以不習南直水胡伯，招兵頗盛，從鄭彩克復三十餘城，參將潘運等戰烏龍江死。

永曆元年四月，以兵三千、舟二十、軍資器械數萬，脱歸閩海，從監國魯王長垣，封蕩田復健跳所，招進迎王駐蹕。七月二十五日，清兵圍健跳，進以樓船數百赴援，金鼓震天，清兵解去。

二年五月二日，以兵六萬人、水艍大小千，自沙埕至舟山歸名振。三年三月，名振自南田復健跳所，招進迎王駐蹕。七月二十五日，清兵圍健跳，進以樓船數百赴援，金鼓震天，清兵解去。已而進軍飢，恃昔日有保全舟山功，以百舟告糴斌卿，不應。進怒。王朝先方有憾於斌卿，聞之，與進相結，罪狀斌卿，傳檄致討。斌卿求和，進卒擊殺之，收其水師三萬人、戰船九百餘，銃礮藥彈無算。王入舟山，加太子太保。

五年秋，清兵大舉攻舟山，名振奉王航海，命進守螺頭門，獨當定關。八月十六日，清將金礪試舟海口，進先鋒江天保以四舟突陣，奪樓船一、戰船十餘，沈十三船。獲十一人，縱之還。二十一日，大霧咫尺莫睹，礪兵以小舟探水，尾以戰艦，直逼螺頭門。進遇之横水洋，火箭擲礪舟。風反舟焚，進面創甚，投水求解。清爭鉤起，瞪目無一言。妾及幼子被執。都督挂靜海將軍印張英，挂印總兵阮玉、阮捷、魏賓，副總兵歐日晋降清。清待進殊禮，誘降不屈。子扶服向進，進於坐中接而擲之空中。進逾日死。其妻陶負巨力，以在别舟得脱，遂領其軍。十年，舟山再陷，戰死。

進驍悍，稱飛將，舟山恃之。既死，舟山遂不可守矣。

從子駿、美、騂、驥。

駿，字季友，官左都督總兵，挂英義將軍印。舟山陷，扈王思明，封英義伯。歸鄭成功，授水師前鎮。七年五月，成功將攻潮州，命與後鎮堵泉州港。八年，從名振戰崇明、鎮江。九年，成功命統前軍復舟山。總兵顧啟明，都司沈自成，守備王從仁、劉應衆往天津，致書總兵孫起鳳約師期。八月，孫三魁、惠尚明至膠州執死。總兵李成武命謝天惠僞爲乞人入膠州覘虛實，被執死；李明吾、王福、王貴走。明年，定海千總王千里命高攀龍、徐彪來款，事洩死。三月，駿偵清兵將至，乞援。成功命張洪德、馬信協守。二十日，復健跳所。八月，清將伊爾德、田雄兵再至，與陳六御迎戰敗之。二十七日，南風大發，清舟左右集，駿舟大，膠淺不得行，乃火藥自焚，沈敵二舟死。總兵張晉爵、林德、胡自慶，太嘗卿陳九徵，太僕卿楊璣，副使俞師範同死，劉守賢間歸。舟山再陷，清移民，平其城。成功命優卹。

美，以左都督總兵挂澄波將軍印，襲蕩胡伯。與僧湛微從馮京第徵兵日本，輦普陀慈聖太后所頒藏經爲贄，王親餞之。至長崎，不納，載經而返。十年，成功授水師前鎮。十一年，攻吳淞，斬守備王彪。成功圍南京，以水師一鎮與宣毅前鎮陳□護眷舟隨行。十七年十月，與都督許貞、楊洪、楊泮、周寬、周珍、曾傳、黃寶、林英、張隆、區瑞、陳麟、賴公、張岳、余覺，總兵魏明、吳陞，副總兵吳國俊，自閩海降清。

騂，官左都督總兵。十一年三月，與左營李順、水師後鎮施舉，招嵩門漁民爲成功入江嚮導。十三年，成功入江，同張亮在大笻山，以火號示諸舟行，從攻瓜洲。後與副總兵、參將、遊擊鄭繩安、鄧嘉玉、阮驊、阮述、華岳、林鸞、陳大興、杜卿、王鼎勳、高捷、李隆、陳義忠、阮復增、林朝褒、張秦從美降清。

驥，官左都督總兵。東寧亡後，康熙二十三年二月，與將軍房錫鵬、劉會集，都督阮繼先，以官百許、兵四千一百許人、舟數千，自浙江烏洋降清。水師二鎮挂將軍印周雲龍，自舟山攻寶山所胡巷口死。

三魁、尚明，淮安安東人。海上運糧官。

晉爵，爲名振總水師，挂將軍印。在橫水洋大戰二日，身當中堅，殺傷其衆。火藥盡，自刎死。

九徵，字青麟，紹興山陰人。歲貢。中書舍人，司誥敕。王擢編修，提督四夷館。從扈舟山，啟請立太廟，從之。與師範皆被執不屈死。

師範，字圖南，慈谿人。永曆三年十一月以御史使日本。

守賢，字碩彥，寶慶新化人。膂力過人。初以遼東都司隸洪承疇，征伐屢有戰功。又從左良玉衝鋒陷陣，勇氣百倍。良玉死，隨方國安江上，累遷戎旗中鎮，擢總兵，鎮寧紹台温。國安降，扈王南澳、舟山間。舟山再陷，散兵爲道士以終。

又張義，天興長樂人。章雲飛中軍。永曆四年，雲飛降清，依進，官都督總兵。七年正月，與陳興攻鶯歧，被執死。

周鶴芝，字九玄，福清人。讀書不成，去爲盜於海上。饒機智，慷慨下士，能指揮其儕輩，往來日本。日本三十六島，各有王統之。國主居東京，擁虛位，權則大將軍掌之。其三十六國王，則如諸侯之職。撒斯瑪王者，於諸島爲最强，大將軍昵焉。鶴芝既久於日本，與撒斯瑪王結爲父子。嘗微行至家，爲有司跡，繫獄三年，賄吏得解，爲盜如故。久之受撫，以黄華關把總稽商舶。

安宗立，與林雲龍等募水師。隆武元年秋，遷水師總兵右都督，副黄斌卿駐舟山，與弟瑞、從子騰驤、義子參將林皋及鄭如熊，副總兵翁長宣、劉順列營相犄角。四方義士日至，禮遇之。省賦税，商旅通行，人咸歸向。監國魯王令旨敕印不受。

十二月，遣林皋齎書至日本曰：

竊維東西南北，開國之界限甚明；治亂興衰，元會之循環遞變。四維盡撤，國乃滅亡；五倫未毀，運必聿興。我大明一統開基，遞傳三百餘祀；列后延祚，相承一十六君。主聖臣忠，父慈子孝。敦睦之風，久播於來貢來賓之國；仁讓之聲，爰止於我疆我土之封。去歲甲申，數奇陽九，逆闖披猖，天摧地缺；蠢爾韃虜，乘機恣毒。羶污我陵廟，侵凌我境土，殘害我生靈。天怒人怨，惡貫罪盈。

今我皇上神明天縱，乘龍御極，改元隆武，應運中興，親率天師，以蕩妖孽。命芝於肅虜將軍爵下，任芝以水師先鋒都督。芝荷重寄，誓不俱生。切圖弔伐大舉，不禁呼援鄰邦。環按朝貢列辟，有心者無力，有力者無餉，有餉者無舟楫。恭維日本大國，人皆向義，人皆有勇，人皆訓練弓刀，人皆慣習舟楫。地鄰佛國，王識天時。我明人衆貨貿通，匪止一日；敬愛相將，不遠千里。芝葵心是抱，萇血在胸。欲盡主辱臣死之忱，難忘泣血枕戈之舉。特修奏楮，馳諸殿下，聊效七日之哭，乞借三千之師。伏祈迅鼓雄威，刻徵健部。舳艫渡江，載仁風之披拂；旌旗映日，展義氣之宣揚。一戰而復金陵，便叩半壁；再戰而復燕都，並藉全功。船械糧草，概仰携來；報德酬勳，應從厚往。從此普天血氣，共推日國斷鼇補石之手；而中華君臣，永締日國山河帶礪之盟。瀝血披衷，翹望明鏡。

又曰：

芝承王命，總領水師，招討浙直，以復南北二京。見駐浙江舟山，日出崇明、金山，與虜相持。恨兵械缺乏，未奏全捷。

竊慕日本大國，威望隆赫，籠蓋諸邦。敬修奏本，請兵三千，以聯脣齒之誼，以報君父之仇。伏叩威德，發兵相助。外緣虜之長技，以箭爲先，芝軍因乏堅甲，戰輒受傷。因思日本之甲，天下共羨，以禦弓矢，如金如石。伏懇俞允，準芝平價貿易甲二百領，一同大國精兵前來赴戰。倘得成功，皆荷大德。統容竭誠厚報。事聞激切。

書至，撒斯瑪王慨然許之，約明年四月發兵三萬，戰艦軍資器械自取諸其國。自長崎至東京間，馳道、橋梁、驛遞、公館，修葺以待天使。鶴芝大喜，益備珠璣玩好之物以悦之。參謀林籥舞爲使，期以四月十一日東行。而斌卿止之曰：「余煌書來，云此吴三桂之續也。」鶴芝怒而入閩。

張肯堂出師北伐，以鶴芝挂平海將軍印，分統水師前軍，凡軍火盡付之。趙玉成、朱永祐監其軍，先發。七月，次沙埕，聞紹興陷，乃下蒲門，屯鎮下關，謀復温州。九月，汀州變聞，南歸。

初，鄭芝龍將降清，以書招鶴芝計事。至則降已决，鶴芝流涕諫曰：「某海隅亡命耳，無所輕重，所惜明公二十年威望一朝墮地，爲天下笑。請得先死公前，不忍見明公之有此舉也。」抽刀自刎，芝龍起奪之。數日，芝龍竟北去。遂與永祐、張名振、阮美、蔡臣守海壇、南日、南北二加、舟山。

永曆元年，魯王次長垣，以兵入衛。二月，復海口鎮東二城，以籥舞、趙牧及總兵長宣守之。王封平夷伯。四月，總兵鄭汝熊、妻父孫昌文内應天興死。五月四日，海口復陷，籥舞、牧、長宣、副總兵朱文、參將王來聘、遊擊林廷，及義兵首三老、王興第、應秋、曾第、王春、王秋等死之。清兵屠城，死者萬餘人。鶴芝度清兵勢盛，不能禦，乃退火燒嶼，移鎮沙埕，使林皋從安昌王恭㮶徵兵日本。劉中藻復海寧，以水師助之，温、台響應。七月，從魯王會師攻福京，敗績。二年，屯沙埕，與中藻合。三年，中藻敗歿，北屯玉環、三盤、黄華關。王駐舟山，晋侯。與瑞以舟三百分屯温州三盤，以爲犄角。居無何，與瑞有隙，王命胡明中講之。至則搆益甚，瑞遂南依鄭彩，鶴芝亦北依阮進。五年，命守羊、瞿諸山，以糧少爲名振所制，自是無經畧志。

彩扼於鄭成功，鶴芝欲結好，與進擊破彩衆。舟山陷，爲成功領後軍。六年三月，清陳錦以章雲飛水師至，與瑞、黄大振拒之泉港。七年五月，成功將攻潮州，命堵泉州港，埒武勁將軍林開宗執死。八年三月，陳西賓乞降，守海壇。尋卒。

子家正，左都督總兵，挂宣略將軍印。十八年六月，以舟師自温州降清。

瑞，字九苞。斌卿出師崇明，得之爲部將。永曆元年，從王禡牙舉事，授都督同知總兵，挂平波將軍印。二年，率鄉兵攻閩安大捷，奪關直入，王封閩安伯，晋侯。三年十月，以後衝鎮從林習山攻雲霄。四年，與大振領水師右軍。六年五月，宜永貴犯中左，與施舉衝陣大破之，二人爲首功，斬退卻副總兵四人。七年，從鶴芝堵泉州港。十月，以水師統領從林察援李定國廣東，遲延不進，定國大敗。成功欲斬之，諸將爲請，奪爵，杖八十。十年四月，韓尚亮攻思明，大破之於圍頭外。十四年五月，禦清兵海澄海門，與陳堯策及提督下左方榮俱戰死。

籥舞，字羽階，莆田人。諸生。從鶴芝起兵，累擢編修。

牧，字公安，一名陵，字俠侯，嘗熟人，諸生。負膂力，便弓馬，通兵法。崇禎末，上書撫軍，言秦楚剿撫事宜，不用。又上祁彪佳六策。嘗熟兵起，爲豬虎墩鄉兵長。事敗，以數百人與胡來貢從義陽王朝墠入閩，歸鶴芝，每戰殺敵多，歷官總兵。芝龍北降，陳八不可，弗聽。永祐謂鶴芝曰：「牧勇士也，我欲使見芝龍而刺之。」後不果。

玉成，字彦琢，吴江人。鳴陽子。崇禎十年進士。歷長沙、惠安知縣，文選主事。紹宗授郎中兼户兵科給事中。

昌文，侯官人。諸生。

楊耿，同安人。鄭芝龍將。歷中路遊擊、水彭參將。隆武時，自錦衣堂上官遷左都督，總水師，捕海盜。已調守廣信仙霞關，以曾德代。

永曆元年正月，監國魯王禡旗，與顏榮、陳國祚、藍理以兵來會，挂招討將軍印，封同安伯。九月，復永福，斬知縣周星炳。二年三月，與興化嘗太里山中忠義潘仲瓊、王繼忠合仙遊王士玉，從朱繼祚復興化，晉安南侯。義海相仇，耿殺仲瓊。尋會鄭成功、鄭彩入海澄。將王光來復九都學城，旋兵敗死。耿終事不詳。

德，南安人。御營左翼都督。同時，陳順爲右翼都督同知。

榮，寧洋人。初爲巡按吏，好結客。崇禎末從軍，官參將。寧洋諸生廖淡修反，攻龍巖、漳平、寧洋，榮斬之。弘光元年，廣寇自永定掠龍巖。隆武二年四月，黄德純、吴宛遂萬人攻龍巖。榮與總兵洪政大破之，斬宛遂。魯王入閩，偕兄忠起兵應之，授總兵。忠授撫標旗鼓。榮謀攻漳州，遣死士詭降，從中應，而死士中途墜馬死，謀洩，走入海。日駕小舟，短衣草履，登山觀形勢。清諜知爲榮，騎追之，榮逸至舟。身集三矢，傷重七日死。忠先戰死。

國祚，莆田人。隆武二年四月，以新撫永安沙縣山寇萬人隸之，授總兵，歸成功節制。永曆元年二月，攻漳平戰死。

理，字義山，漳浦人。起羣盜，應王，挂將軍印，有衆三千，據島上。降清，侵東寧，官總兵，清史有傳。

湯蘭，字蕙卿，南豐人。父斌，湖東道中軍，平封山寇，遷遊擊指揮使。蘭，身長八尺，頳面，眉上聳，力舉五百斤。以武生累官淮安遊擊，平程繼孔亂。李自成兵至，與弟桂夜渡河火攻，殺多騎。史可法上其功，擢都督同知南贛總兵。隆武時，斌以舟師屯許灣，蘭、桂屯撫州。戰敗入閩。汀州變後，自保山中。監國魯王入閩，與涂覺、章義、艾元凱、方國慶、李成虎、張時任、王公哲就鄭彩來歸，挂平江將軍印，改武定，加太子太師，封武定伯，領兵至南塘。兵皆調部，不盈三百。清兵數千猝至，蘭三伏誘敵，清兵敗去。逾時復合，蘭夜分二隊逆出陣後，放火大呼，清兵亂，殲之，河水盡赤。後戰死澄海。

桂，官都督同知南安總兵。

覺，字登華，一字掌宇，江陵人。故方國安部。紹宗授總兵。汀州變後，猶守福寧。劉中藻攻之，將歸不決，謂人曰：「豈有海上天子、舟中國公？」錢肅樂致書諭曰：「將軍獨不聞宋末二帝之在海上，文、陸之在舟中乎！後世皆以正統歸之，而況不爲宋末者乎？今將軍死守孤城，以言乎守義，力已盡矣；以言乎保身，策未善也。據沸鼎以稱安，巢危林而自得，何許之左耶？」覺得書，遂來歸，民多從之，挂將軍印，封振威伯，加太子太保。福安陷，以所部突圍走沙埕，護王入浙，孤軍守梅山。五年三月，與章雲飛、尹文舉、蔡應選窮蹙降清。

義，不知何許人。亦福寧守將，封勦武伯，從李向中守沙埕。清攻福安，兵少不能救。城陷，向中合覺義兵入浙。義後不知所終。

元凱，封東鄉伯；國慶、成虎，挂將軍印時任授都督，皆不知何許人。

雲飛，江陵人。桓武將軍，封忠衛伯。

劉世勳，字胤之，上元人。崇禎十年武進士，兼通詩史。歷樓子營守備，山西行都司僉書，山海左翼都司、遊擊。十七年，遷都督僉事，駐防舟山。屢陳方畧，黄斌卿不能用。監國魯王駐舟山，累晋左都督，挂安洋將軍印。

永曆五年八月，清兵分道攻舟山，張名振奉王出海，而命世勳城守。世勳料簡城中步卒尚有五千，麾下死士五百，居民萬餘助之，背城奮戰十餘日。開門僞降，城内伏大礮。受降者入，伏起，斬清兵千餘人，礮傷六千人。清兵怒，攻益急。會糧盡將退，名振戚丘元吉内應，清乃益兵分進，大礮如蝟集，世勳身中數矢。城中火藥盡，城崩，遂陷。清兵屠城。

世勳朝服北拜自刎死。

子炳，官職方主事，從死；家人均自火死。

總督軍務沈大成，武原將軍顧大定，左翼將軍任鳳亭，將軍朱鼎臣，錦衣都督同知李向榮、朱起元、陸律，都督史文龍、屠應元、馬泰，總兵張弘謨、李國珍、曹維則、呂金聲、蔡喬，副總兵杜用祁、倪元統、陸應龍、單登雲、杜芳、夏霖、解龍、沈雲、曹維周、韓紹琦、張聖治、薛之胄、任則治、童自齡、洪雲、張洪、姚舜裔、孔之昭，千户王天培，百户周之篚、陳起蛟、王世安，裨將顧名瑞、沈知義、曾鼒、張仲孚、朱忠浩、海得功、張明洪、董天孫、劉統，率兵民巷戰，叢箭死。當清兵未入行宮，錦衣指揮使王朝相闔宮縱火，陳妃投井，朝相蓋井畢，自刎其旁。有較尉七人登殿脊，注矢向清兵，清兵不敢動。朝相死，七人挾弓矢投火死。百姓皆忠義，無一室不自焚，或持槊於道。清兵曰：「棄槊當活汝。」必迎刃衝數武，自盡死。事後，清兵相謂曰：「我兵南牧，所不易拔者，江陰、涇縣合舟山而三耳。」

大成，舟山人。

向榮，山東人。

泰，臨海人，一門火死。

弘謨，嘉定人。故張杰標將，守穿山。歸斌卿，管鐵騎營，守舟山西門。清招降，不應，力戰死。國珍、維則會稽人。

金聲，舟山人。

登雲、芳、霖龍、雲、維周、紹琦、聖治、之胄、則治、自齡、雲、洪、舜裔、之昭，會稽人。

天培、之篚、啟蛟、世安，舟山人。

朝相，大興人。

何兆龍，字雲臣，永嘉人。諸生。

溫州海隅民多强悍，崇禎十七年，平陽、蒲門兵變，殺高指揮。五月，瑞安左七以平權量、減租爲名，毆業主，各村效之。有黄小胡者，恚富户居奇，自號均平王。一時飢民四起。安宗立，兆龍與高復卿、副總兵李康稷，及周世發、張世保、周家慶、張守初、周雷、陳文通、鄭維城、黄中位、王國斌、薛廷賢、丁祚、翁亮、王世昭、王安邦、張兆寵、賀機、潘雲鯨、朱子寵、楊廷忠、張國輔、陳宗相、朱國典、侯應亮、徐應化、彭光顏、陳應爵、梁挺芳、嚴維式、陳璋、張雲麟等起兵，授中書舍人、守備各有差。

隆武二年七月，清兵至，以衆入山。吴肇興攻平陽死。劉中藻兵起，命將軍尤師魯、總兵周朝輔、副總兵尤師和四出，以廖元爲參將，陳倉爲護衛。

永曆元年七月，兆龍攻瑞安不下。林太師、馮生舜、楊球、鄭訓、程煌以二萬人起龍泉五都，合董世上斬守備張文科；復泰順，斬知縣張聯標，兵力最盛。十月，軍師汪佑起平陽，與倉、尤四、盧豹在南北港募兵取餉。十一月，與師魯、朝輔、大廳、楊文興、李贇林攻平陽死。曹飛宇引煌入龍泉，不守。總兵湯日旭起景寧，知縣劉益謙反正，劉天佑爲知縣。日旭與沈可耀、葉如馨千人攻雲和、龍泉。總兵柯進春，監軍王廷簡、洪舜起龍泉，攻嵩陽、遂昌，石倉源，如馨、進春戰死。景寧陷，日旭、廷簡執死。舜攻嵩陽執死。慶元陷，總兵葉司孔執死。十二月，佑四再攻平陽死。煌、飛宇、陳秀卿及總兵謝甲入龍泉，煌死，秀卿執。兆龍出没永嘉、瑞安、平陽，林夢龍應之。時倉屯橋墩門，金魁屯景福山，謝旗牌屯五十都，鄭先鋒屯十二盤，通連金處。

二年，汪師臨柯兵十萬，生舜向處州兵十萬，沈時蘭谿部及東陽、永康兵亦數萬。故將羊吉起縉雲，湯明和、陳三、陳烏皮戰死，王茂之降清。倉與張實孚自陶坑復東陽。實孚屯温州六甲山。倉連永嘉、樂清、瑞安兵，與兆龍、石旗牌攻南北港、江南錢倉，元死浦門。兆龍合徐裕、程若巖兵，皆白巾爲識，衆號十萬。監國魯王授兆龍、倉、實孚總兵，挂將軍印，兵勢及温、台、處各邑。清攻不克，招之不應。

三月，吴懋修、柳國柱、李六郎、黄日光、吴卿屯慶元、龍泉，國柱、六郎執。

四月，兆龍、朱匡明攻青田，陳光魁應之，匡明屯遂昌紫山、苎土坑、金竹，江應雄、許世勳戰死。伍昌篪、徐可畏、吴用起宣平九峯巖、金公巖執死。

五月，生舜復泰順桐山，翁陞初引之，與球、訓、陳其忠復泰順，以懋修爲知縣，與兆龍、光魁及瑞安張所相應。倉以諸生湯應位、尹佩弦攻金鄉衛。

六月，生舜、懋修攻景寧敗走。温州何太師將蕭鐵頭至仙居。

七月，生舜、涂登華、章雲飛、金龍再攻景寧，龍執死。八月，倉復金鄉，尋陷，衆入山。

九月，生舜圍慶元。十月，再圍，走。匡明屯遂昌王村口，飛宇屯澤寨，戰不利。生舜屯龍泉西山，清兵至，與王九妹、湯仰企、吕伯川、魏國皤、吕廣生、方永用、陳壽死。

十一月，懋修奉中藻命，以三萬人攻泰順，福安張鐵匠爲元鋒。入城，陞初死，懋修走。有何兆朗者，勇武善戰，與李班失和，爲班所害。

三年，兆龍引鄭成功舟千艘直抵温州内港，屯枬溪，未幾去。二月，光魁、周彪、徐旗牌屯青田，劉明華、胡國賢、劉勝、劉三十戰死。吴省元攻景寧上標，厲老萊攻上澤走。周君秀、王大頭起嵩陽。

四月，所入泰順境。

六月，龍泉李魁選謀起兵死。

七月，太平陳杜之引兆龍與樂清胡元、施其蘊入樂清，不克敗，簫臺山死。

八月，兆龍復瑞安、泰順金鄉，入太平，攻温州，敗績。王應舉起嵩陽。陳君應起黄巖山中，陳君鑑與儒士趙瑞日、葉爵文及賣履人鄭懷玉内應城中，事敗自經死。諸生吴魯一不食死。

九月，可耀屯翁陽。生舜攻慶元，斬千總李定國。

十一月，兆龍以六百人屯港頭，彪以千三百人屯蒼坡，總兵谷爲卿以八百人屯巖頭。

十二月，倉以數千人屯平陽牛石渡。百總楊天德慎龍散示瑞安死。

四年，馬興、魏茂秀攻景寧，執死。

二月，林恭勤以六百人屯樂清窑嶴。爲卿以千人屯白巖，兵敗走六都，將渡江，總兵馮龍執死。

四月，徐浩起青田死。

五月，倉入蒲門。

六月，可耀、師和至平陽，十月走。倉與鐵羅漢入閩，以二萬人圍福寧桐山，勢甚張。鐵羅漢知兵，善用被陣，以紅布畫虎豹漬水，左右翼長槍，步卒四人，開闔卷舒，槍矢不入，馬亦望而怖卻，以是取勝。一夕，鐵羅漢陣亡，倉力不支。鄭先鋒降，引清兵，倉執死。實孚守險不下，清招不應，食盡衆散，謂一少年健者曰：「我不能舉，不如執我爲功。」少年泣曰：「請先刎，明不貳。」實孚乃解囊授金於僧曰：「以吾二人埋土中。」遂正衣冠自經，少年見其氣絶，自剄於旁。十月，裕渡河攻姑溪。

五年正月，徐應愷戰死，可耀、石旗牌執桐山死。蕭鐵頭攻仙居西南鄉，不利。

五月，陳文熹攻慶元百文山死。

八月，應舉自嵩陽攻景寧，降清。雲和、長頭公、赤眉、漢石、金剛五人起景寧死。太師萬人攻景寧敗。

六年三月，閩人葉茂龍攻遂昌湖山走。

七年冬，王必高起遂昌，八年春執死。兆龍被執死衢州。三月，屠大虎、顧三起縉雲。

十年二月後，温州周奉南攻石碾，與劉伯鳴、蕭瑞星死。瑞安張三、張阿曾、朱和尚死。青田十一都何子成死。縉雲二十三都李汝賜等死。大虎、三攻小溪死。總兵顧鳴鳳攻羅山鄉死。宣平吕埠口起兵千人，朱禄明死。景寧王、馬二部屯黄蓁，攻大順，張亞山、許銀山、吴文第死。遂昌登步、施村總兵楊國相，副總兵程士龍，守備毛文、弁目潘大賢死。成功將王廷棟攻仙居厚仁村，吴姓二人迎屯景星巖，斬周副將、孫都司。

十一年，與成功入海口。三月，高彪攻慶元二都，屯九台山敗走。王樂天、馬雲龍數千人屯泰順陳營寨。

十二年六月，楊才、丘秀攻温州白塔執死。八月，樂天屯壽寧，兵盛，諸生夏應鳳引清兵攻之，都司郭泰以衆自嵩門降清。九月，柴虎等攻裘村死。總兵俞構、副總兵楊嘉珍久屯台州懸山造舟。十一月，遊擊譚朝聖等執瑞安尤村死。

十三年六月，李魁選謀起兵龍泉豬漿死。華勝、林則忠降於温州。

十四年，樂天死，義師熸。

復卿，永嘉人。北京亡，與兆龍、陳甲素衣甲仗白旗，集衆數萬。將發而安宗立，乃罷。魯王授副總兵。台州陷，自樂清屯雁蕩山。清遊擊蕭啟榮與相持，久不下，晋總兵。復卿以五千人保龍灣嶺。清兵迫，復卿死戰，士卒死者三千餘人。所遺半創痍，猶戰，清圍三匝，仍據東崖，浴血苦鬭。攻益急，出走中伏，斬數十人，被執。啟榮欲生之，與酒食，復卿曰：「殺便殺，何辱我！」誘以官，曰：「某世農，祖宗三百年水土之恩，不事二姓，願殺我成吾志。」啟榮義之，不殺。一夕遁去。時兆龍已死，陳甲孑身走。十二年，復卿又收千餘人守島。成功兵至，應，攻太平，總兵高泰、羅漢，副總兵蘇國紳、蔡應龍執死。陳甲降清，勢孤，子勸改圖，大怒，石硯擲之幾死。甲以兵劫之，曰：「孤軍無能爲，降則同富貴，否則死矣。」曰：「吾非有異於汝也，但生時未同閻羅老子乞得兩副面孔來耳。」即入自經。繩墮地，復出大呼曰：「吾見先帝於地下矣。」遂自剄死。

文通，永嘉人。温處中營哨總。與弟文選、文達起兵，文通死於陣。

安邦，永康人。歷温州都司、福建總兵。

元，温州平陽人。

倉，東陽人。杭州亡，起兵陶坑。

太師，閩人。少爲僧，名石浪，一名石雨，世稱林師太。嘗遊南直歸，宦官舉之爲相，又稱林太師。後在泰順巡城，爲清大銃擊死，肢體皆散。

生舜，東鹿人。崇禎四年武進士。自婺源把總累陞副總兵。

煌，處州龍泉人。總兵。

可耀，景寧人。本山寇。崇禎十七年，入泰順境，村民曾三鳳、三重、三益力拒死。諸生夏應鳳破其營，乃去。

廷簡，處州龍泉人。推官。

時，字雲侯，烏程人。沈壽民友。職方主事。

實孚，永嘉人。諸生。

裕，青田人。

懋修，慶元人。恩貢。中藻弟子。
國柱等，處州龍泉人。
陞初，字德培，泰順人。
君鑑，黄巖人。諸生。
廷楝，臨海人。本海盜。
樂天，長汀人。柘洋上城銅匠，偉幹好大言。永曆十年，與壽寧馬興會文達攻桐山。

俞國望，字舒素，紹興新昌人。武生。寬惠長者。永曆元年，與丁日鑲起兵新昌、嵊縣間南洲山中，有衆萬人，稱天台洞主。監國魯王授總兵，與鄞縣徐鳴珂，奉化袁國華、楊三教、王見龍，慈谿沈爾緒、王良樹、朱光祚，嵊縣董有成、謝子佩，皆白布裹首，紛結山寨，時呼「白頭兵」，與王翊、陳天樞之師相應，然不簡練，少選鋒。嘗以鳥銃敗田雄兵山澗，故清兵畏新昌鳥銃。一日，戰被矢，失道篁棘中。追騎過，無覺者，因得免。裨將持尺書入翊軍，越關走，劉翼明棒而遣之。翌日，國望詣翼明謝，軍政之肅如此。

二年，翊敗杜嶴，來依乞師，復之。三年二月，挂威遠將軍印，封新昌伯。八月，攻天台、寧海。四年九月，合翊、天樞復新昌，陳貴戰死。舟山陷後，與挂平夷將軍鄭國泰、總兵張汝明入山，殁於海濱。

日鑲，字君箴，紹興新昌人。諸生。爲國望草檄。兵敗，與子予嵩、予用、予行、予寧、予時一門死。

鳴珂，字大夏，鄞縣人。爲寧波學倅，好任俠。魯王航海，起兵四明山中應翊，授總兵，挂寧波將軍印，封寧波伯。四年，周昌時爲王朝光兵所執，招死士篡之出。追兵及，遇害；昌時得脱，贖其屍歸。

國華，字郁文，寧波奉化人。諸生。從軍鹿頸。

三教，字名德；見龍，字君德，皆寧波奉化人。出入山寨參軍。國華隱，三教入閩歸，見龍不知所終。

爾緒、良樹、光祚，皆慈谿人。起兵應馮京第，稱慈水寨主，受陳六御命，官總兵。十年十二月，攻大蘭山，兵敗牛門死，清遂陷舟山。

有成，字化徵，嵊縣人。慷慨好施。事敗繫獄，脱歸卒。

尹燦，嵊縣人。諸生。杭州亡，與喻恭復募兵五百人守江上。江上潰，以衆入山。永曆元年，俞國望起兵新昌。一時趙壽、倪北山起兵東陽，金湯起兵天台北山，和尚起兵天台西鄉，謝以亮、金白采起兵台州，董克慎、徐守平、金元采起兵仙居，周以揚起兵永康。五月，徽州霍起如以萬人攻開化栗岡敗。七月，黃貞五、夏可日數千人起兵遂安，立寨峽源山，執死。

八月，燦起兵東陽湖溪，敗走東白山，再走東陽、玉山，倪玉露、陳啟元以衆應之。李能七數千人屯玉山界，俞茂功亦聚衆玉山山頂庵，殺故將陳宗奇，攻二十八、九都，勢大振。十二月，以揚復縉雲，不守。能七攻嘗山，敗績。

二年正月，啟元、茂功戰死，燦走天台三十七都。天台袁魁、陳和尚合壽，有衆數千人，屯靈巖寺，已復永康。二月，燦會諸暨白先鋒焚八都，以揚、守平、宗和尚入縉雲。能七、張百二攻嘗山球川。何士禎復武義死。譚振舉與文官馮坪執死。

三月，江叔曜、周欽貴、任仲華起兵二十九都岸溪坑。燦入溫州山中。

四月，以揚再入縉雲。

五月，黃元起兵胡陳。守平敗績仙居西鄉。燦入十六、七、八都，叔曜等迎之嵊縣，推爲都元帥。監國魯王授右都督總兵，挂蕩虜將軍印；守平、元采、欽貴、仲華、以揚、宗和尚各授總兵，田初爲前鋒。壽聞大怒，將攻燦，燦乃走新昌大同。守平、玉露、初、宗和尚、僧默如、高萬鍾別屯縉雲大皿陽及三十六都嶺下陽，復迎燦至胡陳。元章、定國、章國維、周邦新應之，合兵數萬。徵餉七都，李用順、陳含芳執死。戰管山頭，先鋒吴應上被執，衆潰。

守平屯八寶山，元采屯九都，宗和尚屯九龍山，以揚屯六都坑，與國望天台寨相應，仙居城門晝閉。

六月，趙之超起兵執衢州死。

七月，壽衆數萬人屯十三都如莊。未幾，退保山中，壽子愷及趙奇死。以揚再入縉雲，陳憲佐戰死。國維、章子望立寨下家畈。欽雷等死。

八月，天目義師復淳安，斬知縣史可證。九月，欽貴大敗於岸溪坑，入天台三十七都。燦諸部繇墨嶺復縉雲，還復永康，軍益盛。丁良知以衆附之，連營永康四十六都及瑞山八十餘里。

十二月，王賢起兵縉雲十六都，三年正月戰死八叠嶺。燦入大同、安文。仲華戰死玉山，副總兵王得勝執死，壽走死諸暨，默如病死北山，周承志、屠和尚降清，燦勢孤。八月，湯攻天台、奉化，至新昌執死。十二月，王茂之起兵縉雲十四都死。

四年，葉靈虎起兵處州赤葉源。三月，燦執於天台柘溪，慷慨大呼曰：「吾得死所矣，義士當如此。」送至杭州，儒衣冠朱履。巡撫蕭起元誘降，卒不屈，死東市街，屍直立不仆。妻唐聞訃，投崖死。

燦自起兵，傾財享士，所至戒勿侵暴，故一軍獨戢。既死，金、處之民多泣下者。欽貴、倪良儒保仙居羅城巖，守平保嶺下陽將軍王宗聖、徐運凱降，靈虎與總兵宋文元、鮑唐龍、軍師邵天然執死。

五年正月，守平殺初及許海。初本姓陳。守平將攻安平，初洩其事，故殺之。守平、宗和尚復安平。諸暨梅溪王化龍走玉山二十八、三十一都，至巍山，還走梅溪死。開化江伯雅內應執死。

六年，張日新屯縉雲八仙巖死。

七年，欽貴、良儒、守平合陳汝安羅城巖，勢稍振。未幾，守平攻嵊縣不克，走諸暨，爲社兵所敗死。欽貴仍屯羅城，地險，礮屢殲清兵。

八年三月，徽州汪汝奇攻遂安九都銅山，出洪坑江，至札源。衢州峽口標官柴奇、毛龍、祝魁、蔣國、甘坑、汪智、高龍遊，守備張壽高，中軍楊龍；江山參將田子、徐倫、王大豐、鄭老、汪麟，都督周國正，都司鄭悌、周聽允，守備何秋江、國慶；龍泉都督李君瑞，中軍宋君華，副總兵鄭天龍、陳應奇、張添奉，參將葉三局、余富、通判徐伯祥，守備鄭朝、毛有存降清。

九年十月，羅鼎榮、淩霄起兵處州，魏福賢將程和尚三千人引入遂安儒坑，攻嚴州毛村，敗走。十二月，陳發執東陽死。馬玉龍、張明祖、洪傑、晏可勝金華、嚴州諸山寨，與永康芝英，鼓山寺池副總兵陳進、李旺勝，軍師陳伯位，義烏塘頭呂金坑總兵朱得勝，及呂君裕、呂維榮、吴士等以次敗死。

十年，處州何德成萬人入仙居西鄉，大敗於十都。八、九都起兵千人，王國嘉死。二月，永康四十六都新宅朱國風、陳應培、朱德洪、陳協和、吴文榮、吕小孟、何善因、金汝勝死。武義總兵徐君美死，遊擊賴一智、守備廖葵自武義降清。湯溪俞倉總兵楊瑞龍，副總兵吴惟元、羅守輝、周元，遊擊朱甲死梓山，參謀葉陶、先鋒全國順死。文官范奇、都司余雲山、先鋒李順死德山。三月，徐汝璧、魏明高自武義降清。八月欽貴、良儒入山，北攻金、衢、嚴。清益兵至，陽山蔣汝、郭明、李六七、郭一龍、陳啟張死。副總兵吕光明，文官何德化、方定邦、楊三虎以衆降清。欽貴卒，汝安繼統其軍，勢仍盛，殲清尚志君師。汝安死。良儒繼統其軍，衆猶萬人，屯合浦。前鋒戰死，粟盡兵散。朱子安爲三十二都人所害。十月，鄭顛子、汪于期號三千頭，攻徽、饒、衢、廣，突至開化深山霞江，屯六都大源。十一年正月，敗走嘗山西，兵皆降散。德成最後起兵，衆少而悍，至二月，兵死降殆盡，與方定邦、楊三虎、盧得勝降於清。

恭復，嵊縣人。恩貢。

壽，一號塌鼻，東陽人。許都黨。與劉中藻兵相應，兵最强。

守平，東陽人。爲帽業。負膂力，善舞雙刀。

茂功，紹興新昌人。

欽貴，東陽人。守平將。雄於他兵，十餘年始燼。

憲佐，縉雲人。諸生。監軍。

德成，麗水人。

王善長，紹興山陰人。有膂力，獨嘗挽索折禹陵窆石。從鄭遵謙起兵，敗歸里。及王翊起，復合驍果數百人會稽山。授總兵，挂威武將軍印。每戰摧陣。清將誘以官，曰：「吾圖恢復，豈假建義爲博官地耶！」不應。

舟山陷，間歸。爲人告，捕者數十人至，拳仆之，卒入獄。告獄卒曰：「吾旦暮人耳。山中有藏鏹，置之何用，當奉爲諸君歡。願去桎梏，得醉飽待死。」遂痛飲日狎，親故亦時留飲獄中，間置刀斧餅罍而進。紹興稽山門人行稀往來。一日，有大舟載草溺者，以草積城下去，門者以濡故不問。是夜，善長飲獄卒，侑以琵琶西音，大醉。善長縛卒，告同繫者曰：「能從者第先出。」諸人出，善長斧獄門，奪門乘城投草下，追騎不能及。

善長入海，以浴日將軍從張名振戰崇明有功，尋爲鄭成功嫉殺。

陳天樞，會稽人。永曆元年，與高宜卿結社平岡，兵少而精，張煌言、李長祥依之。時寧、紹義兵屯四明山者，王翊爲盟主，天樞獨自爲一軍，授總兵，挂將軍印。先，海船艤山陰白洋，遇田雄兵百餘騎下隄來攻，命陳虎侯銃殺其一人，衆騎陷淖中，盤旋往來，覓隄口不得，皆下馬叩首乞命，斬八十餘人。清將常進功入山夜犯之，僅以自免。後與劉翼明復新昌，視火藥，焚而投水，月餘死。

翼明，字光世，紹興山陰人。善大刀，忠果敢戰。從劉穆起兵爲軍鋒，授左都督總兵，不從方國安命。江上敗，家居。天樞薦之翊。在山中一年，有兵一萬，威信不犯民舍，移軍民多挽之。嘗以千人屯嵊東坑，及復新昌。山中兵初畏清兵，翼明用大義鼓舞訓練，旬月遂稱勁旅。一日平明，踴躍進，清兵見進退行列，知翼明在，遂潰。四年九月，翊以西事委翼明，從東陽、義烏收合金、衢、嚴豪俊，順流下杭州。無何，山中餉匱，與虎侯、朱伯玉間歸，見煌言、張名振舟山，歸，卒年八十二。

裨將陳國寶，餘姚人。勇而義，父事之，戰則率下齊致死。後翼明散軍，國寶歸。翼明卒於家。翊死，國寶不能忍，復以數十人起，兵敗死。

石仲芳，字雲從，諸暨人。力舉千斤。從方國安軍，累功官副總兵。江上潰後，紹興王化龍、陳天樞、顧奇勳兵起，仲芳亦與周凝甫立寨鳳凰隖庾賢嶺。姚大成別以千人立寨雲門寺爲犄角。清誅搜孔亟，百姓不能堪，咸走依之。嶺頂四設關，寨外高處，紐以大石塊懸崖間，遇清兵窺者，則斷其紐，大石即墜，觸人立碎，謂爲石礮，清兵畏之。

是年，王三張飛命傅蘿蔔攻安城村死，王三張飛入海。監國魯王授仲芳總兵，挂建義將軍印，封平原伯。永曆元年，晉定遠侯。六月，陳瑞起兵諸暨，將黄龍執死。楊四、梁七屯諸暨梅溪，合金華、東陽、新昌、嵊縣衆攻諸暨。山陰葉伯惠、陳玉環起兵死。

九月十七日，仲芳因楊氏賽會激變，建旆環行城外，城中不敢問。清知縣守城，仲芳陽攻西關，城中併力應擊。仲芳精銳突入東門，知縣走，斬教諭方杰、典史郝朝寶，磔四十八人，不傷一百姓，百姓歡呼。十九日晚，清援至，仲芳不敵走，推方胤昌爲主，再入山。

二年，楊十九起兵諸暨、東陽間。二月，虞仲紳、潘天統立寨虞村琴隖，瑞、化龍、葛道二十、翁韃子立寨宣家山，連營至嵊。三月，攻孝義。四月，攻楓橋。六月，敗於鬧橋。

三年十二月十六日，清分兵二道，繇尖山青石坂趨庾賢嶺下，仲芳以二千人銃礮拒。十七日嶺陷，與湯梁七走紫閬，合瑞兵。四年五月，勢不支，蕭山諸生瞿治誘執之，與監軍御史祝翼明，職方主事沈士鈐、王之輅，監軍僉事金宿，監紀推官陶煒、邵槎，挂靖虜將軍印總兵柴日乾，挂討虜將軍印都督馮三楚，挂安義將軍印總兵瞿逢元，挂振武將軍印都督周震，挂靖虜將軍印都督施國英、朱定，都督沈安，鎮守三江許昌，挂鎮虜將軍印宋晟，挂揚烈將軍印楊繼明，挂平東將軍印章文登，挂平羌將軍印金甲，挂懷遠將軍印裘鎮之，挂武宣將軍印金大定，挂秉義將軍印徐彪，挂昭武將軍印田得坤，挂忠勇將軍印沈乘龍，挂虎賁將軍印胡茂芳，挂定一將軍印陸鳴時，挂將軍印方賢賓、余志遠，都督高明標，總兵梅奇衡、金國寶、杭嘉湖參將李宗道，監軍副使章吉人，及都督總兵王孚嘉、仰爾璋、王之斑，副總兵程儀、王必成、茅錦鳳、張漢、繆應日、盛明、嚴懋義、鍾鈇、蔡坤，參將章漢傑、孫貴卿、葉清、楊君仲、沈文定、遊擊史甲、顏師禧，守備樓明、陳堯典、劉金、胡緣、徐如雲、徐大雅、楊先春等降清。瑞、梁七走。熊繼雄徵糧奉化執。

五年，李進禄徵糧奉化。謝公績起兵諸暨苧蘿。九月，錢千斤被執，山寨潰。十年，慈谿、奉化、定海之交上莊起兵千人，軍師周麟虞及楊士瞻、傅明、趙八、丘增、余瑞、文虎、姜元死。餘杭總兵閔起雲屯杭州慁死。總兵符承禄戰高低嶺爛田畈死。紹興山中起兵千人，吕肖武、過曠、史聘死。

十二年八月，副總兵吴應以衆自紹興嵩浦降清。

十三年，仲芳反正，兵勢頗振。未幾，與楊家騮執死。

十五年八月，楊四再起兵死。楊君泰自山陰山中降清。

十六年，嵊縣王六韜至三江所降清。

十八年，湯梁四自富陽攻蕭山。總兵魯朝全、龔萬里起兵大蘭山執死，韓王壽、褚楚白等降清。六月，總兵張賢敗浙海死。

其後耿精忠兵起，仲芳餘衆梁四、何九、徐維英、方懋公連營嵊縣，與紹興王善長、徐三、朱成龍、馮瑞芝、朱德甫、王三、楊芳生、盧楚佩、李勉如、翁與均應之，皆死。

化龍，會稽人。總兵。降清。

奇勳，字虎臣，會稽人。官饒陽典史歸。二年三月，宣岳攻西華，結壯士結寨四明山。三年，王在健跳，授總兵，封義安伯。兵敗隱。

瑞，字奇古，紹興山陰人。兵最勇。

胤昌，字全之，諸暨人。崇禎七年進士，職方主事、工部員外郎，降李自成。南歸，王起太僕少卿。終事不詳。

蔡乃漢，滕縣人。崇禎十三年，與秦景、馬良起兵寧陽、泰安，屯汶上玉園老寨，通泰安諸山寨。十七年十一月，以十萬人圍東平，不克。弘光元年，寧陽朱克配與貢生韓芝芳、孫嗣奇以衆降清，乃漢在滕縣棗莊，僞款緩兵。數月，回汶上老寨。隆武二年九月反正，與景良、董其成復鄒縣，斬知縣莫儔。張元石與洪和尚起兵滕縣，洪爲軍師，衆亦萬人。十一月，乃漢、周魁軒入高唐。十二月，奉監國魯王年號，與孫化庭分兵四出，雄長東昌、兗州間，命使謁王海上，請敕印。永曆元年十月，封武靖伯，一時山東義師皆從海中消息遥爲鼓舞。二年，自汶上復東平，斬知州李芝桂；攻東昌，斬雲騎尉讓喀偏珠。後景良爲克配所敗死。乃漢亦戰死黑龍潭。

先，隆武元年九月，任應乾、王清宇、趙世科、孟宗玉起兵徐州死。徐庫起兵蕭縣死。孫繼洪、王家樂起兵嘉祥滿家洞，衆至二十餘萬，地當四縣交，周二三百里，立寨二百五十。許家樓之李文盛，韓家營之宋爾宴，楊家樓之楊鴻升、楊之華，桑科集之閻清宇，傅家樓之馬應試，袁老口之徐小野，徐家樓之于光斗，以及秦揚旌、郭把牌、翟五和尚等，兵最盛。清尚書爾格攻之不下，尋饒餘郡王阿巴泰繼進，戰於羊山，繼洪、荆良珍、劉守柱、宫文彩等敗死。光斗以餘衆走單縣孔家樓，結寨二十餘，中大洞二，重關夾塹，環伏火器。久之，糧盡汲絶，與史魁吾、許秀逸皆戰死。魁軒、李棲梧起兵東平、東阿。

十一月，旗鼓趙應元復青州，斬降臣王鼇永，擬立衡王南下，不果。兵敗，與趙應元、楊王休，及昌樂秦尚行、趙慎寬、李大烈同死，葛東方、王皞、步國光、陳九疇、張濟民、王鐸、李英、劉進、劉元素降清。

二年正月，諸生許平侯及劉文禹謀攻霸州、容城，不克死。和寧、和世藩、宋積善起兵復臨洺，敗走雞澤，寧執死。韓國璧起兵寧晋死。高二領、張二幌子攻恩縣，賽猫眼復臨邑。八月，楊秉孝、王君實攻邳州死。裴守政、馬瑞恒、劉斯同攻冠縣，爲鄉官胡士棟執死。于四周自高唐降清。九月，何光起兵平原死。十月，陳國選、宋毓旦起兵夏津，與高唐李三帽簷子、崔三稜復高唐，攻夏津不克，國選死。謝遷復高苑，與李桂芳、王與任、謝萬、丁可澤、軍師趙來卿復新城、章丘，來卿死。魁軒、楊雲山攻東平，斬遊擊張思孟；復汶上，斬訓導李邦彥；攻寧陽，斬典史种起鳳；攻平陰，斬騎都尉瑚紐斯。霑化兵起，斬知縣馬胤昌。劉大堯復昌邑，斬知縣魏名。李小亭復夏津、恩縣、莘縣，攻館陶死。十二月，張輿、武胤、徐振、管相周、張廣及諸生楊威、李好賢、張武烈、王家忠、張嘉儒、潘之英、王會元、秦佑、李三陽、李三畏、李三峯、蕭胤華、孫玉鳳、王天堯、翟從諤起兵高密，衆七千人，稱大明重興元年，攻登、萊，兵敗衆散皆死。郭把牌、朱大海戰樂安死。化庭、孫鳳亭、張福玉、金漢章、石化成、聶科起兵長清五峯山。嶧縣張茂才餘部王俊挂總督招討印，復高唐、東平，斬騎都尉西奇納；攻東昌，斬雲騎尉阿囊阿、費揚住，分屯沂州蒼山、花盤山、抱犢崮爲營，兵尤盛。三帽簷子、李四秫攻南宮，楊大死。劉黑虎合大城、固安、霸州兵攻青縣死。任鳳亭自大名降清。

永曆元年正月，俊攻臺兒莊。慶雲兵起，斬知縣張必科。二月，曹小吾攻高陽死。王啟元起兵陵縣死。任復性、張七奉葉廷秀起兵榆園，圍濮州、范縣。孔五攻南樂。先，崇禎末，復性、七保濮州、范縣，土荒不耕，榆錢落地。歲久皆成大樹，四方豪俠及飢民歸之，衆至百萬，又掘地道，不時出入。清兵以無路可通，屢爲所敗。朝城、觀城、鄆城、城武數百里中，行旅裹足。自廷秀至，兵勢益振。丁維岳起兵復日炤，斬知縣王明臣。四月韓殿閣起兵昌平死。五月蠡縣兵攻河間，斬兵道王維新、知府王德教，守備王丕承、章羽泰反正。麥漢起兵天津唐家屯，斬副將周天命。薛承祚應於灣頭，斬遊擊王應春。羅洪宇以三千人攻天津海防營，斬遊擊趙成功；合德平兵攻寧津，斬遊擊孔道興。李祥羽起兵滄州。周珊英復贊皇，斬知縣武光前，尋降於清。八月，狄文通以二十六人謀起兵涞水死。九月，諸生梁大用被執新安死，妻孫經死。遷、可澤復臨淄，維岳、魁軒復壽張。十月，攻張秋不下，中矢走，郝振揚內應死。維岳、魁軒進泰安，攻堂邑，以壽張陳家樓爲老營，竭力固守。清大礮攻之，維岳父等死者二千餘人。維岳以出攻陽穀、觀城免。遷、謝萬復青城、長山、淄川，斬降臣孫之獬。十一月，維岳、維均兄弟，黄鎮山，復朝城。魁軒、棲梧、李望樓、彭一殿、楊甲合乃漢萬人攻平陰不下，攻茌平。扈大文以義師連死。李五起兵臨淄。維岳、王朝復蒙陰，斬知縣崔對。孫七起兵鉅野。俊、魁軒、丁鳴吾復嶧縣。劉師通、李正心起兵莘縣，清兵不敢出城者四載。十二月，王啟元起兵陵縣執死。維岳、張堯中復陽穀，斬知縣李可愛；攻鄆城，戰張秋，以萬人自朝城復開州，中矢自刎死。魁軒攻范縣，斬知縣孫養廉。路伸及僕高玉與王宏襄復堂邑，與范縣張應魁皆死。滕大鳳復泰安。二幌子攻平原，與祁和尚、唐喝子復德州，祁和尚等死，賈從龍自曹縣降清。

二年，高成吾起兵東昌。孫玉亭起兵泰安。魁軒以數萬人自安山攻濟寧，斬僉事李岜。清豐兵起，高鏐、朱燦往來南北散劄，至贛榆執死，王家泰走。曹化鯨、李名讓、張學胤奉宗室鎮國將軍鳳鳴子鴻基稱忠義王，建元天正，起兵曹縣，復曹州，斬參領甘他、哈圖法，兗西副使黃登孝，同知高元美，知縣蔡廷棟；復定陶、城武，斬知縣宋賢都；向歸德，分兵北攻濮，東攻鉅野，而自以大軍復東明。俊自費縣蒼山，化庭、李雙槐自五峯山應之，兩河大震。昌邑陶誠軒起兵平度，攻昌邑死。東明陷，都督廖冠傑，參將張士顯，遊擊廖贊龍、劉子龍、都司戴飛龍，監紀李春生，及朱騰雲、傅夢徵、郭運、王明佐、王魁袁奎，總兵周虎、張秀、王爾英、段主信皆死，退守曹縣。二月，鄭王濟爾哈朗攻城，力屈城陷，鴻基、化鯨等皆執死。

五月，謝爾功起兵火冀州死，從子胡子引山東李才等復冀州。西淀楊四海稱熹宗子，三河王禮、張天保，天津張氏稱熹宗皇后，置玉印令旗。霸州李振宇降清。

七月，寧陵董林宇、諸生于潤起兵攻城走。靜海任萬全、張相、楊天瑞起兵死。化庭奉翼王議汸王峯山。魯王命遊擊張鳳翔至，封化庭蕩虜侯，雙槐靖虜侯，三帽簷子逐虜伯，魁軒東昌伯，陳濟宇禦胡伯，二幌子、陳復興等總兵，期於明年二月以十萬人會曲阜。

八月，張光素自稱曹國公，以萬人起曹縣張家樓，總兵范甲戰死，總兵畢甲父及王奇斗執死。蕭次吾起兵東明娘子營。總兵范次吾起兵大桃園。總兵劉三泉起兵馬家樓。總兵楊興周，千總趙之屏、李道隆、聶明峯、李七，把總韓興、黃文昌敗馬家樓死，三泉及把總王有義執死。總兵劉之炳攻蘭陽吴家老營死。復性、七攻濮州三日不克。毓旦、三帽簷子、三稜敗死高唐。常元輔起兵天津死。

九月，南樂兵起，張七復清豐。

十月，張近堂攻東明。田嵩山、吴少白、杜二黑復蒙陰、郯城。堂邑兵復城，張問孝、軍師潘雲鸞死。王奎光起兵冠縣。劉東坡起兵武清，攻東安敗死。劉安吾、關顯吾、張調甫起兵廣宗死。

十一月，武陟寧郭驛兵起，斬通判張可舉、姜汝俶。

三年正月，趙鳳岡起兵趙北口死。田東樓、楊勃茲死寶山村。李玉山、陳金玉、邢少川、吴靈瑞、席貴起兵獻縣、雄縣、任丘、寶坻死。南樂兵起，斬守備魏鎬。邢家灣兵起，斬山海都司吴盡忠。平鄉兵起。徐青頭、杜全起兵商河、臨清、長清死。清兵攻五峯山，議汸薨。總兵張福玉、段近川，監紀通判李士廉及李八執死，化庭仍不屈。清大兵自青陽寨圍山，力拒三日不支，走桃花洞。宫二麻子、李文勝起兵嘉祥。李更復新泰。王來日起兵濰縣。張文齊起兵濮州死。

二月，火龍王、張機匠攻霑化死。化鯨將王心茂、王希純攻武城，斬訓導劉運泰死。其將邢可觀、宋小仁自榆園攻定陶，斬知縣李文學、遊擊杜國慶。范慎行、范次吾復寧陵、歸德、考城、虞城、儀封、蘭陽、封丘、曹縣，向河北，復東明、長垣，敗走蘭陽。曹縣馮翼之、李禄、袁和宇守黄堌集，總兵沈千斤，副總兵王小槐、李化鵬戰死。范次吾、張欽、李心守梁家集。慎行及火攻營谷小峯，都司谷明宇、劉清宇、張剛戰死東明。二領、二幌子敗恩縣死。杜沖攻日炤。陽穀兵起，斬知府程瑾。茌平兵起，斬通判王棐。三月，桃花洞陷，化庭執死，部將金爰自靈巖降清。廣平周自好造印付入山東，引衆攻廣平，不克。顯吾將段二攻廣宗死。兵復鉅鹿，斬知縣周維翰。四月，張調甫攻曲周，邑人王昌内應死。轉攻威縣雞澤，不克，復臨洺，走。

五月，磁州兵起，斬河北道涂廓、遊擊俞三奇。獻縣花和尚、鷹嘴，東光滚地王，滄州王鐵棒、剥皮李、紅夜叉各起兵數百人不等。

六月，高陽李肖周攻城死。

七月，河間水淀兵起。

八月，清以山東、河北義師紛起，命張存仁總督直隸、山東、河南，駐大名，遣遊擊楊珍來招，斬之。俊再復嶧縣。

九月，清以濟南、東昌、兗州府縣不守，降巡撫呂逢春官。將軍劉三攻夏鎮。

四年正月，王四自考城降清。俊僞款清，旋又反正。

二月，副總兵林世昌斬總兵李承爵反正，招真定總兵魯國男死。

秋，蠡縣兵起。

冬，存仁以重兵圍蒼山。

五年正月，俊復郯城。二月，攻臺兒莊、徐州。張耀斗、李可教謀起兵肥鄉死。宋伯光至曲周，自稱宗室，與周胤昌、張振魁、王鳳、栗菩薩起兵，衙役唐秃子入南門爲内應，事發皆死，伯光亡去。

三月，蒼山陷，劉遜、張齊、王家臣、王家盛、張榮、魏在斯、趙三元、楊大成、楊應科戰死。張介石復樂安，斬知縣蔣元彦，死。黄鎮山、石峨然、張粹敗范縣榆園死。

七月，廷秀，七兵敗被執東昌死。復性降清。

六年，俊勢蹙衆散。十月，王自好自榆林攻大名，順德降清。

七年，嶧山久圍。二月，楊三畏戰敗連青山嘗家口兵死。俊、魁軒、焦二青、孫南嵩走長清執死。

八年四月，海上徐可進、朱元至南直降清。

九年，吳用謀起兵潁州死。存仁決荊隆口，河水涸，榆園樹盡菑，地道亦壞，清兵乘之，吳康華、袁魁全、吳廷賓、文思周、黃秃子、文思明、任鳳亭皆死。榆園師熸。

十一年，婁三起兵睢州，復鄢城，走。

十五年，兵入保定、新城。

十七年，劉三等十餘人執保定死。真定、贊皇間紙糊套兵不供清稅，時出畧，十六七年敗歿。

張三道，二十七年以白蓮教起兵北京執死。

李廷臣，康熙三十年八月，起兵贊皇。三十七年，與安子亮攻唐山，降清。

自清兵入山西：

隆武元年，趙甲復鄉寧，斬知縣王昌運。十月，王希榮自鎮安降清。

二年正月，陳鑾子攻猗氏。潞安兵起，斬副使涂應泰。三月，劉光溥、雷贊化、任沖雲謀起兵執死。七月，張五、王小溪千人起垣曲山中死。

永曆元年三月，王顏、張義國、孔朝貴、閻守福被執死。四月，王希堯、賈國昌、高飛起兵陽城死。五月，淩尚萬入垣曲山中死。翼城東山哈哈教集衆謀起兵死。汾州李本清、任自興起兵永寧銅柱寨死。六月，楊春暢起兵鄉寧冷泉寨。九月，盂縣、五臺李化龍、李奇龍起兵攻平定、盂縣，不克死。張龍泉以萬人起兵陽曲下崛嵋山死。

二年，楊茂入平陽降清。八月，忻州知州王師帝奉定安王四子起兵死。十月，李陽攻太原。鄭登啟、鄭懷發、王域、王天明、劉蛟奉宗室梅川起兵絳州。懷發被執。登啟入稷山馬嶺寨立大成教，尋與域等皆執死。

其成，字欽鄰，寧陽人。負武力。崇禎末以鄉兵自保，人皆依之。克配招降清，不應。

元石，滕縣人。家驍於資。乃漢死後，不知所終。

魁軒，東平人。崇禎十三年，起兵保鄉里。弘光元年降清，反正。

化庭，一名化林，長清人。清兵至，不薙髮，人稱東髮王。

小野，東平人。弘光元年五月，糾衆攻東平，爲副總兵李朝賓所敗。

應元，山海衛人。官參將。受李自成命至，知府張文衡迎之。

王休，字瞻睿，鹽山人。崇禎三年舉於鄉，潼關僉事，降自成。

小亭，恩縣人。稱小霸王。

興，蓬萊人。稱「威振山東總兵」。

之英，昌樂人。尚行將。

俊，字仞千，本名鉅，字肖武，高唐人。好騎射，家富饒。崇禎十三年，鄒人楊三畏、焦二青結寨嶧山，有衆萬人，分五營四哨。俊起兵蒼山，立八寨，自號威鎮九山王，與之應。十四年，屯青崖山，衆至萬人。十六年，入長清。弘光元年，攻費縣。

黑虎，大城人。惠登相部。有奇力，善舞鐵棍。

維岳，字明吾，壽張人。面赤，鬚眉戟然，負膽氣，充步弓手。舞馬槊如疾風，戰輒勝。崇禎十二年起兵，李青山畏之。劉澤清薦參將，自稱副總兵。弘光元年降清。清僉事任甲索賄三千，乃反正。所部多精騎，馳驟飄忽，屢破清兵。

大文，平陰人。諸生。

伸，堂邑人。崇禎十二年舉於鄉。

化鯨，曹縣人。慷慨負材勇，維岳故部，爲遊徼捕盜。尋效用河工，授兖西道標中軍。亡命歸，起兖州守備，擢參將。

鳳翔，定海人；調甫，館陶人。爲練長，出没臨、館、冠、威、曲、廣、鉅間，終事不詳。

羅光耀，字秀之，南昌人。以遼東守備遷都司，從牟文綬護皇陵、祖陵。安宗立，擢副總兵，鎮蕪采，爲清兵所執。尋得脱，力志興復。隆武元年七月，從翼王議汸謁監國魯王，授空劄，命從議汸聯絡四方忠義。

董北隆及軍師楊從力分赴川、楚光耀易姓名許天乙，僞爲茶賈濟寧，永曆元年至諸城，主孫雲峯肆。議汸、北隆、從力至西山會忠貞營。光耀賣烟茶諸城工村，給趙梯把總劄。二年六月，與趙完璧訪楊振邦沂州，給參將劄。又給羅希堯圖書。完璧留振邦希堯家半年。光耀南返，往來三四，與南直秦大鵬，湖廣何騰蛟、張見中，江西金聲桓，山東王明盤、朱一謹相應。三年三月至鎮江，四月與從者袁錢至希堯家，命完璧、錢隨光耀訪振邦，期於六月水陸天津、蘆溝起事。道中張魁吾留飯，給圖書帖，云：「大明恢復，持此爲後日酬券。」事洩，爲吏目所執，得各地附義名册及白綾劄送濟南。

與受劄者：楊國輔、張明宇、田嵩山、李明吾、張敏吾、李在東、石應元、石應進、陳生白、陳鼐臣、張秀、盧洪業、陳弼、徐應奇、郭德輔、潘應祥、鍾禮、羊鼎、邢思明、汪大儒、左之青、馬標等。事連汶上諸生侯永錫、劉浩然、張時魁、張燧、田四，鉅野諸生燕九畹、姚明德、趙永坤，徽州金正熙，太和吴生易，亳州諸生李範同，西華王根遠、王廷芳，麻城梅其志，徐州歐陽成，夏邑田次山，襄城王弟，開州黄如鑑，東明李子芳，洧川張虎，固始唐漢儀、劉一薦，登州李信，沂州張六格，東阿韓叔夜、劉彪直、王勝法、劉公勇、陽穀海秀、馬君濟、劉乘遠，單縣廣清道士，兖州任尚、劉有夏，平陰陰仲芳，曹縣劉升明，嘉祥高志、蕭夢白，金鄉朱啟明，定陶陳尚志、魏在德，於五年皆死。獨明宇及董振先走免。四年十月，起兵歸德，衆數百人，事洩死。

其先受劄付未起兵而事敗者：二年二月，軒開裔與城武諸生孫翰臣，牽連曲阜諸生張旭以不應試作願食首陽薇詩，鄆城諸生陳酒民作哭天王詩不應試，與汶上趙斯臣、張奇庵、楊秀吾，皆死。

其後新蔡李奇生，於十三年七月起兵數千人，稱皇太子，應鄭成功。十一月，與楊玉環復商城，攻光州失利死。張成武於三十年七月攻永寧諸縣，不知所終。

振邦，字瑞寰，沂州人。

國輔，山西人。京營督標十四營總兵。

明宇，商丘人。販烟儀真，授總兵，封蒙陰伯。

嵩山，掖縣人。二年十月起兵復蒙陰、郯城，授總兵，封定東伯。

明吾，副總兵。；敏吾，參將。；在東，中軍，皆汶上人。
應元、應進，淮安桃源人。參將。
生白，高郵人。指揮擢監軍僉事。
鼒臣，高郵人。武舉。都司。
洪業，高郵人。參將。
弼，長洲人。謁舟山，自兵部侍郎擢尚書。
應奇，嘗熟人。諸生。謁舟山，監軍副使。
德輔，嘗熟人。總兵。
應祥，金壇人。謁舟山，都司。
禮鼎，溧陽人。總兵，挂將軍印。
思明，金壇人。參謀。
大儒，歙縣人。總兵。
之青，丹陽人。守備。
標，海州人。參將。

于樂吾，字孟熹，棲霞人。行七，世稱于七。武舉。負膂力，豪俠好客，士大夫多與交。永曆二年八月，起兵棲霞鋸齒牙山，蔣靜剛戰死。李應祥、二和尚兄弟，曹良臣、邵蒲包、秦鷂子等應於海州羽山，攻贛榆。

三年正月，喬王季應於棲霞連山。三月，良臣復海州，斬知州張懋勳、同知李士麟，屯馬髻山死。牟山、羽山師敗，李二和尚復沭陽死。十一月，劉三奇應沛縣湖陵死。十二月，杜沖攻日炤。四年正月，攻安東衛。樂吾復寧海，斬知州劉文淇。以清兵盛，僞款，授把總。趙盛寬攻諸城諸村，梁敏、楊立梧攻贛榆、海州。五月，沖入沂水。

五年，敏復沭陽，斬知縣段上彩；攻贛榆。

十年，樂吾衆復諸城。

十二年，羽山兵降清。樂吾日思起兵，未發。

十五年，弟九與萊陽宋秉彝鬭毆，秉彝首其事，十月清逮樂吾。樂吾妻使于九、于十拒戰。樂吾以一當百，斬清兵，與尹應和、秉臞父子間入鋸齒牙山，命邢小泉攻福山，李猫子攻即墨，不克。十九日，寧海禪教寺僧常和尚及張正綱自崑崙山攻文登，七日夜不下，正綱中矢退文山廟，火攻死。常和尚再聚兵崑崙山，攻寧海。王季斬輕車都尉阿納海於連山。段忠恕、林萬鵬、龐應魁、高起英各以衆數千分屯鼇山。徐耀宇、徐海門亦以數千人屯虎山，攻大嵩死。常和尚兵敗走文登青石庵，自經死。樂吾兵出没八縣，屢破清兵。清以都統濟世哈爲靖東將軍，會總督祖澤溥攻之。十六年正月，至棲霞，大索城中起義内應者，死者三百人。平度李茂岡應樂吾走。鼇山陷，忠恕等走，吕自恪、俞三畏執死。尹秉瑚及大峪山孫小五亦死。

十七年，樂吾入諸城，斬知縣陳邦紀。淮安鈕思唐、王海雲出没黄河、洪湖二十餘年，至是執死。

二十一年春，清大兵圍鋸齒牙山。山隘通二三人，樂吾以一人據隘，煮釜湯沸，登者多糜爛。戰三日夜，斬護軍較尚吉圖。應和父子死，樂吾勢孤。一日天雪，潰圍走勞山上清宫。僧憫其忠，揚沸湯醴之，面如痘瘢狀。清兵搜山不辨，始免，遂終老山中。餘衆降清。凡棲霞、萊陽親朋及通一刺於樂吾者下獄，紳士連者數十百家，萊陽周義等數百人皆死。餘衆屯崑崙山、招虎山者亦熸。王玉海、吴養性、徐大頭皆執死郯城五丈溝。三十五年，應祥亦死。

應祥，一名李和尚，贛榆人。

良臣，莒州人。武生。楊秉孝故部。

敏，沂州人。榆園故將。

鄭彩，字羽公，南安人。芝龍從子。安宗立，以副總兵領勇衛營水師，從鄭鴻逵守鎮江。請半給蘇州關稅，不許，遮截運司銀萬兩給軍。

清兵渡江，從鴻逵自杭州奉紹宗入閩，挂征虜將軍印。封永勝伯，充御營右先鋒，鎮守江浙南直地方督理軍務，賜尚方劍便宜行事，命率施天福、鄭聯、鄭斌、張進、朱壽、劉全、江美鼇、吴雄及總兵劉福，副總兵林胤等五萬人出五福杉關，應南贛楊廷麟復撫建，合何騰蛟，張家玉爲監軍。彩行百里還，稱餉缺留。

吉安陷，棄廣信，奔入杉關，清兵乘之，陷撫州，永寧王由櫶薨。上震怒，削彩職，降恩宥伯，令戴罪圖功。

芝龍撤兵還安平，彩亦以所部入海。適熊汝霖、張名振奉監國魯王至舟山，黄斌卿不納，王無所歸，彩乃迎之入閩，次厦門中左所。王晋建威侯。

芝龍已畔，密令彩執王，清以閩廣王印招之。彩不從，匿王，而以南夷貌類者，服王冠服，居舟中，謂守者曰：「事急，則縊死以示之。」王遂獲免。時鄭成功亦駐中左所，彩乃改次長垣。

永曆元年正月，王禡牙出師，拜彩爲元帥，晋太師、建國公，署兵部尚書，有兵十萬。二月，與浦南橋楊重等義兵復漳浦，斬知縣許國栴。五月，復長樂、連江，冠軍將軍謝朋、果毅將軍吴輝與涂順、林奇、陳韜先登。復閩清，斬參將桂顯、守備洪自新。繼復永福。軍聲大振，八閩所向，無不披靡。先後克復三十餘城。七月，攻福京，敗績，命會王祁建寧，未行。合成功攻漳州，火江東橋，出入長泰、海澄、漳州、同安、安溪，斬教諭周祖唐。然自是恃功專横，汝霖每折之。又與鄭遵謙爭船有隙。會二年正月元夕，熊、鄭二家相問遺，部將李茂遽以合謀告變，彩襲殺汝霖、遵謙。劉中藻攻福寧，彩掠其地。又信讒，杖殺義將陳士奇。諸鎮遂大惡之。

已中藻及興化朱繼祚受圍告急，彩不援，中藻、繼祚皆死。清陳錦、佟國器、李率泰盡陷閩地。十月，命總兵陳光猷、陳應忠、施贊、江新使日本。

三年六月，名振自健跳所遣使迎王，彩乃棄王去三沙，與弟聯據中左所。

四年，周瑞、周鶴芝有隙。瑞南依彩，鶴芝北依阮進。會成功殺聯中左，彩大敗，泊沙埕，啟王及名振請援。鶴芝、進怨瑞，而名振欲結歡於成功，帥師反擊破彩餘兵，彩乃入海。成功度彩已困，遣將洪政折矢招彩。彩曰：「吾年老氣衰，諸子弟能繼志者，大木耳。」遂以所部楊朝棟、王勝、楊權、蔡新等付之，歸老思明。成功迎見，歡愛如初。彩亦誠實無猜，待之甚厚。十三年秋卒。

全，同安人。香弟。隆武時封安溪伯。

美翥，詔安人。從彩江海，後以總兵挂龍驤將軍印。永曆三十一年六月降清。雄，字鳳苞，晉江人。水營左協參將。

權、新於七年五月以舟師拒金礪海澄，權中礮死。

贊曰：名振出入環衛，夷險無貳，數入長江，視金革波濤如衽席，其樹立甚偉，不得以害黄斌卿一青而掩也。朝先、進、鶴芝、耿、蘭、世勳甲生蟣蝨，兆龍、國望、燦、善長、天樞、仲芳出没林莽，乃漢、光耀、樂吾揚威海岱，一時義師咸仰海外消息爲鼓舞，大海回風生紫瀾。百載而下，談者猶爲之神王。壯矣哉！彩暴悍驕恣，人理滅絶，顧不爲利誘，間關扈主，以明臣終，即此一事，足傳已，故附著於篇。

南明史卷八十七

列傳第六十三

無錫錢海岳撰

李標 子志勷等 孔貞運 子尚蒙等 郭維翰 孫自修 戴球 韓一光 王微 李昌裘 丁明登 錢龍錫 錢士升 子栻等 范復粹 子廷鳳 張四知 魏炤乘 孟紹虞 子同驌等 杜士全 靳於中等 劉廣生 子夢謙等 曹珖 仇維楨 李日宣 從子一偉 朱世守 子之琦等 涂國鼎 子斯邵等 李長庚 桂文瀚 陳述知 曹若參 孟道翼 孟道弘 熊正南 鄔明昌 尹奇逢 李軫等 馮之圖 張令聞 張桓 劉彥 詹謹之 易士龍 韋克濟 傅學禹 王山玉 吳采 吳光龍 張鵬翔 黃正色 王珙 李猶龍 方舟 李芬 傅淑訓 子如金 沈宜 雷叔聞 鄔萃等 戴羲 劉在朝 潘世標 劉漢 危思謙 朱錦標 馮英 子道隆 胡應台 子伯玉 廖國遴 左瑛 黃學謙等 蔡承掄 胡乘龍 陳有爲 胡澥 梅獻早 龍人儼 吳國瑞 黃充 劉永發 柯日新 鄧祥麟等 李登選 桂居敬 黃汝良 莊欽鄰 王祚遠 謝上選 白貽清 鄒忠胤

薛寀　吴正己　毛之儁　徐申懋　萬德鵬　王行可　郭尚友　郭胤厚　劉濬源　朱國盛　曹思誠　王
點　李嵩　傅永淳　子維槱　劉遵憲　張伯鯨　子雅度　馮元颺　弟元飇　元颺子愷章等　元
飇子愷愈　商周祚　汪慶百　族康百　姜逢玄　子天樞等　弟廷枚等　胡世賞　楊述程　黄昌
楊齡昌　楊世賞　聶明楷　楊聯芳　朱本源　王聘臣　黎懷智等　劉之褒　唐國英　劉應諭　彭明德
江騰龍　陳必謙　吴履中　楊汝成　張惟機　朱積　劉世芳　程啟南　子嘉績等　于仕廉　子
厚生　陳觀陽　阮天淵　張星煒　王玨　荆之琦　吕兆龍　曹宗璠　李恢先　史惇　史元調　常自裕
子啟胤　林棟隆　李紹賢　莊祖誨　毛士龍　賈毓祥等　劉廷諫　顧夢麒　李鍾秀　鄧光復　何呈
瑞　高揚　劉源汴等　翟淩雲　王調元　程繼賢　倫之楷　張汝賢　張名世　張士弟　張三謨
李世祺　姜雲龍　單恂　陸燧　雷迅　徐世禎　錢嘉泰　徐憲卿　徐大儀　熊汝學　蔡萊　史垂
譽　游允達　陳維謙　章文標　朱世平　梁維新　吴泰來　漆園　吴士魁　何九達　但宗皋　陳其誠
史乘古等　汪心淵　王嘉猷　李若愚　陸獻明　子日升　馬從龍　王謙亨　葛如麟　畢際亨　徐
日升　王糾生　房泰亨　王宮臻　邢其諫　康湛等　徐之儀　程泰　程先貞　蕭時亨　張弦　馬贊　張
鵬南　張震南　王化澄　孫文光　張丹翎　潘士彦　張宏弼　吴暄　孔聞詩　弟聞譞　孔尚鉞　何珠
張文燦　李之炤　宋造　宋一騰　姜遇武　張文芳　張鴻翼　武崙源　張養浩　李悦心　江孔燧　王賜
命　蘇成性　孫肇興　王臺　牛汝虹　冀往聖　黄正賓　王之璘　桂應蟾　陳邦策等　徐廷宗　江大

任　金孔器　馮時來　徐鴻起　張星　劉維仁　劉有源　許真儒　汪珂玉　汪漸磐　余紹貴　曹志凝　甯用轍　吕仲修　袁業泗　子繼樟　林先春　子迪等　陳士梅　秦鍾震　黄繩卿　傅國俊　洪時　蘇寅亮　陳如嵩　許逵翼　王舉尹　陳恪　高崇穀等　米嘉穗　張能恭　高佐　陰維標　陳于階　吕邦　柱　謝兆申　楊瑩鍾　胡來相　陳復亨　胡丹詔　陳啟新　成茂士　高塏等　史啟元　張承烈　張爾　静　李嗣宗　王士英　曹鼎臣　冒起宗　潘允譜　岳鍾秀　王日中　徐炳忠　蔡鼎鎮　王應禎　戚伸　吴自勵　湯有光　吴士講　陳系　李懋修　濮中玉　方夢禎　許鳴代　羅廷策　金九陛　曾熙丙　翁　希禹　賴良偉等

李標，字汝立，高邑人。萬曆三十五年進士，改庶吉士。授簡討，累遷少詹事。天啟中，擢禮部右侍郎協理詹事府。標師趙南星，黨人忌之，列名東林同志録中，懼禍引疾歸。威宗即位，即家拜禮部尚書、東閣大學士，崇禎元年三月入朝。未幾，李國檣、來宗道、楊景辰相繼去，標遂晉文淵閣，爲首輔。上鋭意圖治，恒召大臣面決庶政。

宣撫李養沖疏言：「旗尉往來如織，蹤跡難憑，且慮費無所出。」上以示標等曰：「邊情危急，遣旗尉偵探，奈何以爲僞？且祖宗朝設立廠衛，奚爲者？」標對曰：「事固宜慎。養沖以爲不賂，恐毁言日至；賂之則物力難勝耳。」上默然。

同官劉鴻訓以增敕事，爲御史吴玉所糾。上欲寘鴻訓於法，標力辨其誣。温體仁訐錢謙益，引已結浙闈事爲詞，給事中章允儒廷駁之。上怒，并謙益將重譴，又欲罪瞿式耜、房可壯等。標言：「陛下處分謙益、允儒，本因體仁言，體仁乃不安求罷。乞陛下念謙益事經恩詔，姑令回籍，於允儒仍許自新，而式耜等概從薄罰。諸臣安，體仁亦安。」上不從。自是深疑朝臣有黨，標遂不得行其志。

是冬，韓爌還朝，標讓爲首輔，尋共定逆案。三年正月，爌罷，標復爲首輔，累兼户部尚書武英殿。先是，與標並相者六人：宗道、景辰以附璫斥，鴻訓以增敕戍，周道登、錢龍錫被攻去，獨標在，遂五疏乞休。至三月得請。

北京陷，避居淮安。弘光元年三月卒，贈太傅，謚文節。

子志勷，任尚寶丞。從子士劭，諸生，任太僕主簿，累遷淮海僉事。

孔貞運，字開仲，句容人，至聖六十三世孫。萬曆四十七年進士第二，授編修。天啟中充經筵展書官，纂兩朝實録。威宗即位，進講皇明寶訓，稱述祖宗勤政講學事，稱旨，崇禎元年遷國子祭酒、詹事。二年正月，上臨雍，進講書經。孔氏子孫以國師進講者，自唐孔穎達後，至貞運乃再見，賜一品服。十月，畿輔被兵，條上禦寇城守應援數策。尋以艱歸。六年服闋，起南京禮部右侍郎。越二年，改吏部左侍郎。九年，拜禮部尚書、東閣大學士。以庇復社，與温體仁相忤，不能有所建白。明年，晉少傅、文淵閣兼户部尚書。既爲首輔，乃揭救鄭三俊、錢謙益俱寬擬。後以事爲御史郭景昌所劾，乃引疾歸。十七年五月，哀詔至，哭臨慟絶不能起，舁歸得疾卒。贈太傅，謚文忠。

子尚蒙，字聖初，任尚寶丞。南京亡，慟哭死；尚萃，字仁初。任中書舍人。從子尚鏞，任中書舍人。

同時應天府屬遺臣：

上元則郭維翰，字均衛，以詞賦書法考授縣丞。北京亡，不仕。鄭成功圍南京，人心洶洶，郎廷佐欲屠城，力言得免。家居以孝友稱。

江寧則孫自修，字無修，天啟四年舉於鄉。自陽江知縣遷大同同知。北京亡，爲僧浙中，名懸溪，誅茅於人跡罕至處卒。

溧陽則戴球，字崑良，選貢。歷寧波通判、福州知府，致仕。

高淳則韓一光，字季孚，崇禎元年進士。授行人，册封萬安王。故事，封王行人，即以沿途交際禮爲槖裝；一光不受。遷河南道御史，特劾魏忠賢，御書其名於屏。巡按四川，禁餽遺，革冗役，貪政一清。卭案株連諸生數十人，勘鞫全之。後以事忤姜曰廣，出爲浙江僉事，陞參議，調山東副使歸。邑苦自解糧，出揭改爲官解，民困永甦。又東壩没田數十萬餘，民苦賠虚米，議請改折，得俞旨。南京亡後二十餘年卒，年七十六。

王徽，字垣夫，恩貢。授温縣知縣，拒寇多斬獲。歸。

李昌裘，字武冶，歲貢。授武緣知縣歸，家居授徒。

江浦則丁明登，字元龍，萬曆四十四年進士。授泉州推官，平反獄囚八十人。謫南京武學教授，歷國子博士，户部浙江司主事、員外郎、郎中。北京戒嚴，運草豆無誤。出爲衢州知府，有人餽黄金三十兩，幾弭大獄，召閹人責之。歸隱南京烏龍潭，著述自娱。安宗立，乞應天十四府四州税糧恩詔免其半。是冬卒。

錢龍錫，字稚文，嵩江華亭人。萬曆三十五年進士，改庶吉士，歷編修、少詹事。天啟四年，擢禮部右侍郎協理詹事府。明年，改南京吏部右侍郎。忤魏忠賢削籍。威宗即位，廷推閣臣。金甌枚卜之，首得龍錫，拜禮部尚書、東閣大學士。協心輔理，朝政稍清。以蜀寇平，加太子太保、文淵閣。

上頻遣旗尉察邊事，龍錫言遠遣難委信。海寇陷中左所，上欲誅朱一馮，疏言所駐遠，非棄城者比，罷職足蔽辜。瑞王請食川鹽，言漢中食晉鹽，瑞王用川鹽，恐奸徒借名私販，莫能譏察。廷議汰學官，復言須少寬，以存祖宗師儒造士須老成意。言官韓一良、章允儒、劉斯𤒢獲譴，並爲申救。

逆案之定，半爲龍錫主持，奸黨銜之次骨。及袁崇焕殺毛文龍，疏云：「龍錫爲此一事，低徊過臣寓。」復言：「閣臣往復商榷，臣以是得奉行無失。」崇焕下獄，高捷、史𡏅、袁弘勳連疏以通款殺將，爲龍錫罪，祖大壽師潰爲所排激，賣國欺君。逮下獄，羣小咸指崇焕爲逆首，龍錫爲逆黨，欲殺龍錫，上命長繫。十四年五月大旱，釋戍定海衛。

安宗立，復官歸里，旋賜存問。弘光元年三月卒，年六十八。

錢士升，字抑之，嘉善人。萬曆四十四年進士第一，授修撰。天啟初，以母老乞歸。久之，進中允，不赴。趙南星、魏大中、萬燝被璫禍，破産營護之，以是爲東林所推。

崇禎初，起詹事，掌南京翰林院。會座主錢龍錫被逮，送之河干，即謝病歸。四年，起禮部右侍郎，署尚書。祭告皇陵，疏陳户口流亡之狀甚悉。六年九月，拜尚書、東閣大學士，請停事例，罷鼓鑄，嚴贓吏之誅，上悉從之。明年，加文淵閣。時上操切，温體仁以刻薄佐之。士升撰四箴以獻，大旨謂寬以御衆，簡以臨下，虚以宅心，平以出政，上優旨報聞而意不懌也。無何，有武生李璡請括江南富户，行首實籍没之法。士升惡之，擬旨下刑部，上不許。體仁改輕擬，士升謂：「此亂本也，當以去就爭之。」抗疏極言，上報曰：「前疏已足沽名，無庸汲汲。」士升遂乞休。士升初入閣，體仁頗援之。體仁用謝陞、唐世濟，皆力爲助。文震孟被擠，弗能救，論者咎之。至是乃以讜言去位。

弘光中，詔賜存問。博雒至杭州，禮聘士升、高弘圖、方逢年、徐石麒、商周祚、姜逢玄、劉宗周、祁彪佳，婉詞拒之。已與嘉善義師。紹宗即位，再詔存問。永曆五年卒，年七十八。贈太保，謚文恪。

子栻，字去非，崇禎三年舉於鄉，早卒；燾，字子壽，任中書舍人，國亡不仕；棅，自有傳。

范復粹，字玉坡，黄縣人。萬曆四十七年進士。繇開封推官入爲御史，言毛文龍不可移内地，使海外億萬生靈棲身無所；又言袁崇煥功在存遼。巡按江西，言減削郵傳之不便。按陝西，陳治標治本之策，以任將、設防、留餉爲治標，廣屯、蠲賦、招撫爲治本。上皆納之。廷議有司督賦缺額，兼罪撫按，力言不可。

自大理丞進卿。未幾，超拜禮部左侍郎、東閣大學士。時並命入閣者五人，翰林惟方逢年一人，餘皆外僚，而復粹繇少卿，尤屬異數。累加少傅、吏部尚書、武英殿、建極殿，爲首輔。疏言：「獄中文武纍臣至百四十有奇，大可痛，請即清獄。」不報。尋科道劾其才疏學淺，復粹亦不安其位，遂致仕去。北京亡，避地廟灣。清召不出。久之，卒於家。

子廷鳳，任中書舍人，衡府儀賓。

張四知，字印巖，費縣人。天啟二年進士，改庶吉士，授簡討。崇禎中，累遷禮部右侍郎。貌寢患惡瘍，十一年六月廷推閣臣，忽及之。給事中張淳劾其爲祭酒時貪污狀，四知憤，上前力辨，言「己孤立，爲廷臣疾」。上意頗動，薛國觀力援之。明年五月，與姚明恭、魏炤乘並相，拜尚書、東閣大學士。十四年，加太子太保、吏部尚書、武英殿。秉政四年，録録無所見，爲給事中馬嘉植、鄭崑貞所劾，上不聽。十五年六月致仕。

清兵入山東，走南京。隆武二年八月，降於清。

魏炤乘，字瑶海，滑縣人。萬曆四十四年進士。授金鄉知縣，累遷吏科都給事中。魏忠賢勢張，力請告歸。已以劾周應秋媢璫踖進罷。崇禎初，起主大計，輔太嘗卿，以僉都御史巡撫江西，乞休。再起工部右侍郎，調兵部左侍郎。十二年，與姚明恭並拜東閣大學士，已加太子少傅、户部尚書、文淵閣。

炤乘剛愎自用，票旨深文詆謫。解學龍薦黄道周，炤乘惡之，擬旨責學龍濫薦，激上怒，遂削二人籍，下獄。

秉政四年，爲御史楊仁愿、徐殿臣、劉之勃劾罷。

北京亡，徒步間關至南京卒。

孟紹虞，字聞叔，杞縣人。萬曆四十一年進士，改庶吉士，授簡討。天啟中，歷講官、贊善、諭德、記注起居，修兩朝實録，管誥敕，補日講。久之，遷詹事。

時魏忠賢專政，以位望預枚卜，瑺陰倚翼己，思市德。廷推甫上，沸傳欽點四人，紹虞居三。適崔呈秀刺求見，拒不見。呈秀厲聲曰：「何以報魏公？」屏人語良久，微詞遜謝，不懌去。繇此撼上意，追改前旨，三人並入直，紹虞獨絀。推禮部右侍郎，瑺圖中，不得間。未幾，調南京禮部，仍留。

崇禎改元，御經筵，以巨姦未殄，進引古帝王明斷寓諷，上斂容稱善。陞尚書兼翰林學士，條禮部興釐十二事以聞，報可。故例，凡貢寇達部，謁尚書，率致腆獻；諸藩王襲封祭葬求所不應得者，納重賄倖得之。紹虞於貢寇獨御以誠信，既絶獻遺，復嚴束下吏毋敢漁奪爲姦，遠人咸悦。一日，秦王宗室慎鈊求封，屬故所善進萬金壽，麾去之。時執政者憚上英察塞罪，自度不能匡言，乞骸骨歸。忌者以紹虞頌瑠疏上聞，與邵輔忠同坐逆案削籍。八年，李自成攻杞，募死士悉力扞之。十四年，開封危，瀝血馳書乞援，傾四千金餉軍，汴城以全。汪喬年兵潰，開封陷，南之淮安。北京亡，仰天痛哭。安宗即位，力疾思陛見，舟泊高郵，阻於亂兵不果。無何疾革，泣告諸子曰：「吾自此畢命矣。始以同官蒙誣，今以後死齎志，負負無可言，不自負者心耳。新君南御，若曹逸，遵父訓，毋上疏申理，毋請卹謚。」貧無以殮，李標、張弘道會哭，時十七年五月也，年九十一。

子：同驌，字御之，崇禎十二年舉於鄉。任中書舍人，有文武才，拒自成全城。後與彭士望共事義師。同騤，字調之，諸生。尚節概，守志不仕。

杜士全，字完三，上海人。萬曆二十三年進士。授大冶知縣，調海鹽，寬勤愛民。遷刑科給事中，累疏陳天變及三吴水灾。楚宗獄起，趙世卿附沈一貫，言王非僞，又力推李廷機輔政，士全劾世卿黨比，並糾廷機。齊、楚、浙黨角立，與商周祚附姚宗文，醜詆郎中李朴並侵孫居相。出封益王，不受餽金。天啟間，自太僕少卿累陞南京太嘗卿、工部右侍郎，改刑部，擢南京兵部尚書，改工部，予告歸。

士全謹飭無欲，與人不競，家居三十年。安宗即位，優詔存問。南京亡後，不食卒，年八十二。

靳於中，字爾時，尉氏人，萬曆二十六年進士。授户部主事，監浙税，恤商艱，裁取及額而止。遷郎中，司大通橋。出爲山東督學副使，士習一變。調遼海，捐奉修邊六十里，並贍族人，家無長物。歷山西參政、按察使、右布政使，以僉都御史巡撫保定歸。起南京大理卿，多平反。擢户部右侍郎、刑部左侍郎、南京工部尚書。以母老乞歸，居長垣，崇禎十七年還里。李自成重其名行，過門不犯。六月卒，年八十三。子滋昂，字昂之。廩生。舍大魏山。中原兵亂，投者萬餘人。日注黄庭不出。卒年七十三。

劉廣生，字載甫，羅山人。萬曆二十九年進士。授刑部主事，遷員外郎，讞獄明允。出爲嘗州知府，案牘山積，一月清之，搏擊豪强，奸胥斂跡，公暇講學，人文蔚起。陞浙江督學副使，衡文不假人，一秉至公。以勞成疾歸。起河西參議，累轉鄖襄參政、山東按察使、湖廣右布政使、陝西左布政使，以僉都御史巡撫其地。選將練兵多方畧，殲王之爵、趙勝之衆殆盡。後與楊鶴主撫。乞歸。起户部右侍郎，督理京省錢法，調左，擢南京刑部尚書，予告。寇圍，力守全城。北京亡後南下，行至鎮江卒，年七十五。

廣生歷歷中外四十年，廉以律己，誠以事上，世推名臣。

子夢謙，字涵長，崇禎七年進士。歷户部主事、員外郎，出爲杭州知府，調承天卒。夢淑，功貢。寇亂，結寨自保。授湖廣監紀通判，署德安知府，降於清。

曹珖，字用韋，益都人。萬曆二十九年進士。自户部主事調文選，歷職方郎中。大璫私人求大帥，不可。出爲河東參政，歸。起南京太常少卿。光宗崩，疏言：「李可灼罪不容誅，方從哲庇之，國法安在？乞明詔輔臣直窮奸狀，以雪先帝之仇。」天啟初，累轉光禄卿、太常卿、大理卿。以東林削籍。

崇禎改元，起户部右侍郎，調左。三年，晉太子少保工部尚書。廷議加江西、河南、山東、山西田賦十萬有奇，浙江逋織造銀十餘萬，編入正額，珖持不可。尋中官張彝憲總部事，將設公座，珖與右侍郎高弘圖約俟其至，言事竣，撤座去，遂相忤，請告歸。

國亡後，清薦，堅閉一室，衣冠北拜哭，累日不食，賦絶命詞卒，年八十。

仇維楨，字羽王，益都人。萬曆四十七年進士，授中書舍人。魏忠賢用事，回籍避之。威宗即位，起故官，遷禮科給事中，擊璫不遺餘力，大奸無漏網，薦引不下三十人。歷户、刑、兵科，邊帥多饋遺，不受，升降一秉至公。周廷儒當國，長揖不交一言，遂以武闈事陷之，謫兩浙鹽運知事，累陞行人、南京太僕丞、尚寶卿，入爲順天府尹、兵部右侍郎。崇禎九年，京師戒嚴，設重鎮通州，命督其軍。嚴壁壘斥堠，屹然爲神京保障。一日，餉缺士噪，内臣、道臣、總兵不敢出，維楨單騎見之，皆羅拜，因執倡亂者杖之，頃刻事定。擢南京户部尚書，改兵部，以請罷内臣監督謫。未幾憂歸。北京亡，招兵保鄉里。會大祲，振活千人。清薦不起。卒年七十六。

李日宣，字晦伯，吉水人。萬曆四十一年進士。授中書舍人，遷御史。天啟初，遼陽失，請召大僚面決庶政。尋請宥侯震暘以開言路，厚中宫以肅名分，忤旨切責。已又薦丁元薦、鄒維璉，乞召還朱欽相、劉廷宣，以濫薦逐臣停俸。出理河東鹽政，還朝，以族父邦華佐兵部，引嫌歸。五年，倪文焕劾邦華、日宣爲東林邪黨，削籍。

威宗立，復故官，巡按河南，還掌河南道。王坤訐周延儒，日宣言内臣不宜侵輔臣。累陞大理丞、太嘗卿。崇禎九年冬，以兵部右侍郎鎮昌平。久之，轉左，協理戎政，擢尚書。十三年九月，調吏部。

十五年，會推閣臣，以蔣德璟、黄景昉、姜曰廣、王錫衮、倪元璐、楊汝成、楊觀光、李紹賢、鄭三俊、劉宗周、吴甡、惠世揚、王道直名上。命再推數人，房可壯、宋玫、張三謨與焉。大僚不獲推者，爲流言入内，且創二十四氣之説。上召諸臣奏對，以徇情濫舉責回奏，怒猶不解，召日宣中左門，聲厲甚。日宣辨，錦衣提下，褫冠帶，侍臣股弁失色。德璟、景昉、甡辭新命，延儒乞優容，不許。下刑部獄，廷臣交章申救，不納。上疑其未就獄，責刑部剋期三日定讞。世揚、徐石麒擬輕比，革職鐫秩有差。獄上，日宣戍重慶，久之赦還。

北京亡，旦夕痛哭不食。清兵迫，集軍民龍沙寺議拒守，而曠昭不任盟，遂以家入福京。卒，贈太子太保，謚清惠。

從子一偉，字君奇，恩貢。福京亡，不入城市三十年卒。

朱世守，字惟約，安福人。萬曆二十三年進士。授行人，歷吏部主事、員外郎，上清吏疏。掌大選，門絶私謁，時號冰鑑。分較禮闈，得士皆一時名彦。後以僉都御使巡撫廣西，戢安荒蠻。時議遼餉徵調，欲行於土司瑶僮，力請減餉止役。建思南敷文書院，人知向學，累陞副都御史、刑部右侍郎，忤魏忠賢，又日與鄒元標以節義相砥礪，宵人目謂東林，削籍。崇禎中，起尚書，多所平反。引年疏凡六上，予告歸。南京亡，入福京。福京亡，死難，年七十八。

子之琦，選貢。任中書舍人，與家人從死。之瑶，字石香，任營繕主事，遷屯田員外郎，降於清。

涂國鼎，字牧之，建昌新城人。萬曆三十五年進士。授行人，遷文選主事，嚴重持大體，人無敢干以私者。天啟時，魏璫擅政，退處南京太嘗閒局。威宗即位，晋太僕卿。遼東督師袁崇煥以關外缺馬，請於兩京州縣寄養馬内折給三千匹，買之西邊各市。國鼎言：「祖宗設立馬政，專爲國營騎操，防護都城，原非爲邊鎮也。後來折色，無事則易馬輸銀，有事則出銀市馬，仍是備禦京師之意。今折色銀多給各鎮，如并俵馬盡折，萬一變生不測，奈何？」上是其言，不從崇煥之請。入侍經筵。邊事急，國鼎職調馬。故事，須候部牒。國鼎聞即便宜馳檄，以是馬不資敵而軍威克振。時司馬、司空騈首戮，惟畢自嚴與國鼎議優叙，擢刑部右侍郎署部事。易應昌以忤旨逮，上意必死之，力救得減論。是時黴寬弛，法網密，國鼎不爲矯拂，而陰以寬大濟之，諸大獄多平反。未幾，以母老乞歸。

十載，起南京吏部尚書兼攝兵部，加太子少保，主計典，激揚清濁。有族人子同指揮因緣爲奸，廉狀，立寘之法，諸弁股栗，以故吏、兵兩計，南人士翕然稱之，奏上悉報可。其他如振官方、黴貪玩、衛陵寢、振災荒、薦起廢、請修省諸疏，具見忠藎。上諗國鼎清慎，方將大用，會有齮齕之者，乃以疾請致仕。

國鼎姿度端凝，德量寬厚，居官日少，養親日多，先後乞歸者三，世皆高其亮節。清兵陷江西。隆武二年起兵，被執追餉，掠不食死。揭重熙疏陳：「百折不屈，視死如歸，請優卹。」永曆時，贈東閣大學士，謚忠愍。

子斯邵，字宜闇，任中書舍人；斯皇，字宜振，弘光元年恩貢，任中書舍人，力學稽古，皆爲僧。斯邵子大礽，字允恒，入清不應貢，種菜孔坊。又國鼎僕王進，南豐人。國鼎當魏忠賢用事，欲往援請，沮之不從，遂乞行。中途火其書，不果通。歲餘，忠賢敗，國鼎得大用。及兵敗同執，大呼曰：「太宰受國恩，富貴極矣，且年高，死則死耳。」放聲長號。清帥怒，支解之，先國鼎死。

李長庚，字酉卿，麻城人。萬曆二十三年進士。授户部主事，累擢江西布政使，所在勵清操。入爲順天府尹，改副都御史巡撫山東，勤荒政，平武定寇盜，民賴以甦。

四十六年，遼東用兵，議行登萊海運，長庚詳言所歷島口及陸行剥運遠近，部議行之。明年，特設户部侍郎一人兼僉都御史督遼餉，駐天津，以長庚任之。奏行造淮船、通津路、議牛車、酌海運、截幫運、議錢法、設按臣、開事例、嚴海防九事，又請留金花、行改折、借税課以濟軍國急，不見聽。時諸事創始，百務坌集，長庚悉辦治。

天啟二年，遷南京刑部尚書，就移户部。明年，調户部，以憂歸。崇禎初，起工部，已代閔洪學爲吏部。中官王坤與修撰陳于泰相詆，侵及周延儒。長庚率同列上言：「陛下博覽古今，曾見内臣參論輔臣者乎？」上不懌。又與温體仁不合。再推郎中王茂學爲知府，忤旨，斥爲民。家居十年，國亡，白衣不入城市。久之卒。

時武、漢、黄、承遺臣：

江夏則桂文瀚，字嗣宗，諸生。楚府儀賓，世孫師之。張獻忠至，其父被執，力負之出，受巨創。入清讀書談道終。

陳述知，字穉彭，選貢。九江推官致仕，奉母隱青山。

武昌則曹若參，字漢臣，天啟四年舉於鄉。授户部陝西司主事，督餉保定。寇至，籌兵餉，士馬騰飽。乞歸卒。

孟道翼，字高是，太僕卿習孔子。歷兩淮運判、光禄正歸。捐資拒寇，孝友好振，崇禎十五年詔旌其門。放廢終。

孟道弘，字能儒，歲貢。歷寧國、袁州通判，西安同知，三原知縣，有惠愛。監紀秦軍，陳良訓薦陞闗南僉事。林居三十餘年卒，年八十四。

熊正南，字乾先，恩貢。官大名知縣。歲飢捐俸，多振活。憂歸。清起不應。

鄔明昌，字峒庵，崇禎十年進士。官錢塘知縣。清迭薦，固辭。

嘉魚則尹奇逢，字辰諸，崇禎四年進士。歷德化、茂名知縣，户部主事，濟南知府，山東僉事，爲政精明。清起督兩廣軍，不赴。

蒲圻則李軫，字君翼，天啟七年舉於鄉。歷清平教諭、國子助教、户部主事。崇禎九年，清兵入塞，運六倉糧。病歸，家居十四年卒，年七十六。子應謙，崇禎六年舉於鄉。歷神木知縣、崖州知州，卒年八十三。

興國則馮之圖，字書先，崇禎七年進士。授户部主事，署郎中。察新餉司弊收之，中飽者斂跡。通惠水涸，漕舟不前，躬詣津督之。上書名於屏。出爲漳南參議，撫武清山寇。坐事謫歸，平大平山亂。數薦不起，卒年八十七。

張令聞，字譽公，崇禎九年舉於鄉。歷孝感教諭、珙縣知縣。隱三十年卒，年九十三。

漢川則張桓，字維元，天啟元年舉於鄉。鹽城知縣致仕。入山四十年卒。

鍾祥則劉彦，字心蓼，天啟五年進士。太倉知州，刑部員外郎，泉州、廬州知府。隱卒，年八十二。

黄岡則詹謹之，字仲庸，崇禎九年舉於鄉。官濟南推官，力卻鹽引、岳廟陋規。疾歸杜門。

易士龍，字雲間，崇禎三年舉於鄉。官大昌知縣，兩拒寇全城。調宿嵩，歸卒，年八十四。

韋克濟，字孝丑，崇禎十年進士。官南安知縣，誠格巨猾。憂歸，躬耕武昌卒。

麻城則傅學禹，字大夏，崇禎十六年進士，改庶吉士。歸隱平越。

王山玉，崇禎十二年舉於鄉。官四川鹽茶副使，隱渠縣。

黃安則吳采，字君素，歲貢。博學強記。自通山教諭遷成都通判，道梗歸。

吴光龍，字荀長，選貢。官廬江知縣，歸卒，年七十九。

張鵬翔，字拱北，諸生。官隆德知縣，平黨人之變不株蔓。晚講尚書璧山。

蘄水則黃正色，字美中，崇禎九年舉於鄉。授蕪湖知縣，廉明有聲。以兄耳鼎在南臺免。

清薦遺逸，力辭。

蘄州則王珙，字長石，萬曆四十七年進士。以御史巡按蘇嵩，歷太嘗少卿、太僕卿，坐逆案爲民。國亡入山。

李猶龍，字又聃，選貢。官石屏知州。普名聲亂，土人應之，立斬以徇，固守不下。

方舟，字人濟，恩貢。官嘉善知縣，愷悌慈祥。致仕力學，卒年八十二。

黄梅則李芬，字應秋，諸生。官荆府長史，賜田百畝不受。建寨龍頭山。

傅淑訓，字啟昧，孝感人。萬曆三十二年進士。授濮州知州。州故巨盜藪，盗怙勢姻莫敢詰，以計禽之，抵於法，境内以安。調澤州，遷工部員外郎，憂歸。起虞衡郎中，出爲平陽知府。府故煩劇，簿書多，清敏無留牘。會大旱蝗，條救荒十議，活人無算。三年大治，卓異第一。陞山西驛傳副使，改督學，轉商雒參政，病歸。起徽安副使。入爲太僕少卿。以楊漣親家削籍。威宗即位，起順天府尹，歷通政使，侍經筵，晋户部左侍郎。請終養，三疏乃允。再起督南、北直勦餉，建行臺池州，以母憂歸。服闋，起右都御史、兵部左侍郎，擢户部尚書。時羽檄旁午，帑藏空虚，軍且脱巾呼癸。上不悦，罷去。隆武元年十一月降清。永曆十二年卒。

子如金，任太僕丞。

邑人沈宜，字大悟，侍郎維炳子。選貢。官推官。名著貞通社。

時荆、襄遺臣：

江陵則雷叔聞，字實先，萬曆十六年舉於鄉。歷灌縣、成都知縣，强壯蠭厲。累陞成都推官、景東同知歸。城陷，執至襄陽，以老放歸。

鄔萃，字孝徵。父應世，字用尊，廩生。以易教授。萃，歲貢。與史可法齊名。官新安訓導，爲僧。

監利則戴義，字馭長，選貢。歷遼州同知、光禄丞。隱南京。

劉在朝，字長孺，天啟五年進士。歷福清知縣，户部主事、員外郎，保定知府。城守有功，遷易州副使歸。

潘世標，字翰鹿，副貢。官資縣知縣，力守全城。歸里講學。

宜都則劉漢，字文石。天啟五年進士，歷户部主事、太原知府、山西驛傳副使，調寧武，以清慎稱。乞休養母。清迭召不出。女歸諸生徐繹，清兵至，經死。繹先死國變。

光化則危思謙，字六吉，副貢。歷德安教諭、新安知縣。舉廉能第一，遷祁州知州。張塌天衆數萬至，血戰五晝夜，州得全。擢僉事致仕，隱南京攝山終。

均州則朱錦標，字連璧，選貢。授耒陽訓導，不受官歸。

馮英，字美中，寧晋人。萬曆三十五年進士。授南鄭知縣，釐吏蠹奸豪。遷陝西道御史，巡按蘇嵩，大潦，發米平糶。視陝西茶馬，陞太僕少卿，憂歸。起光禄丞，轉卿，晋刑部右侍郎，改左，擢尚書，空二年積案，上恤刑八議。廠衛用事，羅織下部，力持不可。於鄭鄤事，云無證不可。温體仁銜之，激上怒，戍代州。惠世揚、徐石麒先後請，不允。劉宗周諫，不日而繫三大臣，國體可惜，蓋一爲英云。北京凶問，疾作。崇禎十七年七月六日卒。

英昂頯隆準，揚休山立，望若神明。敦厚不立崖岸，世推長者。

子道隆，字起陽，諸生。任都察簡較，歷後府都事、南京中府經歷、刑部湖廣司郎中。侍父不仕，永曆四年卒。

胡應台，字徵吉，瀏陽人。萬曆二十六年進士。授中書舍人，歷兵部員外郎、吏科給事中，巡視皇城四門，改兵科。直言忤旨，出爲湖東參議，江西督學副使，陞通政右參議、太僕少卿，以僉都御史巡撫應天，執法嚴明。尋以兵部右侍郎總督兩廣。遼事急，以西洋大礮、夷目等送京師。白漕滋事，傷代巡，單騎撫定。召南京刑部尚書，忤璫削籍。崇禎初，起南京兵部，改刑部。以議易應昌獄忤旨，減秩。又乞宥錢龍錫。時法令繳急，諸奄羅織。持成法力爭，多平反。周奎子鏡爲錦衣指揮，家人殺人，吏不敢問，民撾登聞鼓。事下刑部，論抵。上怒，問主者。應台奏：「臣主筆。不敢以戚畹骫法取容。」疏上依擬。中宮怨之，鐫級，遂迭疏乞請終養歸。後再起户部，值北京陷，未及赴，憤惋成疾，無何卒，年七十一。

子伯玉，任安順知府。

時湖湘遺臣可紀者：

長沙則廖國遴，字孟符，崇禎十年進士。授揚州推官。中官楊顯名至，不爲禮，列糾其不法事。調保定，修城治兵。遷户科給事中，疏薦劉宗周、鄭三俊、熊開元，後連下獄。北京亡，歸。李定國至，責其誤公懷私，遇害死。

左瑛，字小瑜，天啟四年舉於鄉。授和州知州，兵後有撫字勞，在任八年。遷揚州同知致仕，隱居和州。

善化則黄學謙，字又謙，副貢。官興平知縣歸，教授鄉里。張獻忠迫官，不應卒，年九十。弟學和，字二調，副貢。官瀏陽教諭。

攸縣則蔡承掄，字輸白，副貢。授合州判官，在任二十年，廉介，摘伏如神。遷京衛經歷。卒年九十。

胡乘龍，字開雲，南藩户掾。奉使川湖，過岳州，爲獻忠所執，不受官，刃傷七日，不屈免。

茶陵則陳有爲，字五如，崇禎六年舉於鄉。靖安知縣致仕。卒年九十。

澧州則胡澥，字練海，天啟二年進士。授行人，遷江西道御史，忤周延儒，改儀制主事，陞主客郎中，出爲河南督學副使。周王辱無辜諸生，與忤，劾戍興隆衛二十餘年。迭召不出。永曆九年卒，年七十六。

武陵則梅鼒早，字祥伯，天長知縣致仕。城居，瘞屍振卹。龍人儼，字孝若，太嘗卿膺子。選貢。官汧陽知縣。隱沔陽，爲性命之學，從遊者甚衆。卒年七十三。

衡陽則吴國瑞，副貢。歷徽州通判、祁門知縣，忤上官，謫福建布政理問，調陝西按察簡較，署醴泉、岐山歸。獻忠迫官，不受。

黄充，字雨華，歲貢。歷寧州訓導、襄陽教授。寇至，登陴拒守。歸，定臨武礦徒亂，日講理學，門墻稱盛。

邵陽則劉永發，掾吏。崇德丞致仕。卒年九十一。

新化則柯日新，字銘吾，歲貢。歷道州訓導、平南教諭、太平教授，乞休。卒年九十八。

武岡則鄧祥麟，字玉書，岷府長史。弟祥鳳，字子威。皆工詩畫，隱鵝峯。

新寧則李登選，字元台，選貢。歷甌寧主簿、大興丞。母老乞歸，卒年七十二。

桂陽則桂居敬，字可南，歲貢，嵩滋訓導攝知縣，死守拒寇。憂歸，卒年九十。

黄汝良，字名起，晋江人。萬曆十四年進士，改庶吉士，授編修。册封趙王，贈遺無所受。累轉國子司業，疏請罷中官督礦稅。監丞胡汝焕棼惄，劾之。有監生爲巨璫愛姪，無狀。欲按之，挾巨璫書至。曰：「國學四方觀型，司業無與中官通書例。」責如法，以原函謝之。會太白晝見，地震山崩，疏請修省，並責政府言路。遷諭德、東宮日講、祭酒、少詹事，知貢舉。陞禮部右侍郎，教習庶吉士。念母老乞終養，不許。總裁三十五年會試。事竣，復乞歸。疏九上，慰留，而母訃至。歸，杜門十七年。

熹宗立，起南京禮部右侍郎，改吏部在侍郎，纂實録。辭，不許。既至，條上十策，大要在嚴明振飭，復祖宗立法之意。當事忌之，出爲南京禮部尚書，乞歸。復起禮部，掌詹事，總裁實録。力辭，不允。時璫燄方熾，汝良長揖外，不交一語。三案之獄，持論侃侃，力保善類，璫益銜之，乃堅乞骸骨歸。

威宗即位，首陳申大義、核信史一疏，謂：「三案諸臣楊漣、左光斗、袁化中、高攀龍、孫慎行等宜加贈卹拔擢，要典諸書亟宜火之。」奏入，上如所請。加太子太傅，以原官用。陛見，即陳時務八要，歸重於卹民、懲墨、節財、練兵，皆嘉納。臺省吴執御、王績燦、吴彦芳等以言事下獄，力言「法令煩苛，犴狴填滿，致干天和」，詞甚切直。時會推閣臣，汝良已在首列，竟以此疏中止。

會有旨：「取士先德行，教官不得衰庸充數，特拔一二潛修積學者以示風勵。科道不必考選，館員須先歷推知。」令廷臣集議。汝良疏言：「德行在平時培養，若祇憑保薦，漢之孝廉賢良，魏晉九品中正，豈盡得人？國家既有甲乙科，其廣文一席，稍留餘地，以待白首窮經之人，未可以衰老槩置。三老五更，豈必年少？科道當核官評，加咨訪，考試實屬具文。惟庶嘗原期博覽古今，練習經濟，推知吏事殷煩，何能精心誦讀？請仍舊章。」不聽。八疏乞休，馳驛歸。十五年，特旨存問。

汝良歷仕幾五十年，位列清班，凡關宗社大計，知無不言，忠愛之忱，始終不替。歸家不問時事，足不入城市。北京亡後卒，年九十三。子慶星、慶華、慶貞，事別見。

莊欽鄰，字寅卿，晉江人。萬曆二十九年進士。授饒州推官，調衢州，擊捕豪猾胥吏，按獄虛公持平，爰書皆成鐵案。遷兵部主事，上十大可憂疏，切中軍國大計。歷文選郎中，以落夏嘉遇考選，被擠歸。

天啟五年，起故官。值魏忠賢勢張，不爲屈。崔呈秀、霍維華欲以恩倖，躐加二級，不肯破例以徇，力爭。又裁璫之厮役冒濫門功者七十餘人。卻首輔顧秉謙，太宰李宗延，科道李恒茂、石三畏請託。忠賢甚之。及陞太嘗少卿，遂嗾所善劾之削籍。

崇禎初，起應天府丞，轉通政。有山東狂生叩閽疏事，云：「臨清宜城，遏流氛；左通政寢不以聞，及當事失守被逮，撫按賜死。」狂生復參論阻隔，波及右通政葛寅亮。欽鄰察案爲昭雪，得放還。改順天府尹，歷户部右、左侍郎。時度支仰屋，增派二十八萬。馳書撫藩，囑撙節以固根本。楊嗣昌奪情守制，黄道周參糾之，忤旨下獄。與范景文合疏救，坐罰俸。擢南京右都御史掌院。會廷推吏部尚書，三辭不允。未幾，以母老歸，終制不出。卒年八十八。

王祚遠，字無近，普安人。萬曆四十一年進士。授南溪知縣，改庶吉士簡討。四十七年，分較會試，所得如孔貞運、姚希孟、丁乾學，皆名士。熹宗立，纂修實録兼制誥，遷右贊善日講，轉左諭德兼侍講。典天啟四年順天鄉試，拔周鳳翔、金聲等。累陞祭酒、詹事、翰林學士、禮部右侍郎。媪瑺用事，以中立得久任。威宗即位，調吏部，署尚書。時考定逆案，多所釐剔。又時相屬入一邊帥罪，察其冤，議革。朝廷詰責輕縱，曰：「臣部止有革職之條。若問罪，自有法司。」上猶怒，他相爲之申救，乃免。移疾歸，爲香雪居，以任衃爲事。清起，以疾篤力辭。年七十，終於家。子懌，自有傳。

同時謝上選，字文若，新貴人。萬曆四十七年進士，歷吏部郎中、廣東參議參政，調易州，以清惠稱。歸里久之卒。

白貽清，字希賢，武進人。萬曆四十七年進士。以户部郎督餉山海關，歷彰德知府、西寧副使、榆林參政，監杜文焕軍。寇自府谷圍孤山，命將殷體性援之，斬目金務希等百級。寇去。崇禎五年，以僉都御史巡撫甘肅。火落以三千騎犯塞，總兵許甲敗殆，貽清雪夜邀之，先後有水泉、三條溝、張義堡、紅溝、青嵩、南樂、水磨川七捷，殄滅殆盡。七年二月，以冒濫京堂免。尋命以户部右侍郎總督倉場，簡任所司，務攬大綱。擢工部尚書，致仕。十七年十二月，起户部，加太子太保。未赴卒。

同時嘗屬遺臣可紀者：

武進則鄒忠胤，字肇敏，萬曆四十一年進士。歷錢塘知縣、兵部主事，累擢福建參議，平劉香。轉九江副使。當事欲侈城鑿功，忠胤曰：「守在人，不專在地，徒妨農事無益。」因忤當事，投劾歸，窮研經學。弘光元年病，不藥卒，遺命以故衣冠殮。

薛寀，字諧正，崇禎四年進士。歷武學教授，國子助教，南京刑部主事、郎中。出爲開封知府，釐兵餉，立外城。寇至，力守得全，治行推河南第一。以忤熊文燦歸，爲僧名米，字堆山。

宜興則吴正己，字輿則，萬曆四十三年舉於鄉。授蒙城教諭，入爲國子學録。以户部員外郎督餉良、涿，出入矢石濟軍。管太倉，時其收放，解户便之，餘米三千五百石、豆二百五十石，封貯於倉。調管崇文門稅，剔蠹寬商，一介不染。陞鄖襄僉事，乞歸。卒年七十一。弟正心，事別見。

毛之儁，字伯元。萬曆三十七年舉於鄉。授宿嵩教諭。寇至被斫，死而復甦。累遷國子學正、户部主事。出爲臨江知府，修城浚隍，練兵籌餉。陞荆南僉事，歸。布衣蔬食，數十年不入城市。卒年九十三。

徐申懋，字元芳，天啟二年進士。授工部主事，忤魏忠賢謫。久之，自分水知縣入爲郎中。再出，陞成都知府。中道聞北變，自經獲救，歸里抑抑卒。

萬德鵬，字翀甫，萬曆中舉於鄉。興寧、連江知縣，遷平陽同知致仕。永曆元年卒。

王行可，字見行，萬曆四十年舉於鄉。武平知縣致仕。入清杜門。

郭尚友，字善儒，濰縣人。萬曆二十九年進士。授咸寧知縣，遷禮部主事，累陞河南右、左布政使。以僉都御史巡撫保定，庭辱趙南星，笞其子，鍛鍊之。入爲户部右侍郎，轉右都御史。以尚書總督漕運、巡撫鳳陽，絶侵漁，裕國帑。崇禎初，坐建魏忠賢祠罷歸。捐金佐軍保鄉里。入清，與郭胤厚、朱國盛、曹思誠、王黠、李嵩同薦，以老疾辭免。

胤厚，字萬輿，曹州人。萬曆三十五年進士。授文安知縣，建隄防，憂歸。起郟縣，調雒陽。福王常洵初封，中使橫索侵民田，力挫其鋒。奸民師黄投充藩役，隨按里甲，寘於法。再以憂去。起西安，遷兵科給事中。馮從吾、鄒元標立首善書院，胤厚劾元標尤妄誕，元標遂去，忠賢始得志。歲餘，出爲湖廣副使，督餉沅州歸。再起太僕少卿，歷兵部右侍郎，加太子太保、户部尚書，殫心計算，足民裕國，著會計册爲法式。威宗立，以請給忠賢封爵、莊田、禄米，名麗逆案罷。崇禎十五年，土寇至，首倡力拒全城。北京亡後，清兵至，與劉濬源降清。

濬源，曹州人。崇禎十三年進士。官刑臺知縣，十七年拒守有功。

國盛，字敬韜，嵩江華亭人。萬曆三十八年進士，授工部主事。大工，省數十萬。治南河，捐金建露筋隄、淮安三城隄，浚清江、運河六十里。天啟中，遷山東漕儲參政，覈河工金歲萬七千兩，用之將作，不煩帑民財，成駱馬湖役。既去，歲費至千萬。歷按察使、布政使、太嘗卿、副都御史、工部尚書。以逆案罷。隆武二年卒。

思誠，字孕一，景州人。萬曆三十二年進士。歷文選郎中、太嘗少卿，疏請登、萊、津與海外之師三方並進。遷卿，疏糾内臣六人出鎮榆關事。累轉刑部右左侍郎，調吏部。天啟七年，晋左都御史、户部尚書，加太子太保。黨忠賢，建祠河間。威宗立，罷歸。北京亡後，靳牧賈元麟守城。

點，字肖曾，魏縣人。萬曆三十五年進士。歷鄒平知縣，户、兵部主事、員外郎，朔州大同副使，山西按察使，以僉都御史巡撫大同，選將練兵，察核虛冒，以不迎忠賢像罷。清起布政使。

嵩，字影石，棗强人。天啟二年進士。授翼城知縣，去苛徭。以御史巡按山西，晉陽、上黨、遼、沁間桀民肆掠，皆屏息。調甘肅，改上湖南僉事。劉新宇亂，躬冒矢石，未期月，渠魁受首。桂王請久任。一意剿撫，斬九千八百餘級，俘三千許人，因就其地設嘉禾、新田二縣。陞湖廣布政使，晋太僕少卿。

傅永淳，字惺涵，靈壽人。天啟二年進士。授房縣知縣。巨寇趙邦興負隅洪砰山，永淳數騎入穴諭之，降爲兵。其後平貴州亂，皆降兵力也。大興水利，灌田幾萬畝。調芮城，遷河南道御史。時三黨角立，各引宦寺爲助，永淳屢彈之，因積忤。延綏寇張，舉出按視，單車之任，李喬劾之。抵朝邑，寇數萬圍城，督兵民堅守七十餘日，大破之，寇入終南。

崇禎七年，陳奇瑜督三十萬衆專辦寇，率大兵入關。寇度棧，困車箱峽。值漢中霖雨二月，永淳謂奇瑜曰：「寇弩解刀銹，馬蹄穿，衣甲壞，此天亡時矣。」奇瑜曰：「俟雨晴，寇出棧耳。」永淳曰：「雨晴出棧，尚可剿乎？」奇瑜不聽。寇賂奇瑜撫，永淳曰：「寇數十萬，撫何安插，且未經大創革心耶！時機一去，天下事將不可爲。」不從。兵部尚書張鳳翼是奇瑜議，寇乃從容出棧，破鳳、隴、汧陽，不可制矣。永淳痛哭拜疏，劾奇瑜、鳳翼，請逮奇瑜置法。上大怒，逮奇瑜。

十二年，改京畿道，歷太僕卿、左通政、太嘗卿、兵部左侍郎。會左都御史闕，部疏名凡十三上，皆不用。上忽御勤政門，召諸大臣問都院職掌，永淳對曰：「左都乃朝廷耳目之司，四方綱紀之任，須清嚴自厲，不徇情，不受賄，解朋黨，禁貪墨，爲十三道御史倡，則官方正而民生安，民生安而盜賊息。」上大悦，立除左都御史。

又問：「盜多何以靖之？」曰：「不靖，皆督撫權輕，而監視内臣縱兵自肆，功罪不明。寇之所過，兵將繼以搜掠，繹騷殊甚，故兵將利有寇而不利無寇，本以剿寇而實益寇。必盡去監視内臣，專責督撫，以寇之有無爲功罪，毋聽其以出境爲功，以鄰爲壑。將領罪著者，即致之法，不必關會兵部，使錢神擅靈。庶兵將奮勇而寇不足平矣。」上是之，因撤内監。

明年，轉吏部尚書。疏辭，不允。上銓政十事。禮部主事吴昌時者，附宦官，於南黨中最稱傾險，見上向用永淳，輿金飾女六人，因大僚通，求改吏部。峻拒之，昌時憾。會薛國觀奏對侵廠衛，東廠王化民等偵其陰事，以中傷之，下府部議罪。議上，上怒其輕，敕鎮撫司嚴鞫證左。鎮撫承東廠意，悉實之。昌時嗾袁愷、黄雲師共劾永淳私國觀，故出其罪。

上又訪得密揭，云國觀當會議，先浼中書舍人王陛彦、典籍梁維樞謁冢臣，所以議輕。故事，冢宰置門簿，有專官司之，以記通謁者。夜漏下三鼓，上遣守衛至永淳家，取門簿覽之，無二人名；且夙知永淳，遂釋不問。是年十月，引疾歸。疏數上，乃許。

李自成破北京，痛哭攜家浮海島，久之歸里。永曆二十一年卒，年八十二。

子維橒，字培公，任中書舍人，以文名。

劉遵憲，字可權，大名人。萬曆三十二年進士。歷壽張、滋陽知縣，建汶、泗隄，九閱月而成。遷户部主事，改兵部，擢職方郎中。四十三年，出爲武德僉事，改西寧副使，大修屯田，捷書四奏。以憂歸。起冀北參議，轉山西按察、布政使。天啟二年，以僉都御史巡撫，移市於關外，邊人便之。五年，陞兵部右侍郎。魏忠賢從子良卿援世宗時故事，乞免考察。遵憲疏爭，忠賢嗛之。尋以邊功晋尚書，仍管侍郎事。疏乞侍養歸。崇禎三年，起工部，未赴。八年之官，都城戒嚴，守具責辦頃刻，不遑寢處者三月。以疾乞休，不許。九年，加太子少保，命築外城。時上責備嚴急，逮斥無虚日。遵憲曰：「時正須才，豈可過爲摧折。」故於諸司屬曲爲護持。性恬介，退朝則兀坐小室啜茗，門無車馬，以是攖熱中者忌，遂堅卧不起。章十餘上，乃許歸。時閣部大臣以罪去者七十餘人，而遵憲獨以清端受知免。北京亡後卒。

張伯鯨，字繩海，江都人。萬曆四十四年進士。歷會稽、歸安、鄞縣、盧氏知縣，遷户部主事。出督延、寧二鎮軍儲。自黄甫川西抵寧夏千二百里，不產五穀，賀蘭山沿黄河漢、唐二渠，東抵花馬池，皆沃土而荒蕪甚。伯鯨疏陳其狀，爲通商惠工，轉粟麥，倣邊商中鹽意，立官市法以招之，軍民稱便。

延綏兵起，擢榆林僉事，擊破賀思賢，斬一座城等，敗套寇長樂堡。陳奇瑜上其功。陞參政。崇禎七年，以僉都御史巡撫，破插漢部及套寇。明年，以事罷。

十一年，起户部右侍郎，駐襄陽理兵餉。初，楊嗣昌增剿餉，期一年而止。後餉盡而寇未平，詔徵其半。伯鯨請全徵。尋坐餉不至貶秩。

十五年，調兵部左，行尚書事，召對萬歲山。步行中寒，足疾作，伏地不能起。上命中官扶出，遂乞休。

安宗立，家居。聞馬阮亂政，抵几曰：「天下事不可爲矣，徒令先帝怪我久遲不死耳。」揚州受圍，率故標遊擊龔堯臣與當事分城而守。城陷，冠服端坐，大呼曰：「張尚書今日明白死虜。」虜或嗤曰：「爾獨愛死耶？」伯鯨怒，突前奪其佩刀自刎。妻韓、子婦郝俱從殉。

堯臣被執不屈死。

子雅度，字介子，諸生。任錦衣指揮。方謁選南京，故不死。後以志節稱。

馮元飂，字爾賡，慈谿人。南京太僕少卿若愚子，崇禎元年進士。授都水主事。中官張彝憲總理户、工二部，抗疏謂内臣當别立公署，不當據二部堂，請告歸。起禮部，歷員外郎、郎中，蘇嵩參議，捕太湖盜，置唐世濟族人於法。陸文聲訐張溥、張采倡復社，元飂力救之，謫山東鹽運判官。再起天津副使，以僉都御史巡撫其地。清兵攻城，率曹友義臨河爲營，兵不敢逼。

十七年春，李自成日逼，留漕舟三百、勁卒千人直沽口，命子愷章密疏，抵通郊，候駕旦夕南幸。愷章與標官陳萬里至京，當事泥之，飲泣歸。四日而京師陷，聚將士泣血誓勿貳。而兵道原毓宗已内畔，劫迎自成，不屈，繇海道脱身南歸。

弟元飈，字爾韜，天啟二年進士。繇澄海、揭陽知縣入爲户科給事中，疏論中官出鎮之非，歷詆周延儒、劉宇烈、王應熊、温體仁，薦姚希孟、趙東曦，乞假歸。崇禎八年春還朝，上言政本。歷禮科、刑科，請宥部囚。詔簡東宫講官，諭德黄道周爲大學士張至發所抑，疏詆之。繇户科都給事中擢太常少卿，改南京太僕卿，陞通政使。十五年，入爲兵科右侍郎，轉左。十六年五月，遷尚書。孫傳庭治兵關中，廷臣多主速戰，元飈謂宜致寇而不宜致於寇，於上前爭之，曰：「請下臣獄，俟戰而勝，斬臣謝之。」貽書傳庭戒毋輕鬭，白廣恩、高傑不可任。已而傳庭果敗。元飈知事不可爲，以病乞休，薦李邦華、史可法自代。上不用，而用張縉彥，京城遂不守。

元颺、元飈同年鄉舉，齊名，世稱「二馮」，立朝並著直聲，上刑威御下，內而樞部，外而疆臣，多被罪，惟元颺、元飈以恩遇終。元颺智而譎。初疏詆延儒，延儒既相而復善之。熊開元欲盡發延儒罪，元颺沮之，開元遂獲重譴，論者以此少之。弘光時，元颺、元飈相繼卒。元飈贈柱國、太子太保。

元颺子愷章，字芾皇，監國魯王賜進士，授行人；愷琦，字仛相，工詩，縞素完髮，隱小漁山。

元飈子愷愈，字道濟，任錦衣都指揮僉事、中書舍人。

商周祚，字明兼，會稽人。萬曆二十九年進士。授邵武知縣，善決疑獄，邑無冤民。火及狴犴，無一去者，曰：「寧死於火，不忍負令君。」遷戶科給事中，追庚戌場弊，疏劾秩宗，奏減親王田土，力爭河東鹽地。三王婚禮，劾諸璫冒破物料，阻撓大典，且逆折浙稅監之織造，禁御馬監之鹽稅。梃擊之變，請禁革内市，增設侍衛。條陳懇款，保護東宮，以感動聖聽。邊餉急，復補牘發帑三十萬分濟九邊。陞太僕少卿。與東林爲難，有浙黨之目。

泰昌元年十二月，以僉都御史巡撫福建，禽斬黄育一、林大吼諸奸。福建故無紅毛夷，萬曆中始來求市。已與澳夷鬨，不勝。天啟初，奸民潘秀、賈大泥引據澎湖。舟高大如山，礮一發二十里。酋曰高文律，命舌人來請互市如濠鏡澳，不且騷而疆。周祚乃嚴接濟，飭兵爲備，於是徐一鳴與戰銅山中左所，高登龍亦拮据防禦，多斬獲，夷始求款。以忤葉向高調用。

歸五年，起兵部右侍郎總督兩廣。大藤胡扶紀、莫敬龍亂，兩廣震動。剿撫互用，禽扶紀，降敬龍，百年逋寇一旦蕩平。至八排諸瑶負固者，禽斬謝龍崖，餘黨解散，粤土盡定。時魏忠賢擅横，稱頌徧天下，周祚毅然獨立，叙功皆不及。已以崔呈秀首薦，擢南京工部尚書。有議建祠者，以危言動之，執不可，故時閩、粤無生祠。然諸璫乘權肆惡，有織造未就，遽催給價者，周祚具疏糾之，並議裁抑，諸璫氣奪。

威宗立，改兵部，以母老歸。十年，起左都御史掌院。上責成巡方四事，又請申明憲職，召孫傳庭於陜出潼關，移山東巡撫顔繼祖守德州。調吏部，議黄道周降調，忤楊嗣昌。周之夔訐奏張溥，苛求復社，幾起大獄，周祚力持公議，乃得解。卒以會推坐瞻徇溺職削籍，繇此負清望。

安宗即位，復官存問。杭州陷，貝勒博雒聘周祚。江東兵起，鄭遵謙招與議事。紹興亡，與汪慶百先後卒。

慶百，字元履，開化人。萬曆三十八年進士。官禮科給事中，强直不阿，疏攻紅丸。忠賢專政，乞休。威宗立，起太嘗卿，累擢南京工部尚書，予告。清端中正，不傍門户，倪元璐重之。隱居桂巖，清召不出。

族人康百，字元熙，選貢。歷楚府審理、福建參軍歸。卒年九十四。

姜逢玄，字仲訒，餘姚人。萬曆三十一年進士，改庶吉士。授簡討，累遷中允、國子司業。時神宗静攝弛政，上疏請綜覈名實。歷少詹事、經筵，進講得大體，左都御史趙南星於班行中嘆服之，自是宵人目謂樹黨。天啟二年，會試周考。掌科惠世楊得一佳卷，將繕榜，知爲所糾士也，欲乙之。逢玄曰：「向疑其有弊而糾之，今賞其文而薦之，益見大公，何疑乎？」世楊善之。

魏忠賢專政，纂三朝要典，命爲副總裁。閲章奏，見邪正分途，每閣筆而嘆。忠賢聞，曰：「吾固知其黨人也，今敢抗時以賈直耶？」即令閒住。

威宗立，起詹事、禮部右侍郎。上急綜核，大臣多以罪下請室。逢玄進講，至「帝德罔愆」，言：「天道風霜少，雨露多。」上默然，是日旨從末減。司寇胡應台以爲仁人之言，其利溥。累陞尚書兼翰林學士，加太子太保，與枚卜者九。尋乞歸。

杭州陷，貝勒博雒聘逢玄。未幾卒。

子天樞，字紫環，副貢。任都察簡較，歷工部主事、郎中。督視北河，疏濬通漕，請設衛河專官。忤巡按，誣下獄，罷歸，卅年乃卒，年七十五。天樞子希轍，字二濱，崇禎十五年舉於鄉。

弟廷枚，字鼎卿，諸生。監紀推官、職方主事。廷幹，字綺雲，詹事録事，隱。

胡世賞，字存蓼，合州人。萬曆二十九年進士。歷禮部主事，户部員外郎、郎中。出爲荆州知府，上下江防參議、參政，浙江左布政使。陞太僕、太嘗卿，工部右侍郎。楊漣劾魏忠賢，世賞亦上疏極論，忤指歸。忠賢敗，起刑部左侍郎，調吏部，未任。清兵薄京師，獄囚百七十人破械出，論罪下獄。以文震孟言，贖戍爲民。崇禎末，再起户部，擢工部尚書，歸。爲隄州城，五年而就。遇大亂，得令終，年七十七。

同時四川遺臣：

楊述程，字華毓，富順人。萬曆二十九年進士。天啟初，官登萊僉事，歷威清副使、貴州按察使。平奢崇明亂，陞陝西右布政使。威宗立，以僉都御史巡撫廣東，累擢兵部尚書。與鎮監忤，歸。張獻忠至，傾財招兵，被執不屈，大罵死，年七十四。

黄昌，字百遂，仁壽人。天啟二年進士。授江陵知縣，丈惠王田。遷南京山西道御史，劾温體仁、周延儒，罷歸。

楊齡昌，字紹鶴，内江人。任工部員外郎。獻忠至，執死。

楊世賞，字菊存，富順人。萬曆四十年舉於鄉。以監軍副使率鄉兵拒寇，中伏死。

聶明楷，劍州人。萬曆二十八年舉於鄉，官大同參政。清起山西右布政使。

楊聯芳，字瞻顔，西充人。天啟元年舉於鄉。歷隆平知縣、通州知州，不受例金。避兵彭水。

朱本源，遵義人。進士。蓬州知州致仕，隱合州。

王聘臣，字啟莘，西充人。天啟元年舉於鄉。惠州同知歸，詩酒自放。卒年八十五。

黎懷智，廣安人。家遵義。崇明亂，從朱燮元軍有功，歷大理經歷、黄岡知縣。爲僧禹門寺，名策眉，與内江僧丈雪同居。兄懷義，去諸生，漁樵。從子民忻，河池同知，有文行。國亡，廬墓不出。

劉之褒，字起淵，富順人。恩貢。授汧陽知縣，治城械，力守破寇，降劉哲、張妙手二十萬人。洪承疇、孫傳庭交薦。行取，道梗歸，與城守，成都亡後卒。

唐國英，茂州人。選貢。以婺源丞署知縣，爲政明敏，遭亂不歸。

劉應論，建始人。歲貢。歷岷州訓導、渠縣教諭，拒守完城。

彭明德，宜賓人。從燮元討崇明，復赤水四衛，授守備。京師戒嚴，請效力，縋城出，會四川勤王師。至江安，陞承天留守副使。崇禎十五年，李自成至，力戰被執免，隱蘄水。卒年九十一。

江騰龍，隆昌人。崇禎十三年武進士。以羽林左侍衛宣諭沐澄。時寇充斥，過年方至，助平貴州。以老乞休。隱三十餘年卒，年八十五。

陳必謙，字汝遜，嘗熟人。萬曆四十一年進士。授寶坻知縣，調輝縣，倣嘗平倉法，積穀萬石，歲大旱蝗，力振濬河，民多全活。遷山西道御史。魏忠賢用事，陳安攘六策，宵人側目，罷歸。威宗立，起河南道。時魏黨未盡伏辜，疏陳國家討賊之法宜嚴，梁夢環等相次治罪。當内計，激濁揚清，陳計事六條，以正紀綱爲主。巡按上江，累陞通政參議、太嘗少卿、光祿卿，以副都御史代玄默巡撫河南。

寇勢張，檄兵分道出戰，迭捷張家橋、神垕山、彭祖店。葉縣、沈丘寇潰，自引兵西；分兵守潁州、永城寇，自救靈寶，破之於朱陽山河底村。李自成出關，張獻忠、張胖子十餘萬攻雒陽。必謙率祖寬、左良玉救之，解圍，大破之九皐山屹料鎮。闖鄉寇入秦、楚，必謙以自成爲强寇，請敕督師總理鎮守文武先擊自成；盧象昇亦與戮力。會別部自陝攻雒，自成復窺歸、開，必謙督諸將迎擊之勝，西寇奪氣。度自成必西走，命諸將趨汝、雒。寇果西，夾攻，大破之；象昇敗寇裕州，必謙敗寇南陽杏花山，象昇嘆服。而鄖撫不同心，寇遂入楚。頃之，清兵犯畿輔，諸軍入衛，寇乘間趨南陽。必謙敗寇陝、葉、鄧、裕、淅川、舞陽。馬守應請降，中變，走楚，敗之棗陽，寇不復入河南。必謙在任一年有奇，日夕鞍馬，馳驅不避寒暑風雨。竟夕不寐。河南寇二三十萬，必謙兵四千餘，邊兵不二萬，以一擊十，親冒矢石，將士自奮，遂斬王國寧、胖子、張一川、闖世王，豫患少息。其後赦詔至，必謙知其詐，欲使渠面縛詣軍門。副總兵王進忠單騎入寇死，必謙竟以此罷。

必謙廉正，上嘗書天下清官四人於屏，首文震孟，次即必謙，又次劉宗周、黄道周。久之，以工部左侍郎召，監修永陵。十七年晉尚書，疏薦史可法可大任。北京亡，被掠，脱歸南京。詔逮之，未至而卒。

吴履中，字安止，金壇人。天啟五年進士。官河南道御史。温體仁以袁崇焕死，欲乘機立一逆督案，乘熱審殺數百人，連大老都千人，舉朝不敢攖其鋒。履中因大風之變，上天變示儆疏，體仁縮舌，一時全活無算。巡按真定，再劾體仁、王應熊及監視内官，言用體仁、楊嗣昌爲朝廷二失，上且爲所誤。上切責之；又劾總督范志完，直聲大震。轉大理丞。清兵窺天津，赴河西察戰守。度清兵來路静海、楊村諸口，埋地雷伏火，潛令人守之，戒敵至則發。志完爲浮橋渡河，恐導敵，力爭不聽。清兵遂紆道走。倪元璐罷，遽擢户部左侍郎，行尚書事。北京陷，與楊汝成、張維機、朱積、劉世芳被掠，入金銀不免。進揭祈哀，得釋。間道南歸，自理卒。

汝成，字元章，嵩江華亭人。天啟五年進士。自編修累官禮部左侍郎。

惟機，字晦中，晋江人。天啟五年進士，改庶吉士，授簡討。歷贊善、諭德、翰林侍讀。請止停内操，不報。典應天鄉試。目見淮、泗蝗蝻，揚州大水，上卹災固本疏。轉右庶子、詹事，陳選將、練兵、屯田諸疏。擢禮部右侍郎，兼翰林侍讀學士掌院事。北京陷，僕葉茂林力勸引決，不從，悲憤奪刀自刎死。汝成受刑辱。自成敗，南歸卒。惟機至南京，清召原官掌院。

積，字早服，嵩江華亭人。崇禎十六年進士，改庶吉士，授簡討。自成敗，歸卒。

世芳，膚施人。崇禎十三年進士，授簡討，與方以智間歸南京，終事不詳。

程啟南，字開之，武鄉人。萬曆二十九年進士。授襄陽推官，遷武選主事，疏上京營三可慮，宜汰濫冒，屏私人，簡將帥，如國初故制，上稱善。轉郎中，管理清黄，一準令甲，門無私謁。出爲濟南副使，平神通寺盜。歷參政山東按察使。天啟二年，舉天下卓異第一，陞右布政使，改左，戡徐鴻儒亂。入爲太常卿。魏忠賢當國，疏乞骸骨。疏云：「冰炭不共器。忠賢擅作威福，薰轑中外，乞申攘奪國枋罪棄市。進鄒元標等於侍從。臣即蒙禍，固所不辭。陛下當放臣還山，無使委命溝壑，終無所益。」即日歸。人爲啟南危，弗懼。

威宗立，起通政、工部左侍郎，代尚書。竭慮拮据，爲造皮兜鍪步盾火禽燧象什器咸備。内臣張彝憲總理户、工二部，扶服行參禮。啟南曰：「尚書祿比丞相，而彝憲擾之。往者忠賢枋用，乞骸骨，今何顔同官？」方具疏求退，會都御史缺，吏部以啟南名進。彝憲嗾阮震亨疏論啟南年七十，當致政。啟南杜門不視事，稱病乞休。凡十一疏，乃歸。

流寇百萬襲城西隅，曰：「事急矣，我家守此，諸君毋譁。守部譁則心不固，心不固則城危。」城火烟蔽空，不爲動，徐曰：「下自有救之者。」寇蠭涌，兵前窺來處，亟發數十礮，斃寇數千，引去。

北京亡，寇掠搢紳，責七萬金。啟南居廉，寇責無厭，欲投繯不死，械之西安。李自成勸官，曰：「忠賢時不仕，寇揣我何心，豈以吾畏死哉！」勿問。久之歸，永曆四年卒，年八十九。

子：嘉績，太學生。任太嘗主簿，累遷刑部雲南司郎中，平反苗思順案，出猛如虎於獄。震亨以墨敗，奉三百金爲壽，唾其面還之。歸而杜門。偉績，增生，出死力蔽啟南，願身代，卒脱難。

于仕廉，字振方，金壇人。萬曆十四年進士。授户部主事，歷郎中，督儲通州。州歲儲糧百餘萬石，城隘，拓其西爲新城。濬會通河，引水爲隍，舟運年省費數千金。二十三年，遷登萊副使。倭勢鴟張，上書巡撫尹應元修城郭，儲糧餉，增水兵，萊城以固。又請開膠萊河以通海運，尼不行，時論惜之。移固原參政，上邊防六講，邊備大整。以親疾乞養，家居十年。起台州副使，卓異，陞江西右布政使，轉廣西左布政使。條列荒政，貸司帑萬金糴米，賴全活者甚衆。安南犯上石、西州，築城受降，深壓敵境，屯兵扼衝，寇不敢犯。入爲南京太僕卿。天啟初，轉通政使，擢户部右侍郎，督南京糧儲，行尚書事。

先，朋黨盛行，從兄孔兼、從子玉立著名東林，仕廉獨不附。魏忠賢竊政，其黨爲天鑒録，列真心爲國不附東林者數十人，仕廉與焉，皆次第用。仕廉不肯攀援，屢求退。三年歸里。

崇禎四年，孔有德反登州，攻萊不可拔，七月圍解，以城固而甲仗火器備，仕廉力也。仕廉爲人耿介，所至清操皭然，負經濟才，而不慕榮利。林居二十餘年，貧不能舉火，撫按交薦不起。威宗凶問，日夜痛哭。安宗立，趙之龍疏薦户部尚書，未任，優詔存問。南京亡，薙髮令下，曰：「死耳，豈能毁遺體耶！」走先墓絶粒卒，年八十六。

子厚生，字載甫，任子，不仕。

時鎮江府屬遺臣：

丹徒則陳觀陽，字賓之，天啟五年進士。歷應天教授、國子助教、户部主事。京師戒嚴，發武庫，礮子皆泥丸，上震怒。抗疏宜專罪失察，不得株連疑似，上意亦解。守安定門，袁崇煥督師城下，夜有以大將令箭入陳機密者，曰：「詐也。」聲色俱厲，不爲動。天明，其人乃去。改吏部掌銓，人不可以私干。歸家十餘年乃卒。

阮天淵，字兑之，天啟元年舉於鄉。歷肇慶推官、台州知府，致仕。

張星煒，崇禎七年進士。湘鄉知縣，致仕。

王玨，字玉班，蘭州判官。廉明有吏才，撫按交薦。北京亡，歸。

丹陽則荆之琦，字璞巖，萬曆三十二年進士。授南京户部主事，歷員外郎、車駕郎中。疏劾沈一貫，謫兩淮運判。轉南京户部主事，榷北新關。改工部，司錢廠。時議毁泰昌錢，格不行，疏言：「行錢非裕鼓鑄足以虧孝思。」止之。出爲惠州知府。大計，謫開州知州。再入爲户部、兵部員外郎。外任口北僉事，調河北，有剿回功，擢武德副使。寇至，身先士卒，民賴以安。病歸。

金壇則吕兆龍，字霖生，崇禎十三年進士。授中書舍人。寇急，陳事切直。北京陷，南歸，謝絶人事卒。

曹宗璠，字汝珍，崇禎四年進士。歷黄巖、封丘知縣，左遷上林丞。後以鄭成功義師事連死。

李恢先，字蜚孟，崇禎元年進士。歷刑部主事、員外郎、郎中，廣州知府。劉香亂，守西海口。遷桂平副使。安南不貢五年，令士酋諭之，入貢如故。御史劉甲將入境，未謁，降建昌知府。張普薇亂，益王大恐，以兵屬之。力守寇去，斬普薇，上首功。中計歸。卒年八十七。

史惇，字子厚，崇禎十三年持用。歷户部山東司主事、員外郎，革雜費。出爲九江知府，戢左良玉兵歸。清召力辭。

史元調，字鼎如，崇禎四年進士。授江陵知縣，忤惠王罷。北京亡後卒。

常自裕，字君容，鄢陵人。萬曆四十七年進士。授安慶推官，明刑平反，恩威並著。時巡江閱操笞違令萬户，一軍皆譟，自裕正議危詞，衆乃慴服伏法。三王之國，大璫多索縴夫，虐使溺死，自裕詣王舟，力請寬減，並拒撤道旁民居之令。遷刑科給事中，時用法峻刻，上疏極言停是年秋決。孫必顯貪肆，上疏論列逮問。巡視京營，歷吏科、兵科，力言寇不可撫。陞都給事中，論東江兵不可撤，鞏華城宜備。在垣七年，章三百上。累擢南京太常少卿、卿，通政使，户部左侍郎，僉都御史，督理糧儲，正己率屬，廉操益勵，斥改折，杜冒支，旬月倉庾充盈，盡如歲額。入爲户部右侍郎督理錢法。以詹兆恒、袁愷疏論自裕，並及薛國觀，逮法司。

清多鐸陷南京，起故宫，辭疾歸。居鄉墅，不入城市卒。

子啟胤，字似之，歲貢。拒寇全城。北京亡，奉自裕南京。許定國降清，以淮徐道招之，不應。

棟隆，字無過，鄞縣人。萬曆四十七年進士，授漳州推官，凡大辟囚，輒咨嗟良久，爲之減等。署海澄餉務，商舶嘗例一無所受。商舶有遭風及罹盜者，則捐其餉。其家人航海來，羣盜詢知，皆曰：「此廉節推使也。」戒勿犯。遷職方主事歸。威宗立，起江西道御史，言重票擬、申公論、惜爵賞、嚴核實、愼言路、審機密六事。累擢吏部左侍郎，坐國觀黨爲民。弘光初，復官卒。

同時侍郎之隱遁者，李紹賢、莊祖誨。

紹賢，字印渚，蒲州人。天啟二年進士，改庶吉士，授編修。累遷禮部、户部右侍郎。崇禎十六年，引疾歸，不出。

祖誨，字汝格，華陽人。萬曆三十二年進士，官雲南布政使。崇禎十六年十二月，以户部左侍郎總督省直剿寇糧餉，歸。張獻忠破成都，一門死難。贈尚書。

毛士龍，字伯高，宜興人。萬曆四十一年進士。授杭州推官。遷刑科給事中，首劾姚宗文閲視乖張。楊漣去國，抗疏留之。天啟初，論三案，力言孫愼行、漣等功在社稷。李選侍移宮，内臣劉朝、田紹等以罪下獄論死。魏忠賢用事，與尚書黄克纘傳貸死，立釋。士龍憤，劾克纘骫法，不可爲大臣，繇是諸奄銜次骨。忠賢誣張后爲死囚孫二出，布流言，請究治妖言及主使逆徒；又劾順天丞邵輔忠。忠賢乃誘輔忠訐之，削籍。忠賢憾不已，入之汪文言獄詞，謂士龍納李三才賄三千，謀起南京吏部，下撫按提訊追贓，戍平陽衛，再下司逮治，乃遁至家，入太湖免。崇禎十四年，起漕儲副使，督蘇嵩糧。入爲太僕卿左僉都御史掌院事，謝病歸。國亡後，隱居卒。

賈毓祥，字四塞，平度人。萬曆三十八年進士。授太谷知縣，調安陽。遷陝西道御史。值熹宗初，疏請勤政，與臣下面議。邊事亟，條戰守無虚日，並劾失事經撫逮治之。巡按廣西，下車劾撫臣奇貪。安酋亂，南丹土官莫儁受其封，一時人情如沸。毓祥督兵禽之，立其弟伋，事乃定。忠賢扇虐，廷臣劾奄，不報。毓祥疏言：「皇上何不盡簡九卿科道單詞、合辭，召閹臣逐一問之，使天下知聖朝無不白不黑之事，無不歸不結之局。爲國體，非爲忠賢。」疏入，優詔答之。再按應天，發奸摘伏，風采稜稜。贖鍰二萬，盡付有司買穀振饑。告歸。崇禎改元，起左副都御史，以剛忤歸，然遇國事，未嘗自諉。孔有德反，與朱萬年城守。上疏乞師，不報。徐從治、萬年死，大兵始至。圍解，首捐資改建石城。清累徵，以老病辭。卒年九十二。子隴，任右軍都府都事。

劉廷諫，字咸仲，順天通州人。萬曆四十七年進士。授刑部主事，雪韓宗功數十人寃。遷吏部員外郎，忤魏忠賢罷。崇禎初，起故官。陳啟新請廢制科，罷行取，力言不可。楊嗣昌奪情，疏諫不納。時僉派經紀運糧，通民苦累，力請當事免之。十七年，陞僉都御史。國變後卒。

時順天、永平諸屬遺臣：

大興則顧夢麒，字龍川。自兵部吏授密縣典史，平反，多惠政。國變，大吏欲招之，不出。言先帝則泣下。

通州則李鍾秀，天啟七年舉於鄉。官岳州副使，致仕。

寶坻則鄧光復，字二密，天啟四年舉於鄉。官邠州知州歸。守城拒清兵。薦不應。

文安則何呈瑞，字易洲，天啟四年舉於鄉。授儀封知縣，力拒卻寇。遷信陽知州，時城已陷，乃回守開封。城陷歸。

高揚，天啟七年舉於鄉。歷建平、桐城知縣。隱水鄉終。

涿州則劉源汴，官鴻臚鳴贊，行遯。子德濆，太學生，拷死。

撫寧則翟淩雲，字崑瀛，選貢。授肥城知縣，以除奸功，遷兗州同知，浚河省帑四十五萬。爲忌者所誣，林居三十餘年卒。

王調元，字燮伯，萬曆四十六年舉於鄉。歷嵩縣教諭、臨朐知縣，調滕縣，嚴法治，止奸宄，以直忤罷，家居三十年。清起，力辭。卒年八十五。

山海衛則程繼賢，字敬庵，貢監。歷中書舍人、尚寶卿。以孝弟稱。國變不屈，掠幾死，走天津，後死於兵。

灤州則倫之楷，字百式，天啟五年進士。授臨潁知縣。薛成才糾衆攻城，以民兵固守年餘，夜出奇兵殲之。擢御史巡漕，禽大蠹，清漕政，一夕髮盡白。假歸。國變，居一室，以土填門，於穴中出納水火，人比之袁閎。

張汝賢，字景宣，天啟七年舉於鄉。授定陶知縣，當事立斷。渠李之茂入境，殲之。遷鞏昌同知，寇攻全城。歷臨洮知府、莊浪僉事，以勞乞休。卒年七十二。

宣府則張名世，將軍國柱子，任中書舍人。清薦不應。

懷安則張士弟，字兩樂，選貢。官米脂知縣，四載洊飢，盜寇充斥，力請蠲振，並上督勦、懸賞諸議。寇圍城，登陴諭以禍福，皆感泣去。未幾致仕。後李自成攻懷安，詢知士第里居，曰：「好官，不可犯也。」邑賴無恙。國變，黄冠草服，閉户著書終。

張三謨，字日葵，平定人。天啟二年進士。授行人。崇禎元年，遷福建道御史，首發李魯生之奸，尋論黨逆諸臣，略云：

今日羣下非他，即强半事魏忠賢、媚崔呈秀之流。晝伏之鼠忌明，靈場之鬼宜夜，其心固不欲世界光明也。此輩反復布置，必欲使楊、左不爲忠臣，鄒、趙盡爲邪黨。意原被忠賢厭薄斥去者，本屬黨類，可急引爲同調。至會題奏處者，可歸罪忠賢已耳。獨首被摧折之徒，皆彼合謀并力以攻之，而駟不及舌，言猶在耳。

諸臣若來，邪正難掩。不得不舉王安爲對案，借李三才爲葛藤。同市井之白賴，顧左右而言他。尚恐聖意猶疑，旁觀未厭，遂言澄汰已清，紛囂可禁。徒見其張皇太甚，愈增狼狽矣。夫自逆璫發難，雖名役使諸人，實諸人陰用逆黨，又各用之以報怨爭寵。今禁錮塗抹往日諸臣，索垢尋瘢，謂不可用，執一定之案，據相尋之轍，永忠於魏、崔，豈不悖哉！

又疏言：

君德無爲，臣道代終；罔知罔兼，君德所貴。皇上臨下以簡，御衆以寬，宜總其大指，以責成功，令閣臣盡心輔導，或有所失，言官不能執爭。事關一節，無干清議，惟當就事論事，固不得爲輕薄詆毀之言，以傷大臣之體。大臣亦不得因小言輒去，務秉虛公，以成休容之風。

上是之。巡按福建，憂歸。

七年，服闋，補故官。上目擊時艱一疏，責首輔溫體仁尤切。會冢宰缺，張捷舉呂純如，極論逆案不可翻，事得寢。八年，巡撫永保河。九年，掌河南道。詹爾選直言下獄，都察院議罪，三謨疏請停俸，忤旨，降行人。十一年，升光禄丞，尋轉大理丞。上罪司寇劉之鳳，欲置大辟，議當戍。上駁之，執議如初。上怒，鐫三級。十二年，晋少卿，改順天府，移大理卿，忤周延儒。十五年，與會推，延儒陰激上怒，削籍。廬墓。

李自成至，欲用爲相，以死力拒。清薦不出卒。

李世祺，字壽生，青浦人。天啟二年進士。授行人，崇禎初遷刑科給事中，陳：「大計之當定者二：曰兵食，曰民生。大弊之當釐者三：曰六曹在吏胥，曰邊吏在欺隱，曰貪墨在奢靡。」夏旱禱雨未應，進修省之説。上並納之。中官出鎮，疏言：「魏忠賢盜弄神器，賴聖天子翦除之，奈何躬蹈之？」不聽。尋以淫雨壞山陵、昌平地震，上言：「請撤回中官。並采公論以進退大臣，酌事情以衡量小臣，釋忌疑之根，開功名之路。庶天變可回，時艱可濟。」上怒，切責。七年，劾温體仁絶世之奸，大貪之尤；再糾大學士吴宗達、尚書張鳳翼溺職狀，謫福建按察簡較。久之，起行人副，累擢太僕卿。以遺祭魯王旋里。北京亡後，杜門隱卒。

時嵩屬遺臣：

華亭則姜雲龍，字神超，萬曆二十五年舉於鄉。授中書舍人，册封琉球。弘光元年修兩朝實録，累遷太僕少卿，卒。

單恂，字質生，崇禎十三年進士。授麻城知縣致仕。嵩江陷，隱白燕庵，不入城市。清

李森先以人才薦，不應。後以安昌王子事連嚴拷，與武進蔣曜及僧豁堂得脱。

上海則陸燧，字以時，萬曆三十八年進士。自涿州知州累擢滄州僉事，歸。

青浦則雷迅，字聖肅，萬曆三十四年舉於鄉。授夔州推官。值寇充斥，境内肅然。侍

養告歸。

徐世禎，字雲將，崇禎九年舉於鄉。叙州推官，致仕。

錢嘉泰，字茹侯，崇禎十二年舉於鄉。以侯官知縣致仕。清起不赴。

徐憲卿，字九亮，太倉人。萬曆四十一年進士。授行人，册封秦、益二王。泰昌元年，

遷南京工科給事中，掌計典。尋管京營軍務。天啟二年七月，疏言：

今通國所指，孰有如鴻臚寺丞李可灼之進藥而鼎湖隨泣。今且不必於嘗理之外，

揣可灼有鴆君父之心。即據樞臣會奏疏云：「閣部大臣皆言紅鉛性熱，恐聖體虚弱，

受不能補，可灼隨出成方證之也，何爲？及諸臣猶未敢以爲可進也，可灼入宫，即傳乳

和藥以進也，又何爲？」况是日先帝對諸臣言輔太子，擇壽宫，始欲少休，既而復召，言

復有倫有序，似乎未大漸也。胡爲乎夕飲藥而朝上昇乎？謂非此藥促之不可。臣觀素封主人，有庸醫謬投藥死，其童僕婦子尚欲批其頰、吐其面而市辱之，嗚於官，猶有誤律。今以幺麼小臣，妄希榮擢，過徼非望，視萬歲若孤注，而祇供其僥倖之私，真膽大包天矣。昔世宗朝，有方士胡大順者，妄製藥物，假於箕仙所造。上疑之，以問徐階，階力言其詐，且曰：「此輩無賴小人，輕進白鉛，意極叵測。」竟下獄論死。大順於世宗未有虧損而法猶如是，況藥誤投於至尊。效則可灼冒上賞，不效則先帝受實禍。此而不問，何以遏小人垂涎無忌憚之心？何以明君疾萬分當鄭重之意？或逮或遣，無再計者也。

四年，疏言：「駕帖之僉，北司之拷，非所以示天下公，宜以罪付法司。內外章奏，還內閣職掌，無使輔臣失職。」言皆侵權璫。已又特疏糾魏忠賢、客氏及其所用要人，奸黨側目。時緹騎四出，在籍者先後逮獄，或説以委蛇解禍，憲卿不爲動。河西陷没，山海瀕危，再疏陳八事。忠賢死，轉添注光禄少卿，擢南京太僕卿，以病歸。國變，時時慟哭。永曆二年卒，年八十二。

徐大儀，字象卿，貴溪人。天啟二年進士。授國子助教，歷刑部貴州司主事、員外郎，典貴州試，寧國知府、揚州鹽運使。鹽課多夙逋，立法置窩給引，鹽行課足。改淮海參政，忤上官，降蒼梧參議。以征瑤功，擢太僕卿。歸隱上清宫。國變後，不食死。

時南昌、瑞州、九江、南康、饒州、廣信遺臣：

南昌則熊汝學，字自福，授荆州工部廠官。隱施州。

蔡萊，字望彭，天啟元年舉於鄉。授福州同知，護僉事，善鎮撫，海寇不敢犯。引病歸。

豐城則史垂譽，字望之，崇禎十六年進士，改庶吉士。爲李自成執，瀕死免歸。清督撫薦，不出，家居以壽終。

游允達，字兼之，天啟四年舉於鄉。官獲鹿知縣。崇禎十六年，拒清全城。行取歸。

進賢則陳維謙，字仲含，萬曆三十四年舉於鄉。授刑部主事，以議鄭鄤獄輕，謫温州歸。貧死。

章文標，字憲卿，萬曆二十三年會試乙榜。歷龍泉知縣、晋寧知州，乞休。三十餘年卒。

朱世平，字可均，選貢。授廣寧知縣，剿劉香，遷霑益知州，忤上官，降黟縣知縣。以民截黔兵，忤馬士英歸。

高安則梁維新，字鍾石，崇禎三年舉於鄉，授遂寧知縣。中道聞北京亡，歸隱銅湖。

新昌則吳泰來，字履受，甘來弟，崇禎四年進士。歷太常博士，行人，冊封益王，拒餽金不受。累遷禮部主事、員外郎。出督閩學，未行而北京亡。甘來命歸侍母，遂不死。爲自成拷掠，間歸至家，母歿，大恨卒。遺命以緇衣斂。

德化則吳士魁，字聚之，歲貢。以浮梁訓導署知縣，輯兵安民，多才畧。數月乞歸。卒年八十。

漆園，字劍潭，崇禎七年進士。授福清知縣，平寇。歷寶坻、密雲，遷兵部主事歸。

彭澤則何九達，字行可，恩貢。官來安知縣，以清慎稱。卒年九十二。

星子則但宗皋，字陶村，天啟元年舉於鄉。官開化知縣。杜門。

安義則陳其誠，字獻赤，選貢。官行唐知縣，剛介不避權貴。歸課農桑。清徵不出。

鄱陽則史乘古，字爾力，選貢。授寧津知縣，力守全城。遷永平治中致仕。子簡，字文令，崇禎十二年舉於鄉，上饒教諭；白，字堅又，母姜殉難，爲室青湖不出，卒年七十七。子大壯，字止公，去舉業。

弋陽則汪心淵，字如愚，萬曆三十一年舉於鄉。授徐州知州。内外河決，極力捍隄，徐民賴之。徐鴻儒南犯，城守，卧起黄樓浹旬，又親至河上拘舟。及寇退，無舟，皆就殲。

興安則王嘉猷，字四侗。天啟四年舉於鄉。歷海康、大治知縣。親老乞休，不出。

李若愚，字知白，漢陽人。給事中宗魯子，萬曆四十七年進士。授温州推官。魏忠賢肆虐，矯旨逮楊、左，若愚擬上疏救，格不得入，謫嘗州教授。轉國子博士、刑部主事，奄黨忌之愈深。值江西積欠金花銀五十餘萬兩，羣奸嗾奄以付若愚督催，並限三月，欲借此殺之。若愚至江西，不差一役，祇以文移行催。各官感其誠，一月如數起解，崇禎元年報命。犒大同師，上九邊兵食冒帑疏。又因暵，陳言請誅許顯純等七錦衣。陞虞衡郎中，改營繕。抗疏論時政，悉嘉納行。三年，主考廣西鄉試。京師旱，下詔求言，疏陳建文年號宜復、廟謚宜補、遜國死難諸臣宜録，反復詳明，天下誦之。調武選，監武會試，告病歸。久之，張鳳翼薦起武選。出爲南瑞參政，講學澹臺祠；歲飢，發倉振濟，多善政。九年，以喪子解綬歸。十六年起太僕卿，以老辭不赴。南京亡後，隱九真山，自稱未亡人。永曆九年卒，年八十四。

若愚少遊南雍，以衛道爲己任，爲趙南星所重。時顧、高講學東林，與若愚相應求，故人遂目爲東林云。

陸獻明，字君謨，太倉人。萬曆三十五年進士。授嘉興知縣。以天下清官第一，入爲御史，巡按貴州。時水西畔亂，黔中鼎沸。獻明甫入境，忽報全軍覆殁，隸卒號泣不前。

曰：「敢有訛言阻衆者立斬。」遂入會城，集潰兵，運餉設屯，扼守要害，貴陽藉以無恐。調湖廣。江南水，黄州市儈遏糴，廉實，立捕魁，杖殺七人，江南以濟。魏忠賢勢張，楊漣死獄，復捏贓三萬，行按嚴追。爲揖俸及全省贖鍰代完之，諸孤獲全。忠賢使小奄餽熟食，不受。强致其家，大怒，對使者擲物溝中。忠賢聞，恨甚。又矯旨提問文震孟、李繼貞，緹騎已抵涿州，獻明欲率同列論救，會忠賢意少解，追還駕帖，二人免；然忠賢益怨獻明。適黔事又大壞，内批復按貴州，加太僕少卿，監軍督餉。收棄地七百餘里，安酋不敢出水西一步。威宗立，上疏謂新政必以勤學、用人爲先，旨納之。又薦震孟、陳子壯、顧錫疇，先後用。還京，又上疏諫裁節驛站，乞禁漕卒私帶，指陳得失。已以失儀，爲温體仁所糾，遂致仕。林居十年，弘光元年元日卒。

子日升，崇禎十五年舉於鄉。南京亡後，不得志死。

馬從龍，字君昇，安丘人。巡撫文煒子，萬曆二十年進士。歷洪洞、高平知縣，遷陜西道御史，改工科給事中。上章深切時弊。以母老乞歸。崇禎末，起通政、參議、尚寶丞、南京大理丞，未赴。北京亡，南走句容。臨卒，戒子孫勿還柩，曰：「得大明一片不毛地，委骨其中，吾心安已。」

時濟、兗東遺臣：

歷城則王謙亨，官教諭。隱。

淄川則葛如麟，字子仁，萬曆三十八年進士。歷臨晉、榆次知縣，嚴懲寄賦。遷户部主事郎中，榷崇文門，毫釐不染。出爲下江防參議，調潼關僉事，不建魏忠賢祠。陞陝西按察使。坐寧夏被兵，戍茂州。事白歸。入清不起。永曆四年卒。

畢際亨，字信涉，尚書自嚴子，選貢。任中書舍人。侍自嚴隱東村山口，作逸老園。

長山則徐日升，字孟明，萬曆四十年鄉試第一。授泰州知州，修城學，建隄堰，定鄢家莊民變。歷户部員外郎、郎中。出爲通州僉事，廉明多平反。天津民苦運米及購馬入驛之累，請歸正賦。清迭召，不出。卒年八十。

王㞦生，字子涼，崇禎十三年進士。如皋知縣，乞休杜門。

齊河則房泰亨，尚書守士子，任刑部員外郎。崇禎十五年歸，城守拒清兵。清起，不仕卒。

王宫臻，字瑞卿，崇禎元年進士。授崇明知縣，免税，振活萬人。歷户部主事，太原、嘉興知府，人誦神明。陞西寧副使歸，環堵蕭然。

濟陽則邢其諫，字信卿，選貢。歷太原通判、延慶知州。崇禎末，上書言事，歸。

陵縣則康湛，字完虛，巡按丕揚子，諸生，官鴻臚序班。清三召不出。兄灦，字孔昭，去諸生，研天文地理術數。從弟溥，字元明，歲貢。官臨朐教諭，有德行，國變歸。

新泰則徐之儀，字桂山，選貢。官知縣。從張相漢隱。

德州則程泰，字仲來，尚書紹子，恩貢。任中書舍人，修熹宗實録。遷建昌通判，出京，會國變，成疾，久之卒。

程先貞，字正夫，紹孫。任營繕員外郎歸。與謝陛起兵。

蕭時亨，字天衢，世襲指揮僉事。卒年八十二。

平原則張弦，字月初，負才畧。王永吉薦後軍都府經歷，有撫寇功。

陽信則馬贊，字幼參，萬曆四十六年舉於鄉。官内黄知縣歸。弘光元年六月卒。

樂陵則張鵬南，字羽衆，歲貢。自文華殿中書累遷太僕少卿，督餉西寧。國變歸。

張震南，字伯器，巡撫潑子。任七品官，迭薦不出。與陽信劉新國、毛如瑜，霑化王元羔、周與之並稱。

商河則王化澄，字鳳岡，諸生。有經世才，欲上書不果。官鴻臚序班歸。習兵法，清兵攻城，冒矢石力拒。國變不出。

孫文光，萬曆二十五年舉於鄉。官福山教諭。清召不出。

濱州則張丹翎，歲貢。官曹州訓導，致仕。

霑化則潘士彥，天啟元年舉於鄉。官湖北副使，罷。

張宏弼，字汝翼，崇禎七年進士。歷高陽知縣、蘇州推官、南京户部主事。清徵不出。

滋陽則吴暄，字明也，歲貢。官東明教諭。卒年九十四。

曲阜則孔聞詩，字過庭，至聖六十世孫，天啟二年進士。授中書舍人。崇禎初，糾璫孽，陳時政，直聲大震。遷吏科給事中，條上八事。歷真定、井陘副使，致仕。清迫入京，陽爲青盲，升吏部堂階，仆不起，乃歸。葛巾野服，髮毿毿，首頂崇禎錢，終身不改。

弟聞譚，字觀生，天啟二年進士。歷行人、禮部郎中、河西副使，憂歸。清下薙髮令，致書於攝政王多爾衮，言當用中華冠服。禁錮爲民。未幾卒。

孔尚鉞，字節候，天啟四年舉於鄉。歷岐山知縣、鳳陽同知。閉户二十年卒。又孔有德降清，謁曲阜，祭告孔子林廟。孔氏宗人閉城不納，叱其冒聖裔，辱孔氏，爲罪之魁，慚憤去。

鄒縣則何珠，字明庵，太學生。歷吴橋知縣、隰州知州。母老歸，三十年卒。

金鄉則張文燦，字闇堂，崇禎元年進士。歷棗强知縣、浙江運判、户部主事榷蕪關，遷員外郎、郎中，出爲大名知府。寇迫，病歸。清徵不出。

李之炤，字霈水，歲貢。官武城教諭。崇禎十七年，寇攻，知縣欲去，不可，力守得全。城武則宋造，字月潭，恩貢。推官隱，卒年九十三。

宋一騰，字雲軒，歲貢。官蓋州學正，卒年九十三。

濟寧則姜遇武，字襟凫，歲貢。官中書舍人，修一統志。國變先歸。

東阿則張文芳，字映虛，歲貢。授黄安主簿，乞歸。再起定邊經歷、通州賞功通判，以幹濟稱。國變去。

曹州則張鴻翼，字磐石，恩貢。歷平度訓導、學正，卒年八十。

曹縣則武崙源，字源深，同功子，太學生。官光禄丞歸。召不出。

張養浩，字葆元，太學生。歷文華殿中書、光禄丞。封楚王歸。

李悦心，字澹遠，崇禎七年進士。歷行人、御史，疏薦孫傳庭督師。劾李待問致仕。巡按陝甘兼鞏昌學政，轉冀南副使。潞安陷歸。

沂州則江孔燧，崇禎元年進士。河南按察使，隱遁。

費縣則王賜命，官兵馬副指揮，爲道士。

聊城則蘇成性，字念伊，歲貢。授廣安判官。以拒寇功，遷邳州知州，置椿埽捍河，又開泇水濟漕輓。北京亡，避田間。

莘縣則孫肇興，字興公，天啟二年進士。歷山陽知縣、淮安推官，有惠政。遷兵部主事。張彝憲鉤較户、工二部，故勒邊鎮軍器不發，肇興劾其誤國，遣戍。久之，起御史，以激直斥。再起廣西左參議，調天津。降於清。

臨清則王臺，字古柏，萬曆二十五年舉於鄉。官撫寧知縣，創雲從書院，致仕。

館陶則牛汝虹，恩貢。授秦州知州，有捍寇功。卒年八十六。

冀往聖，字印尼，歲貢。官商丘知縣，士民愛戴。杜門。

黄正賓，字賓王，歙縣人。以資爲中書舍人，直武英殿。恥納粟入官，思樹奇節。萬曆二十年，給事中羅大紘言册立東宫事，忤旨奪俸。閣臣許國、王家屏連名乞收新命，而首輔申時行密揭公疏，實不與知。正賓論時行排陷同官，巧避首事之罪。上怒，下獄拷訊，斥爲民，繇是見推清議。後與李三才、顧憲成遊，益有聲。天啟時，起故官，遷尚寶卿。汪文言之獄，坐贜千金遣戍。崇禎元年，復故官。時奄黨徐大化、楊維垣已罷官，潛居輦下，交通奄寺。正賓發其奸，命五城御史驅逐歸里。弘光時，正賓寓居南京，已老矣。而阮大鋮方用事，乃請驅逐以報之。南京亡後，爲絶命詞，投水死。

時池州、寧國、徽州、廣德諸屬遺臣：

青陽則王之璘，布政使一楨子，副貢。官通判，舉賢良，以母老辭。在里設義學助振。左良玉兵東下，招兵固守全城。

石埭則桂應蟾，字九嶙，萬曆二十八年舉於鄉。六上不第，授衡州推官，平反死囚四十八人，立石鼓書院。致仕十五年卒。

陳邦策，字君可，歲貢。授泗州訓導，力守卻寇。改朝城，以大礮殺清兵全城。調東昌，攝高唐知州，清平、聊城、朝城知縣。歲飢振卹，多活人。致仕。弟邦簡，字居可，崇禎十五年舉於鄉，長寧知縣。

建德則徐廷宗，字季曾，萬曆四十七年進士。歷荆州、廣平推官，工部主事、郎中。監修九陵，督臨清磚廠。東昌副使參政，清廉，忤上官歸。弘光元年，清兵至，不敢犯。迭薦不出。卒年八十五。

江大任，字是人，天啟元年舉於鄉。授恩平知縣，去陋規，墾田千頃，新學宮，自訓迪，以德化盜，皆投戈降。有遊騎三千通寇，突戮其渠，事乃定。遷南安知州，國變歸。

金孔器，字璉如，恩貢。授蒲臺知縣，調崇義，平土寇。遷南康同知，有剿撫功，還寇掠婦女二千餘人，一境以安。

馮時來，舉於鄉。官江安知縣，拒番全城歸。

宣城則徐鴻起，字岐陽，萬曆二十八年舉於鄉。歷刑部主事、郎中，決閩疑獄。出爲臨鞏僉事，降衡州知州，多惠政，致仕。國變爲僧。卒年八十四。

張星，字文宿，恩貢。授館陶知縣，大學士朱延禧家人奪民舍，笞而置之理。遷河間同知。調天津，兵戍紫荆譁餉，斬三人定之。中官盧維寧至，檄守令拜，叱之，拂衣出。維寧文致劾之，無左驗，衞訴者萬人，得已。李繼貞薦復官屯田。國變，歸四年卒。

劉維仁，字孔安，崇禎七年進士。歷錢塘、鉛山、魏縣知縣，潔己愛民。亂歸，授官不應，居貧卒，年八十五。

南陵則劉有源，字仲開，萬曆三十五年進士。授咸寧知縣，遷貴州道御史，調湖廣道。神宗疏多留中，上言力諫。遼東急，疏請措置軍餉。捕大猾賈永亨，中官解之，不聽。巡按廣西，調四川參議歸。天啟五年，起浙江，歷四川副使，還湖廣道。魏忠賢勢張，閒住。崇禎初，起陝西道，條上兵餉，忤當事，出爲永平參政，改井陘，陞江西按察使，引疾歸。卒年八十四。

許真儒，字素賓，選貢。歷臨高知縣、慶陽同知歸。

歙縣則汪珂玉，字玉水，官山東運副。國變後，以詩歌自娱。

休寧則汪漸磐，字石臣，萬曆四十七年進士。授高要知縣，卻海税。遷虞衡主事，管三殿工。忠賢用事，歸。起禮部郎中，督學山東。陞東兖參議，再謫鄲城令餽銀壺。坐詿誤歸。清薦不出。卒年七十三。

婺源則余紹貴，字叔彥，授慶符典史，捕苗有功，累遷濟南知事、鹽運經歷歸。

績溪則曹志凝，字以道，崇禎三年舉於鄉。授鎮平知縣，拒寇全城。陞武定通判，致仕。

廣德則寧用轍，字叔繇，恩貢。官華容知縣，扶弱鋤强。致仕四十餘年卒，年九十二。

建平則吕仲修，字徂生，崇禎十三年特用。歷納溪、樂至知縣。國變不仕卒。

袁業泗，字時道，宜春人。萬曆二十六年進士。授樂清知縣，調蘭谿，丁父憂。服闋，起龍溪，遷南京職方主事、武庫郎中。請撤湖口税璫李道，遂罷其榷。出爲漳州知府、福建屯鹽副使。端亮有介節。念母年八十，乞養歸。崇禎初，起左江，俗罕向學，誘以文教，士類興起。陞嶺東參政，平九連寇，立連平州。擢廣東按察使。召爲南京鴻臚卿。將行，會劉香亂，督撫留決策，議請撫。曰：「國家全盛，蠢爾鼠子，憑山海陸梁，義當滅此朝食，議撫是長盜也。且賊性觀望叵測，聽之殆矣。」督撫猶豫不能用，乃謝去。代者果以輕撫墮賊計死，乃合兵剿平，悉如其言。在鴻臚二年，曰：「卿曹雖可卧治，奈何老不知止哉！」乞骸骨歸。北京亡，痛哭成疾，八月卒，年八十一。

業泗乞養家居者十三年，予告者十年，杜門不事利禄，篋無長物。守漳時，黄道周爲諸生，獨早識之，後卒爲名臣。

子繼樟，字揺若，選貢。早卒。

林先春，字元圃，閩縣人。天啟五年進士。授嘉善知縣，狷介自持，無一毫苟取。魏大中死詔獄，猶追鍰，先春力爲周旋。遷給事中，以憂歸。先是，嘉善民顧朝衡以不孝聞，捕治之，脱走投璫。先春又以大中事忤璫意，遂嗾考功吏以死注册。先春服闋赴京，知爲所陷。或勸自白，不辨歸。後朝衡爲御史勘劾置法。先春居家，聚徒講學，布衣蔬食，年八十餘卒。

子迪，字惠子，隆武時以恩貢候除。弟鼎春，諸生，有學行。福京亡，皆隱居授徒終。

同時興、泉、延、建、邵、汀、漳諸屬遺臣：

莆田則陳士梅，崇禎七年進士，楊州推官。

晋江則秦鍾震，字伯起，萬曆三十二年進士。博極羣書，文章清麗，有才子目。官知府，以疾歸。卒年八十二。

黄繩卿，字以相，選貢。歷蘭谿丞，新安、雲和知縣，戢盜安民，致仕。卒年八十三。

南安則傅國俊，字有遴，萬曆二十八年舉於鄉。以工部司務督理陵工，裁節冒濫，與魏忠賢忤。崇禎初，歷户部員外郎，管通州中南倉，剩米千石歸公。督理北京草場歸。卒年八十二。

洪時，授判官，致仕。

同安則蘇寅亮，字初仲，萬曆四十七年進士。授崑山知縣，以執法謫寧波教授，遷國子助教，累陞海南僉事，革納鏹積穀羨餘，勒石永記。轉湖廣糧儲副使，不謁璫歸。家無擔石。卒年八十一。

陳如嵩，字白南，萬曆四十年舉於鄉。授蕭山知縣，建大通橋。忤巡撫，改信宜，歷河源，遷太倉知州，屢破奇案。歸隱二十餘年。自訂文集，絶筆崇禎甲申。

許逵翼，字達即，天啟元年舉於鄉。宣化知縣致仕。李魁奇圍城，説之去。清迭徵，不出。

永安則王舉尹，字我廉，選貢。歷王府典禮、大同斷事、襄府左長史。歸隱二十餘年卒，年八十七。

沙縣則陳恪，字抱一，恩貢。歷寶坻主簿、獻縣丞，力守拒寇全城。遷富陽知縣，未任。

歸二十餘年卒，年八十九。

邵武則高崇穀，字君詒，萬曆四十年鄉試第一。授户部主事，督餉宣府，忤中官去。年八十二卒。弟崇禮，字君厚，恩貢，入山。

米嘉穗，字秀實，萬曆四十六年舉於鄉。授鄆城知縣，均徭役，禽積盜。劉澤清兵不戢，撫定之。調德平。遷南京兵馬指揮歸。卒年七十七。

張能恭，字禮言，崇禎三年鄉試第一。授知州，母病歸。以好施稱。

高佐，字輔明，萬曆四十六年舉於鄉。福山知縣，致仕。卒年八十。

寧化則陰維標，字汝建，萬曆三十四年舉於鄉。授夾江知縣，停征均糧溢地米派，大計以不及額罷。爲人守正，有大利病必直言。清撫長關將屠，力止乃已。

上杭則陳于階，字懋升，崇禎元年進士。授雞澤知縣，撫蓮寇。調盧氏，卻苞苴。國變隱，卒年八十五。

龍溪則吕邦柱，恩貢。慶陽同知。

龍巖則謝兆申，天啟七年舉於鄉。績溪知縣，歸。

長泰則楊瑩鍾，字亮閎，萬曆三十二年進士。授户部主事，榷九江。累遷處州知府，捐俸振活萬人。陞嶺東副使，大修水利。擢廣西布政使，崔呈秀欲致之，告歸，不入城市。卒年八十七。

胡來相，天啟七年舉於鄉。歷臨江推官、宿州知州致仕。

南靖則陳復亨，萬曆三十一年舉於鄉。長清知縣，歸。

詔安則胡丹詔，字吾南，崇禎十三年特用。臨川知縣，忤上官，歸隱。

陳啟新，淮安山陽人。舉武鄉試。崇禎九年，詣闕上書，言科目之病、資格之病、行取考選之病，請停科目以絀虛文，舉孝廉以崇實行，罷行取考選以除積橫之習，蠲災傷田賦以甦民困，專拜大將以節制有司，便宜行事。捧書跪正陽門三日，中官取以前，上大喜，立擢吏科給事中。歷兵科左。初承温體仁指劾黄景昉，又劾劉宇亮玩弄國憲去位，然條奏率無關大計。劉宗周、詹爾選先後論之，不究。王聚奎劾其溺職，上怒，謫聚奎。久之，倫之楷劾其請託受賕，還鄉驕横，詔行勘。未上而啟新丁憂，姜埰復力詆之，削籍追贓。啟新逃去，跡之不獲。國亡爲僧。

成茂士，字明揚，鹽城人。天啟中入京，舁棺左順門，上疏言中時弊。崇禎三年武舉，爲啟新草疏。國亡，入天闕山。

同時揚、淮、徐、鳳、廬、滁諸屬遺臣：

江都則高𫫮，字孔昭，太僕卿邦佐子。任北鎮撫僉事，多平反。與子文灝歸。國變久之卒。文灝，字溯從，任子。

史啟元，字蓋卿，萬曆三十二年進士。荆南參政。弘光元年卒。

高郵則張承烈，字述敬，崇禎十五年舉於鄉。授荆州推官，十七年歸。

寶應則張爾靜，字如山，諸生。崇禎中，應邊壄詔，以武英殿中書舍人在邊十年歸。

興化則李嗣宗，崇禎元年進士。授南昌推官。遷御史，好言事。巡按福建致仕。弟喬，自有傳。

王士英，字含夫，崇禎七年進士。歷棗强、真定知縣，立滹沱橋，收衄男婦，修紫陽書院，歸。卒年七十二。

如皋則曹鼎臣，字公鉉，崇禎十年進士。自寶坻知縣遷兵科給事中。北京陷，歸。

冒起宗，字嵩少，崇禎元年進士。授行人。使還，清兵圍京師且累月，單騎冒烽火入朝，朝中始知外臺事。旋以南京考功主事掌內計，羣憚其方正。以郎中出爲兗西僉事。會河南陷，監劉澤清軍，自成不得渡。調高肇參議，揭發賕私。歷衡、永、襄陽，降惠登相、王光恩八萬人。後改寶慶，坐粤事降歸。已起督漕副使，再乞休。南京亡，祈死卒。子襄，自有傳。

通州則潘允諧，字仲和，天啟五年進士，金華知府，致仕。

山陽則岳鍾秀，字于宣，萬曆二十二年舉於鄉。授德化知縣，調新野。瀕行，吏進羨金六千，叱還之，封識而去。遷刑部主事。累陞瀾滄副使，安馭有方。擢甘肅參政，致仕。北京亡，練義勇守城。

桃源則王日中，字見升，以貢試北京，徑入文華殿，請免水旱田，後授通判，歸。徐炳忠，主簿，致仕。世奉回教，饒於財。史可法屯白洋河，助米六百石。

宿遷則蔡鼎鎮，字重伯，恩貢。歷沙縣主簿，名山知縣，邛雅知州，減稅利商。擢楚府長史。家居二十年卒。

沛縣則王應楨，字興之，恩貢。官高郵訓導，力振士氣，致仕。國變不入城市。卒年八十八。

泗州則戚伸，字起蓁，崇禎元年進士。授户部主事，榷滸關，上餘税三千金，予告。寇至，輸金力守。

潁州則吴自勵，字健甫，歲貢。官通判。不入城市者四十年。

湯有光，字闇然，□□□□年舉於鄉。高安知縣。隱十餘年，永曆二年卒。

合肥則吴士講，字心啟，崇禎四年進士。自車駕員外郎歷大名、開封知府，拒自成，力守全城。陞下川南副使，歸。卒年七十。

陳系，字虞耳，歲貢。授婺源教諭，遷太原知縣，與李濬然讀書朝霞山。卒年七十六。

李懋修，歲貢。真陽教諭，隱北皋。

舒城則濮中玉，字琢如，萬曆三十五年進士。授長興知縣，調泰和。鄒元標薦驗封主事。歷尚寶卿、南京太僕卿，忤魏忠賢歸。張獻忠至，被執，以有德鄉里，得脱。卒年九十。

方夢禎，字伯瑞，崇禎十三年特用。授工部主事，監寶源局，力爭止折漕。遷員外郎，督徐匯中河，大修隄堰，歸。

六安則許鳴代，字碧海，薦舉。歷肇慶通判、烏撤同知。歸寓東流，左夢庚兵畔，相戒不犯。

滁州則羅廷策，選貢，歷嘗寧知縣、衡州同知，致仕。卒年九十。

全椒則金九陛，字允納，萬曆四十三年舉於鄉。授棗陽知縣。以戰守功，累遷光禄正、户部主事，監浦口倉，轉郎中。出爲蒼梧副使，大破峒瑶。擢上荆南參議。八排瑶反，監軍治餉。沈猶龍以將才薦，推南贛巡撫，年七十矣，不赴。歸一年而國變卒。

曾熙丙，字用晦，侯官人。萬曆二十五年舉於鄉。自惠安、晋江教諭遷新會知縣，强幹有智慮。有羣盜聚黨，方謀行劫，熙丙先詗知，遣役遽入其舍禽之，自是盜賊屏跡。擢河南道御史。天啟初，上疏陳十事，其言肅紀綱、養廉恥、清銓政、定人品、儲邊才，尤懇摯。又力疏鄒元標、董應舉輩當大用。時奄人擅權，毒流遠邇，熙丙守正不阿，奸人側目，然莫敢加害。所上前後疏皆留中。嘆曰：「時事不可爲矣！」遂以母老乞養。屢薦不起。北京亡，聞報，哭不食者累日。月餘卒。新會士民立祠祀之。

同時翁希禹，字謦庵，侯官人。任工部主事。北京陷，不屈，歸。

賴良偉，汀州歸化人。以掾吏除維摩吏目，中道聞北京亡，歸。從弟良璧，從楊嗣昌軍，官遊擊。北京亡，歸里不出。

贊曰：標、貞運、龍錫、士升，威宗舊相，忠規藎誠，國之著龜。紹虞、士全、廣生、珖、維楨、日宣、長庚、淑訓、英、應台、汝良、欽鄰、祚遠、貽清、尚友、永淳、遵憲、世賞、啟南、仕廉、自裕，威重方正。士龍、廷諫、三謨、世祺、憲卿、大儀、若愚、獻明、從龍、正賓、業泗、先春、熙丙，不吐剛茹柔。遭逢陽九，身不在位，無可知何。山林長往，磨而不磷。昔昭公之失國，公叔昭子祈死，君子以爲義。司馬孚曰：「臣死之年，固大魏之純臣也。」諸人庶無愧焉！夫士夫致政里居，無封疆民社之責，可遯逃自全，非以必死爲勇，世守、國鼎、伯鯨慷慨履中、必謙、逢玄、周祚、元颺兄弟、捐生，蹈刀繩而不悔，殆以名義所在，固有重於生者哉！啟新視之，顙有泚矣。復粹、四知、炤乘，在位無所發明，國亡又欠一死，易曰「覆餗」，詩稱「彼相」，殆不能無貽譏云。

南明史卷八十八

無錫錢海岳撰

列傳第六十四

侯恂 王繼謨 張致雍 馮瑾 林文譽 張福臻 楊方盛 子嗣先 李柱明 張之珍 孫嗣先 施堯中 任賓臣 王夢尹 李鵬程 王維誠 錢銓 張九州 孫繼志 劉崇文 王世宷 管德升 王家祚等 田夢桂 郭之靖 邊舉 姚思虞 何陽春 李昌 申宗霍 張星燦 齊之宸 王巍 吳周枝 崔應麒 崔一淳 李楏 張爾庚 吳從誨 武應元 沈浩 吳廷簡 王家禎 子元炌 馬岱 成克延 苗之廷 劉紹璇 鄭位 劉偉施 杜廷連 李在公 王鏷 趙燧 王佐 張自修 王弘基 李芳淮 張祖恒 劉兆基 楊調鼎 陳廷諫 蕭奕輔 龔庚 王駿聲 鄧騰雲 鄺洪炤 梁挺 胡日乾 黃公儀 袁玉佩 盧上銘 韓閏昌 袁爾輝 林聯綬 陳時徵 茹馥 梁斗輝 呂孝昇等 胡一魁 尹志伊 李夢賦 陳璣 楊鳳翙 淩雲 葉維陽等 巫子肖 童一賢 林士科 朱孔美 蔡耀初 陳禮 李麟祥 朱紱 蔣聯芳 龔應雷 盧肇華 洪瞻祖 魏公韓 余大成 楊嗣修 李鴻 李雲鴻 趙

明遠　雷恒　徐時彩　李大紳　杜鉉　程世眷　李如霖　李煥　禹好善　李如梃　張翰沖　王國勳　趙濬　胡琳　余正元　陳四可　洪恩煜　楊之璋　田守志　劉士傑　張斗　趙明綱　郭士標　馮上賓　劉鼎　劉芳遠　李四端　楊其廉

張爾忠　胡振奇　王縉　宋翼明　族士藻　劉鳳毛　王玉先　傅國劉元化　王詢　魯應纁　王萬象　林文蔚　張宗英　謝繼遷　趙僎　王昌宏　周爆等　賈上進　于爾直

遲鑛　董嗣諶　兄嗣朴　朱國梓　佟子見

鄭二陽　董象恒

張鵬雲

崔源之　劉令譽　湯道衡等　劉鎬　王公弼　樊尚爆　秦所式等　劉宗祥　陳良訓　廖大亨　張宸極　周鼎

蔡官治　徐一掄　高顯　錢選　周弘圖　曹夢吉　劉印　李楠　范德顯　賈鶴年　趙之勵　李天篤　張錫蕃　韓淑琦

王建極　劉運隆等　張雲龍　崔允升　彭三益　李友梅　宋國正　揭惺　羅祚胤　支廷諫　唐揚等

周應新　蔡仕　晉承宷　党國柱　蕭譜元　譚文　劉芳聲　傅繼祖　孔尚標　馬履雲　王永年　張教莊天麟　孟學孔　武振等　魏名大　宋之傑　梁士純　高如斗　巨道凝　姜銓　張元初　黃應祥　畢大中　焦應鶴　劉紃　王際明　王暐　周灝　牛天錫　張仲友　黎昌期　蹇而文　孫伸　胡允賓　扈鶯羽

劉永昌　劉應元　劉惟馨　邊大綬等　胡士魁　何喬嵩　李嗣泌　王多才　劉廷元　魏民牧　宋文英

李用中　魯國俊等　武應元　徐國化　蔣三捷　潘雲昇　陳景　文先國　馮兆祺　郭迎　應昌士　田之穎　路尚綸　王良卿　曹崇信　李日芳　曹大行　高衍慶　杜居陽　李香遠　鍾鴻穎　閻希魯　萬曲選等　王定國　彭應程　竇鎧　孫紹先　虞紹唐等　盛廣　徐文獻　石應岷　馬蔚　姚思虞　劉凝祚

王承惠　龔勝先　王汝楫　吳名儒　郭一儒　張鵬翔　郭修身　伍中愷　陳咨託　田舜年　張正禄　王兖

郝土膏　杜三策　李懋芳　丁進

林贄　王文清　劉養貞　楊進　王裕心

王永祚　朱一馮　子敷慶等

黃希憲　子友蘇　趙鳴鐸

王聚奎　何謙

陳睿謨　子咨稷等　尹先民等　王揚基等

郭景昌

侯恂，字若谷，商丘人。太嘗卿執蒲子，萬曆四十四年進士。授行人，遷山西道御史。天啟初，以虜氛未平，疏陳：「國法日輕，人心日玩。請將挑激宣兵之譁劉孔胤正法，楚兵之逃統押王世德褫秩。並問究劉應元、李延祚、仇震等。」鎮武大營潰，力請急救廣寧，薦袁崇焕英風偉畧。崇焕遂自邵武知縣破格擢用。尋以救尚書王紀，追論移宫、紅丸事，力詆方從哲依阿嬖倖李可灼，乞正其罪，以爲不忠之誅。羣小側目。

巡按貴州。安邦彥亂，數上方畧，號令嚴明，土司懾服，以知兵稱。敘功，擬陟京卿。時魏忠賢擅權，凡異己者目謂東林。恂父執蒲、弟恪，與高攀龍等善，深恨之，以次斥逐，一時商丘侯氏東林黨魁之名震天下。

威宗立，起廣西道，首疏請定逆案，爲温體仁所惡，轉太僕少卿。邊事棘，擢兵部右侍郎，督治昌平，拔尤世威、左良玉於偏裨卒伍，後皆爲大將，立戰功。

時内衅外訌，國儲匱乏。崇禎六年，畢自嚴坐誤餉下獄，恂代户部尚書，拮据經畫，不事加派而轉輸不缺。請於未被兵地士大夫家賦銀一兩者加二錢，民間五兩上者加一錢。又上屯田議，請嚴徵新舊逋賦。體仁方惎恂，嗾宋之普論其糜餉誤國，遂坐屯豆事下獄。

會李自成圍汴，上思恂才，又以天下重兵良玉之出恂麾下，乃起兵部、僉都御史、總督保定、山東、河北軍務，節制良玉軍援汴。疏言：「闖敗傅宗龍、汪喬年，天下勁兵良馬皆爲所有，今河南已爲殘破之區，莫如以此委之，而令保撫楊進、東撫王永吉北護大河，鳳撫馬士英、淮撫史可法遏東南之路，秦督孫傳庭塞潼關，臣以良玉守荆、襄。賊黨百萬，中原赤地千里，安所得食。今日强兵莫過良玉，臣請馳赴其軍，鼓以忠義，不煩户部餉，陛下亦下軍令狀，責取戰期，以三楚糧養全鎮兵，機會可乘，即與傳庭合力擊賊。」良玉聞之，亦踴躍願效死。乃中朝持異議，不令赴良玉軍。及良玉敗走襄陽，上始命屯河北，出陳橋。檄諸將不至，召良玉以兵來會。良玉新敗不行，命金聲桓以五千人塞責，詭云自將三十萬衆會河北。恂知其情，又乏餉，遂止之，乃次柳園。開封告急，不能救，城卒以河決陷。改屯曹縣。

恂中軍副總兵劉澤深，澤清弟也。恂文人，老不能軍，軍事一委丘磊，與澤清不合。澤清攻恂，恂移單縣。周王恭枵上疏言恂觀望狀，澤清命孟觀草疏醜詆恂，上怒罷恂，中道逮下獄，而以呂大器代。

北京陷，受自成命。自成敗，乘間脱歸。澤清疏請名捕，走徽州。阮大鋮尤亟殺恂，值南京亡，得免。入清，大臣在朝者及中州撫按交薦，未應。不入城市十餘年乃卒。

子方域，字朝宗。少在南京，與吴應箕、陳貞慧、冒襄稱「四公子」。大鋮欲與交，大罵。大鋮銜次骨，及得志，欲殺之，入高傑軍免。方域以古文雄天下。入清，以副貢爲張存仁畫平榆園義師策，事見清史。

王繼謨，字景文，府谷人。萬曆三十八年進士。授南陽知縣，遷武庫主事。天啟初，命督宣大、山西、延、寧、甘、固軍兼程援遼有功。魏忠賢用事，潔身而安。累遷薊州參議。倪文煥劾之，削籍。崇禎初，起易州副使，調遵化，監虜象昇軍。十二年，以僉都御史巡撫密雲，爲方士亮、寧承勳所劾。總兵唐通疏言：「從軍二十年，未見正直清廉憂國奉公如繼謨者。」士亮亦言：「恐代者未必勝，請留之」。以久勞，加兵部右侍郎、副都御史。十六年，改順天。十二月，代孫晉總督宣大、山西，劾罷總兵唐鈺。李自成兵至，命率周遇吉防河。十七年，自成入陽和，不能禦，命充事官。尋與張致雍入山，隱居卒。

致雍，字和宇，咸陽人。官宣大總兵，與吴三桂爲兄弟交。清兵至，繳印歸。三桂略陝西，以總兵劄五致之，請羅致將才。致雍聚子孫謀之，衆皆錯愕。其從子曾孫某幼，曰：「今日帝滇者誰耶？三桂前日畔國，他日必畔清，請絶之。」致雍躍然起，以杖擊地曰：「吾心也。」焚其四劄，留一裂之，曰：「以示後人，使知我不從畔也。」

又馮瑾、林文譽，皆從繼謨軍。瑾，東鹿人。崇禎十二年舉於鄉。大同右衛僉事，終浙江按察使。文譽，山東人。舉於鄉。僉事。

張福臻，字澹如，高密人。萬曆四十一年進士。歷行唐、臨潁、東明知縣，累遷職方主事、郎中。出爲昌平僉事，轉温處參議。調鞏昌。崇禎三年，以四千人攻寇，自西安至延安，迭破之，諸寇多散，陞榆林參政。四年，大破張存孟葭州，追至西川。存孟走，招撫劉小山、王之臣、王成功、徐世福、劉煥、金龍、强虎、鑽天鷂、雲交月、賀得清、劉詔等三萬人，解散之；斬李老柴薛成才等。趙勝等渡河，追之，移延綏。青背狼等攻清澗、甘泉，斬之。煥、一丈青畔，攻宜川、雒川，敗走韓城。福臻請追，楊鶴不許。尋擊勝於山西桑壁鎮，五戰皆捷，斬七百級，解鄜、延圍。苗明陽於中部屢出衝突，福臻與監軍道葉廷桂死戰，寇始退，已復入城。存孟攻綏德，敗之。

五年，拓亭党雄畔，合存孟義合驛，誘斬之。以僉都御史巡撫延綏。時流寇充斥，所在告警。福臻籌軍實，勤訓練，剿撫互用，督曹文詔等四出，散黑煞神於金鎖，平柴老虎於中部，破勝、煥、劉九思、明陽於鄜、延。存孟攻米脂、葭州，合洪承疇敗之，禽存孟，平神一魁。前後斬寇萬級，降數萬人，陝西略定，福臻、廷桂、樊一蘅皆有戰功。惟性拗，不得物情。尋以犒降丁厚，營兵不服，鬨入院，福臻走免。時督臣以殺降爲功，力爭不得，因罷，以陳奇瑜代。

九年，京師戒嚴，起兵部右侍郎總督薊遼保定，加左侍郎。終養歸。

十三年，再起總督宣大，增邊城一萬三千丈，闢屯田三萬七千頃，奏上屯息銀二十四萬七千餘兩。十五年，改關薊通津。考滿，加尚書。方士亮劾其昏庸，遂予告歸，年七十二，母年八十七，馳驛終養，遠近榮之。

福臻以儒者知兵，在鞏昌，以射士百人驅囉賊數千；在榆林，以降丁六百破寇數萬；在薊遼宣大，依古法爲戰車五百。天子鋭意東事，聚天下兵十四萬，將以屬之，卒以守正不阿，未竟所用。歸值邑中被兵，與仲子文明血戰全城。北京亡後卒。

楊方盛，字大豫，鶴慶人，萬曆四十四年進士。授大冶知縣，遷山西道御史，巡按河南，視長蘆鹽，還掌河南道，上安邊策。累陞太僕少卿、右通政、應天府尹、南京户部右侍郎、副都御史，總督糧儲，措置有方，政績卓著。崇禎十六年乞休。永曆中卒，年七十一，贈尚書。子嗣先，永曆中任都察經歷，出爲澂江知縣。滇京亡，降於清。

同時雲南、貴州遺臣：

李柱明，字公贊，阿迷人。天啟二年進士。授户部主事。普名聲賂印，疏請拒之。罷居南京，同年孫肇興訪之不見。

張之珍，字玉溪，安寧人。萬曆四十年舉於鄉。歷綿竹、沙河知縣，裕州知州，拒寇全城。

孫嗣先，廣西人。萬曆三十七年舉於鄉。奉化知縣，致仕。

施堯中，昆明人。歲貢。灤州學正歸。

任賓臣，印江人。崇禎三年舉於鄉。授遂寧知縣，與呂大器拒守全城，陞同知。妻張死寇難。

王夢尹，字叔伍，寧晋人。萬曆四十七年進士。歷臨淄、益都知縣。遷工科給事中，副姜曰廣頒詔朝鮮，并察皮島毛文龍軍，道出山東，治民香迎。抵朝鮮，王以喪服出迓，夢尹危詞詰責，易吉成禮，不通饋遺，朝人作記紀其事。事竣，陳撫遼民、簡遼官、培遼生、恤遠商、嚴俘解、修屯田、結朝鮮七事。又特疏陳重名器、定軍額、汰弱兵、通餉運、招部五事。忤魏忠賢，誣削籍。威宗立，復官，劾中官張體乾等盜帑。轉太嘗卿，督江南糧，完二百八十四萬九千餘兩；奏免金花、馬價等項。陞左通政歸。

崇禎六年春，流寇略畿南，夢尹守城得全。八年，以僉都御史巡撫湖廣，號令嚴明，與將士同甘苦，建樊城爲重鎮，合盧象昇破寇襄陽、南漳。旋寇復攻襄陽，不能制，罷歸。十三年，起副都御史、協都院，固辭不赴。國亡後卒，年七十八。

時保定、河間真定遺臣：

清苑則李鵬程，字翼明，歲貢。官清江丞。國變躬耕，卒年八十二。

新城則王維誠，字悔庵，崇禎三年舉於鄉。歷任縣教諭，國子助教，營繕、虞衡郎中，辰嘗僉事，歸。卒年八十。

錢銓，字一平，天啟七年舉於鄉。歷博平、歷城知縣。行取至京，值國變，自經綆絕，家居授徒。

雄縣則張九州，字澹如，歲貢。歷解州同知、登州通判，歸與馬維城練鄉兵。國變，自經免卒。

容城則孫繼志，歲貢。授真定訓導，不受官。

蠡縣則劉崇文，字焕章，崇禎十二年舉於鄉。授興山知縣。寇亂，不克之任，署東陽教諭。與顏元爲忘年交。

祁州則王世宲，官永清典史歸，團練各村，四境以安。

安州則管德升，字學畏，諸生。崇禎十一年，清兵至。兵散，揮刀止之，衆乃定。累官四川副使，國變歸。晚家蒲城十餘年卒。

新安則王家祚，字厚存，崇禎六年舉於鄉。九年、十一年，兩守全城。授鄆城知縣，平戴家廟賊，撫輯流亡，民心愛戴。乞歸。聞國變，不藥，曰：「至尊尚爾，況病困餘生耶！」弘光元年卒。子之徵，去舉業，從孫奇逢遊。

肅寧則田夢桂，崇禎十二年武舉。官故關守備，有武畧。清招不應。卒年九十四。

任丘則郭之靖，崇禎三年舉於鄉。定邊僉事致仕。

邊舉，字伯高，天啟五年進士。授祁門知縣，平浮梁寇。遷安慶知府，張獻忠圍城，日夜守。二月寇退，憂歸。屢召不出。

青縣則姚思虞，字元遜，萬曆四十年舉於鄉。授蘭陽知縣，礮殺巨魁，全孤城。遷臨洮同知。清徵不出。

何陽春，歲貢。歷清豐訓導、泗州學正。學宗程朱。國變，衣冠憂憤卒。

興濟則李昌，字振家，天啟五年進士。授茌平知縣，爲民興利，革王夫。調三原，罷。起光山，有招寇功。累遷武庫郎中、西寧僉事，以忤巡撫歸。清薦力辭。

景州則申宗霍，字維南，天啟七年舉於鄉。英山知縣。杜門四十年卒。

東光則張星燦，字克升，教諭。隱壽州。

滄州則齊之宸，崇禎三年舉於鄉。陝西右參議，國變自刎不死，歸。

慶雲則王巍，字沖斗，恩貢。棗强教諭，告歸。卒年八十一。

真定則吳周枝，萬曆三十一年武舉。世襲指揮使，遷天津遊擊，張鳳翼倚之。永曆八年卒。

獲鹿則崔應麒，進士。隴右副使。

崔一淳，萬曆三十四年舉於鄉。同知致仕，卒年八十四。

棗强則李嵀，字浮玉，諸生。從父守富拒清，以功授沿河口守備，保真定十六州縣。平贊皇、深州、衡水盜，再拒清，陞參將。李自成西走，復城。清召不赴。

安平則張爾庚，字應白，萬曆三十四年舉於鄉。授鎮平知縣，善治盜，輕徭賦，歲飢捐奉，振活萬計。遷許州知州，以治行稱。屢薦不出。

吳從誨，字洞如，崇禎三年舉於鄉。授懷慶通判，拒寇不得渡。明年平劉超。一日巡河，寇突至，冒矢石，火舟十七。遷曹州知州，修城捐賦，衆志乃固。國變，曹民安堵如故，人以爲從誨之力爲多。未幾致仕。卒年八十一。

武應元，崇信教諭，攝知縣，德化爲治，公暇講學。國變歸。

寧晋則沈浩，字海觀，崇禎四年武進士。授懷慶守備。以防河功，遷神樞遊擊，清曠糧四千金歸公。陞副總兵，疾歸。不知所終。

深州則吴廷簡，字心臣，崇禎元年進士，改庶吉士。授簡討，歷山東、紹台副使，豪邁有異才。致仕卒。

王家禎，字軒籙，長垣人。萬曆三十五年進士。天啟間，歷官左僉都御史巡撫甘肅。嵩山部長銀錠歹成擾西陲二十餘年，家禎三卻之。遷户部右侍郎，轉左。崇禎改元，攝部事，邊餉不時發。遼東兵噪，巡撫畢自肅自經死，上怒削籍。

九年七月，京師被兵，起兵部左侍郎、僉都御史，代盧象昇總理南畿河南山西陝西湖廣四川軍務；會河南巡撫陳必謙免，命兼之。督將會剿馬進忠等南陽，復救襄陽，大戰牌樓閣。其冬，家丁噪，火開封西門，家禎夜歸慰之。詰旦，發往南陽，討土寇楊四以去。四者，舞陽大盜，前降於必謙，至是又畔，故有是遣。其後萬年策、左良玉、牟文綬連破四，四焚死，其黨亦誅云。時流寇盡走江北，留都震驚。言者曰：「家禎奉命討安慶寇，未一出中州。」上亦以家丁變輕之。明年四月，乃以總理授熊文燦，令家禎專撫河南。未至，詔命良玉救安慶，不遣。秋，李自成攻開封，裨將李春貴戰死，家禎遂落職。久之，北京亡，長垣亦破，聞楊希震死，與子元炌痛哭不食，自經死。

元炌，字奉軒，廩貢。

馬岱，字龍池，榆林人。崇禎十六年，以總兵鎮東昌。清兵圍城，力守得全。明年，晉都督同知，調保定紫荆。自成兵至，謂張羅彦曰：「敵分二道：一出固關，一出河間。吾當出屯蠡縣拒之，并殺妻子以絶念」。詰旦，殺妻孥十一人去。保定陷，蠡不支，自刎弗殊，得免，爲僧五臺山終。

時大、順、廣遺臣：

大名則成克延，字岱嵩，大學士靖之之子。任應天通判，遷户部主事歸。崇禎十七年五月，以衆捕寇，保全清豐、魏縣。

魏縣則苗之廷，字守元，天啟七年舉於鄉。授密縣知縣，守城拒寇。遷萊州推官歸。寇至，傾財招兵保里。

劉紹璇，天啟元年舉於鄉。授嘗寧知縣，民呼「賈父」，調潞王審理。歸三十年，多善行，自成兵相戒勿犯，以上壽終。

清豐則鄭位，字羽宸，慶陽同知獻詩子，選貢。授肥城知縣，拒寇全城，進解泰安圍。遷濟南同知，爲巡撫王永吉監紀。擢山東僉事。獻詩死難，廬墓，竟得父仇誅之。後寇復至，與知縣城守，毀家犒士，寇環攻七日夜，不克去。

濬縣則劉偉施，字念柏，萬曆三十二年舉於鄉。官宜陽知縣，破寇歸。子襄宸，國變死難。

長垣則杜廷連，字彝仲，崇禎元年進士授。大理評事，用法平允。以御史巡兩關，貪斂絶跡，人以清白吏呼之。

李在公，字懷虛，崇禎十三年進士。授行人，累遷河南副使。福王常洵薨，督寢園工，明器用土木，而以錫箔飾之，没帑入私橐歸。自成至，徙汧陽，金爲諸奴攜去。弘光元年，孑身入荒山，爲狼所食。

王鏷，字貴真，尚書永光子，歲貢。任廣靈知縣，終養，喪明。國變，被執西，歸以經史自娱。久之卒。

唐山則趙憻，字子靜，商河知縣，廬墓。

廣宗則王佐，字溯汾，萬曆三十七年舉於鄉。歷獻縣教諭、臨潼知縣，平白蓮寇。調蒲城，轉嘗州、蘇州同知致仕。李建泰兵掠執之，佐厲責不屈，南依史可法軍。

張自修，字止非，選貢。授三水知縣。自成至歸，以大年終。

王弘基，字克大，恩貢。歷平山訓導、平原教諭，憂歸，著書不出。

永年則李芳淮，字浦珠，天啟七年舉於鄉。官掖縣知縣，歸，詩文自娛。

肥鄉則張祖恒，宮保懋忠子，諸生。任錦衣千户。

廣平則劉兆基，字臨宇，崇禎四年武進士。歷威遠守備、河間都司。有文武才，軍民愛之。以失中官意，歸。國變大哭，優遊二十餘年卒。

成安則楊調鼎，字位予，崇禎四年進士。授河内知縣，浚渠百里。防兵萬餘乏餉譟，開諭曉譬。事定，遷禮部主事，轉員外郎。出爲河南驛傳副使，拒自成，圍解，擢督糧參議，致仕。卒年八十。

陳廷諫，字亮明，廩貢。歷周府左長史、武英殿中書，歸。清薦力拒。

蕭奕輔，字翼猷，東莞人。天啟二年進士。授長汀知縣，以憂歸。服闋，起葉縣。遷廣西道御史巡按浙江。海寇起，捐俸造戈船百艘，置勁兵台、處，資以保障。轉太僕少卿，擢僉都御史巡撫福建。召對，問何以安攘，奏破情面、去奸貪、正己率屬、不要錢、不惜死。上喜曰：「爾能行之，東南有瘳矣。」時羣盜陳虎、關日奎並起，陳佳尤熾，僭號大楚。奕輔以奇兵禽日奎，蹙虎而招之，督知州揭重熙、參將陳秀大破佳海上斬之；又平巨寇陳倍贊、吴救貧，全閩以安。以時議不合歸。遇詔、連有警，出積俸六百金建東北礮臺，以資捍禦。奕輔忠慎誠篤。子婦以高皇帝像張書室，奕輔入見，遽趨出，命敬緘之，曰：「此太祖御容，何可褻也！」梨園演武宗遊幸事，亟起立，戒伶人罷去。家居朔望，必望闕朝拜如禮。其祇敬如此。國變後，悲憤卒。

同時兩廣遺臣：

南海則龔庚，字長孺，天啟四年舉於鄉。官鍾祥知縣，撫循多勞，致仕。

王駿聲，字效昭，崇禎三年舉於鄉。官平江知縣，拒守，歸，卒年九十五。

鄧騰雲，字非皇，崇禎三年舉於鄉。崇善知縣，致仕，卒年九十四。

鄺洪炤，字遠台，天啟四年舉於鄉。歷光山、溧水知縣。邑多流亡，存活數萬。飢民聚觀山，單騎往，投戈自責。憂歸，杜門講學，卒年八十六。

番禺則梁挺，字孟修，萬歷四十三年舉於鄉。授鉅鹿知縣。民多自戕捏訟，選諸生講孝經，率訓者與衣巾免役，習乃革。平柳昌亂。寇至，死守全城。以母老歸。

順德則胡日乾，字酉仲，萬曆四十六年舉於鄉。授澄海教諭，勤於課士。遷南京國子助教，未赴，杜門著述。

黄公儀，字元禮，萬曆三十七年舉於鄉。歷河池知州、武昌同知，捐奉修學。卒年八十二。

東莞則袁玉佩，字仲符，萬曆四十四年進士。授平樂推官，爲族子崇煥監軍。歷南京兵部主事、兵科給事中。王之臣與崇煥不和，請關内外分任責成，從之。國變久之卒。

盧上銘，字爾新，太僕卿瑛田子，任國子典籍，歷左府參軍、虞衡主事，督造洪威廠。爲權璫所陷，謫南寧，釋歸。

韓閏昌，爲崇煥都司，領尚方劍。崇禎二年，與祖大壽、吴三桂隨崇煥入衛召對。崇煥下獄，大壽、三桂單騎奔薊，閏昌獨自投於獄。崇煥死，胡應台擬戍鎮番衛。自京至陝，市肆知其忠，酒饌不取分文，恣所飽而去。至陝，留爲諸營教師，凡十三年，爲僧。陝西破歸，生二子。廣州陷，再爲僧。每與人言崇煥事，輒泣下。

袁爾輝，少應嶺西道選，一舉墮澳夷城。總督題援黔，既至，衝殺安邦彦等數千人，貴陽圍解。復征乾溝威清都自嘛哈，斬級多。以功官守備，還粤。熊文燦命征劉香、李魁奇。崇焕死，遂以母老歸，卒年九十二。

新會則林聯綬，字澹生，萬曆四十一年進士。授秀水知縣，撫流亡，剔虚糧逋累者三千家。遷刑部主事、員外郎，恤刑廣西，平反一百四十人。歷延平、汀州知府，民安其政。江西警，捐奉招兵，甲糧立辦。未幾歸。

陳時徵，字厥悠，歲貢。自廣寧訓導歷新興教諭、肇慶教授、鬱林知州，昌明正學，年老致仕。

茹馥，字毓英，萬曆三十四年舉於鄉。授象州知州，平雒容巨盜。致仕。重宴鹿鳴。卒年九十六。

梁斗輝，字忠旋，萬曆二十五年舉於鄉。歷國子正、太平同知，去蠹逐倡，有鐵面稱。攝緊昌知縣，講學。歸二十餘年卒，年九十。

吕孝昇，字光遠，天啟四年舉於鄉。官崇德知縣，不畏强禦，忤上歸。子應馬，副貢，執行端正。

胡一魁，字伯連，崇禎四年進士。官漳浦知縣，强直，振興文教，黄道周重之。歸無田一畝。

從化則尹志伊，萬曆四十六年舉於鄉。威遠知縣，歸。

四會則李夢賦，字相巖，副貢。授茌平丞，攝知縣，有惠政。

開平則陳璣，字禮璇，天啟四年舉於鄉。官順昌知縣，善決獄，脱無辜。有富人爲豪紳誣貸千金，察僞火券。亢旱捐奉，振活數萬人。沈猶龍薦。憂歸，講學清白堂，弟子千人。卒年八十三。

陽春則楊鳳翽，字超凡，歲貢。歷崇安丞、東平同知，歲飢人相食，振卹多全活。遷鄆城知縣，軍民倚之。歸。卒年七十五。

仁化則淩雲，字澹癯，天啟七年舉於鄉。授河南推官，撫輯流亡，禽盜馬二等。孫傳庭敗，城再破，督運外邑。被劾赴刑部。北京陷，與推官吳孳昌依江禹緒蔚州、許汝都固始，魏象樞從之遊。後象樞貴，招之不答。爲僧丹霞，卒年七十七。孳昌降清。

歸善則葉維陽，字猶龍，尚書夢熊子。任錦衣指揮同知，以親老歸。隆武二年二月，參將車任重、中軍羅昌兵畔，連陳耀等數萬人攻城，守道楊彝瑀登陴，維陽捐資募卒。六月援至，圍解。廣州亡，築泌園西湖。妾昭容偕隱。與陳子升、屈大均、陳恭尹、何鞏道遊。詩典雅可誦。先鄺露藏武宗綠綺臺琴。露死，騎兵取之，鬻於市，見而嘆曰：「噫嘻，此神宗御琴也。」以百金贖歸。暇招名流泛舟西湖，命客彈之，大均等皆流涕。兄維城，字許山，任錦衣堂上僉書官管事都指揮同知，建兼園南山。從子挺英，字昌裕。諸生。以孝稱。國亡爲僧，名元玕，字石新。

長樂則巫子肖，字孝元，萬曆三十一年舉於鄉。官新喻知縣。致仕二十餘年卒，年八十。子三祝。

童一賢，字仲大，桃源主簿攝知縣，民愛如父母。國變歸。

饒平則林士科，字登明，崇禎十三年進士。官新城知縣，清靜不擾，斬土寇安民。

惠來則朱孔美，歷欒清丞、南昌知縣歸，立鹿湖堡。

澄海則蔡耀初，字毓元，天啟元年舉於鄉。授黎平推官，調池州。史可法薦陞廬州同知，致仕。

電白則陳禮，崇禎十三年特用，授刑部主事。時四川失守，官繫者咸坐死。禮執法原情，多所宥。自郎中出爲彰德知府，寇至，躬擐甲胄，運籌決勝，一境以安。加副使歸。不入城市十餘年卒。

信宜則李麟祥，字符聖，廪生。舉賢良方正，授户部湖廣司主事。上書忤旨，將刑，色不變，論救免歸。羣寇不入所居，一時賴以存活者數千百家。卒年八十二。

陽朔則朱紱，選貢。歷深州判官、雞澤知縣。國變隱蘇門。子重暉，跰行萬里，抵太行遇之，迎歸。

全州則蔣聯芳，舉於鄉。武康知縣致仕。

永寧則龔應雷，字震坤，歲貢。歷桐鄉丞、景東經歷歸。

容縣則盧肇華，字衮臣，天啟元年舉於鄉。授靜樂知縣。入山。卒年九十三。

洪瞻祖，字詒孫，仁和人，萬曆二十六年進士，改庶吉士。遷兵科給事中。烏江當貴播間，南岸則烏江關，北爲播，南爲貴。水西侵界土，總督王象乾責水西退出所侵土，欲以爲功。瞻祖謂：「安氏二百年來與流官無二，其兵勇悍，其人戇而戀土，其地爲滇南門户，督臣何故爭之？且沙溪撮土，所爭幾何？全播之間，得不償失，智者不爲。」上曰：「兵科言是也。」會延綏總兵麻承恩、陳璘納賂兵部尚書田樂，有所改授。瞻祖疏劾樂贓私，首輔沈一貫不能庇，乃得罪去。中察典，謫嘉定丞。未幾，量移南行人副。久之，起副都御史巡撫南贛。閩、廣寇蝗聚深山。瞻祖分道合剿，身入烟瘴，越贛渡汀，躬冒矢石，斬渠了婆等千餘人，平貝子山巢三十餘。四省合疏其功，瞻祖已乞骸骨歸。家居四十年，弘光元年卒，贈兵部尚書。

同時，魏公韓，字小韓，黄岡人。天啟五年進士。授太平知縣，築城禦寇有功。歷汝南、大名、薊永副使參議，不屈魏忠賢。崇禎初，擢僉都御史巡撫保定，以母老乞休，隆武元年十一月降清。隱漁臺三十年卒。

余大成，字集生，江寧人。萬曆三十五年進士。授武選主事。天啟初，魏忠賢黨石三畏薦遷職方郎中，發大學士劉一燝私書，齕之去。後以事忤忠賢，削籍歸，有清執名。崇禎初，起尚寶卿，轉太僕卿，綜理邊務，具有條畫。四年，以僉都御史巡撫山東。時白蓮寇方熾，又有逃兵之變，皆不能討。及聞孔有德畔，即託疾數日不出。賊勢蔓延，不得已，遣中軍沈廷諭、參將陶廷鑨往禦，則皆敗而走。大成恐，遂定議撫，檄賊所過郡縣無邀擊。賊長驅，無敢一矢加者。賊遂陷登州，大成馳入萊州。有德趣登撫孫元化移書求撫於大成。大成聞於朝，上怒，命削籍，而以徐從治代。尋逮戍雷白。赦還，寓福京。福京亡，出降於清。

楊嗣修，字景歐，河内人。萬曆三十五年進士。授行人，遷户部主事。出爲衡州知府，平臨藍盜，瑶、僮化之。調汾州，陞登州副使，兵不敢譁。轉神木參政、榆林副使，以僉都御史巡撫寧夏致仕。中原事亟，捐千金倡修郡城，以二千金修柏香鎮城。又邑熟田代荒田輸租六千金，及輓豆二千里外轉遼陽馬，皆力請得免。北京不守，李自成以士大夫實關中。嗣修年八十一矣，走山西，得全歸卒。

時河南遺臣：

祥符則李鴻，字天際，崇禎十五年舉於鄉。自興縣知縣遷鞏昌同知歸。

通許則李雲鴻，字翔南，崇禎四年進士。歷介休、陽曲知縣。遷山東道御史巡按廣東，撫黎歸化，訓以漢俗。亂隱南京。陞杭嚴參政歸。

原武則趙明遠，字虛白，崇禎七年進士。歷盧龍、南和知縣，力拒餽遺。遷户部員外郎歸。清召不應。卒年七十六。

陳州則雷恒，字貞一，恩貢。授辰州同知，斷大獄，修邊垣三百里，致仕。寇起，捐資建城。城陷，走。卒年八十四。

徐時彩，精騎射，崇禎九年武舉。官信陽守備，憂歸。守城力拒，重創甦。

西華則李大紳，周襄樂郡主儀賓。城陷至開封，督文武死守。城陷，奉郡主歸隱。

杜鉉，字君之，副貢。平涼通判，立學、平寇、安民。遷慶陽同知，套寇大犯，捐奉佐軍。洪承疇薦，以親老歸，奉父文昌寨。國變，教生徒，言故國輒涕泗。

程世眷，歲貢。授平涼訓導，中途聞變歸。

沈丘則李如霖，字媚澤，天啟元年舉於鄉。授城固知縣，修城，迭破寇。歸而杜門。

李煥，字澹庵，太僕卿胤嘉子，諸生。任學正，隱。

汜水則禹好善，字存誠，天啟七年舉於鄉。歷趙城知縣，河間、武昌推官，以御史巡按山東大順真定。清迭薦不出。

孟津則李如榧，字婁公，崇禎九年舉於鄉。歷綿竹知縣、賓川知州，歸講理學。

盧氏則張翰沖，崇禎三年舉於鄉。官副使。

王國勳，選貢。官僉事。

趙濬，字顏河，崇禎十年進士。官東昌知府，隱。

商丘則胡琳，字林玉。武舉。大同守備致仕，躬耕古蠡臺。工山水，與劉藻齊名。藻，邑人，隱士。

睢州則余正元，字居環，崇禎十六年進士。官清河知縣。擅書畫，與州人陳四可不入城市。迭薦不出，自號雪崖樵者。

四可，字一中。崇禎六年舉於鄉。方袍氈幘，授徒，日談忠孝終。

息縣則洪恩煜，任光祿丞，助李若星守城得全。

河內則楊之璋，字荆岫。萬曆二十三年進士。歷三原、聊城知縣，戶部主事。三案起，力請終養。魏忠賢祠建，大吏索金，堅拒；請碑，力辭。璫敗，起精膳、儀制郎中。既二載，且補京卿，張至發欲一見不可。請病歸，爲園城南。北京陷，劉方亮逼之西安。道病，賦詩慷慨不屈死。

武陟則田守志，字子繇。歲貢。官廣昌知縣，有惠政，致仕。自成執至關中，不屈歸。

著述以明道爲己任，孫奇逢稱之。卒年八十六。

劉士傑，字育髦，歲貢。孟津訓導署知縣。鄰邑以王䪺貽禍孟津，力鳴上官罷之。遷磁州學正，兵變，城守無恐。國變歸，不見一人。

温縣則張斗，字南乙，歷濟南同知、大同監軍僉事。

趙明綱，字念萱，崇禎十五年舉於鄉。汲縣教諭致仕。遇上忌，輒悲哀不食。

新鄉則郭士標，字公望，尚書涓子，任太學生，潛修著述。佐本生父浣參政陝西，拒寇有功。後爲侯恂贊畫。國變入山，與奇逢交。卒年八十三。

獲嘉則馮上賓，字杜洲，天啟二年進士。歷陽城知縣、兵部主事、漢中知府、湖廣參政。歸二十餘年卒，年八十四。

安陽則劉鼎，字銘周，恩貢。官教諭，工草書。杜門二十年，自稱明處士。

林縣則劉芳遠，字粹源，崇禎十三年進士。授行人，册封潞王，卻餽金。乞歸課子。

涉縣則李四端，選貢。官絳州知州。隱開封，助城守。詩多變徵之音。

楊其廉，字計六，崇禎十三年進士。授長垣知縣，歲祲，請免賦。謫揚州炤磨，遷兩淮運副，歸。召不出。

張爾忠，字補衮，濰縣人。崇禎四年進士。授臨漳知縣，實心任事，修建外城，部署鄉民自爲守，不加派一錢，民咸德之。在任六年，寇不敢入。遷山東道御史巡按陝西，改參政。十四年，擢副都御史巡撫，捕殺李自成族，斬賀人龍，定其部。時寇且撫且畔，上言：「河北之賊以撫南渡，棧道之賊以撫西逞，張獻忠又以撫思割地，是在處之以兵耳。夫寇在豫，爲井中之獸；渡河而南，則出柙矣；倘再渡而北，眈眈卧榻之旁，將有不可言者。」不報。十五年乞病歸。清兵圍城，與胡振奇、王縉、宋翼明、劉鳳毛力守，大勝全城，遂毁家益練鄉兵保守，後散去。

北京陷，膠州、即墨、高密、昌邑亂。靈山人張大雅攻膠州，郭文祥拒之。州人韓繼本糾衆復攻城，曾櫻、文祥去，州紳自守。州人袁子國擁兵欲仇諸紳，文祥遺兵黄樹結無賴通寇，而以敢死士陵子國兵，諸紳乃假樹攻子國。子國又結樹黨薛莊殺樹。會柯永盛以清兵下，高密州人迎師。永盛殺繼本。爾忠未幾卒。

振奇，崇禎十年進士。武選主事，致仕。清薦力拒。

縉，天啟二年進士。湖廣布政使歸。

翼明，字以之，崇禎七年進士。歷鄖陽僉事、汝寧參議。清薦不應。

族父士藻，字錫如，太學生，習武。從翼明晋秦楚豫拒寇。北變，郭尚友薦參將，與王會元、秦尚行相拒，保全孤城。

鳳毛，字兆聖，任桂林通判，爲奄黨劾罷。清薦不出。皆濰縣人。

同時青、登、萊及遼東遺臣：

益都則王玉先，字稺崑，選貢。保寧知府，致仕。

臨朐則傅國，字鼎卿，萬曆四十一年進士。授通許知縣。遷户部主事員外郎，督遼東糧餉，節款一百二十萬。遼陽陷歸。北京亡後，火死。

諸城則劉元化，字斗杓，萬曆三十七年舉於鄉。歷高陵、雒川知縣。北京亡，號哭焚衣冠。年八十一醉死。

蒙陰則王詢，副貢。歷衡水知縣、階州知州。國變爲僧。

莒州則魯應纁，字文叔，衡府儀賓。諸生。國變，王眷依之，至今莒多朱氏。

掖縣則王萬象，字新寰，天啟五年進士。授固始知縣，遷四川道御史，巡按江西，入掌河南道，陞太僕少卿。入清薦用。

林文蔚，字君豹，萬曆四十六年舉於鄉。歷禹州學正，國子正丞，户部主事、郎中。出爲漢中知府，調潞安，雪冤獄，歲大飢，力振，禽高平、澤州奸民。陞井陘副使，終養歸。卒年九十四。

張宗英，字彦伯。父文炳官知州，死難。任臨洮通判，致仕。

謝繼遷，字禹門，崇禎十年進士。永平推官。北變，庵居蔬食終。

膠州則趙僎，字弗如，萬曆四十三年舉於鄉。授順義教諭。孔有德反，詣闕疏陳守功罪，又上足民弭盜疏。國變隱。

高密則王昌宏，官太僕少卿。北京陷，執拷幾死。清兵至，歸。貧死。

即墨則周爆，字子徵，侍郎如砥子，恩貢。任順天推官，轉刑部主事、郎中，雪冤獄。出爲南雄知府，寇迫修城。子昌胤，字孝先，附貢。崇禎十五年，與父出財保里卒。

黄縣則賈上進，字憲玉，萬曆三十七年舉於鄉。歷阜城、曲陽、柏鄉知縣，拒寇忤璫歸。清薦不赴。

福山則于爾直，字完初，選貢。授平遥知縣，不立忠賢祠。遷滄州知州。清起不出，憤卒。

萊陽則遲鑛，字鱗伯，崇禎十年進士。行人。國亡不仕。

董嗣諶，字疑始，天啟五年進士。歷户部主事、河南按察使，隱。

兄嗣朴，字長白，天啟元年舉於鄉。官山西副使，隱。二十七年卒，年九十四。

遼東前屯衛則朱國梓，字鄧林，都督梅子，選貢。歷户部主事、員外郎，司關務。遷永平僉事。國變，與總兵某舉兵復仇。已清兵入，誓墓完髮，居石門寨，著書以老。

佟子見，選貢。官留守參軍。國變，隱寧夏中衞，工詩文。

鄭二陽，字敦次，鄢陵人。萬曆四十七年進士。授德安推官，聽斷明允，事無冤滯。潞藩諸莊中官往來收租擾民，請有司爲之徵解，中官止受成事，人皆便之。行取。時魏忠賢擅政，令所私授二陽疏，私令劾楊漣不法事，清要可立致。不從璫意，遷南京工部主事。漣死，懸贓巨萬，爲作募疏醵金，詞意悲壯，觀者泣下。歷吏、禮部郎中。出爲淮揚僉事。時皇陵焚，淮揚大震，二陽䩄鞈臨戎，簡練士卒，一切戰守之具無不備。及寇再躪滁，屠六合，而揚卒無警，皆綢繆力也。馭吏嚴而不苛，案無留牘。巨璫以㪉鹽至，責監司行屬謁禮，不動。璫心折之，舉卓異第一，加參議。泰州以竈變告，親之諸場開諭，爲除蠹害，事乃寢。淮南旱蝗，饑民枕籍，乃立五廠振之。治揚五載，寬房稅，毀鋪禁，革贖鍰，停鳳米，釐剔百年積弊，民甚德之。調安廬。

崇禎十一年召對，言練兵措餉，稱旨，擢僉都御史巡撫安廬池太。時賀錦馬守應勢熾，與宋一鶴、朱大典蹙之潛懷山中，追破爭世王燈草坪，斬千八百級，一時東南半壁暫賴保障。然行軍盛威儀，在桐城聞警，移譙樓大礮於輳門，備城破巷戰。又以陰德書示士民，戒勿捕傷禽鳥。寇去，掠堡兵獻馘，卒坐失機下獄。北京被圍，與董象恒同釋，居鎮江。南京亡後，歸里杜門，屢薦不起卒。

象恒，字有仲，嵩江華亭人。萬曆四十七年進士。授開州知州，白蓮教亂，守城有功。累遷兵部郎中，以敕命圖書頒給西僧喇嘛王桑吉叭囈等。出爲漳南參議。鄭芝龍鈔畧，分道剿克之。又滅山寇於冷羊頭巖。乞終養歸。起福建屯鹽參政。崇禎十四年，以僉都御史巡撫浙江，造漕舟五百濟運，捐奉首倡，屬吏樂輸，不費公帑，又免封民舟之累。史可法題叙，下詔褒美。頻年災荒，萑苻嘯聚，屢奏請蠲振，寇乃四散。許都亂，建獨嵩、昱嶺二關，浙防屹然。未幾，都平。十六年，以四千人應詔勤王入衛，中蜚語逮下獄，民罷市，詣闕訟者萬人，釋歸。坐卧小樓，卒年七十。

張鵬雲，字漢沖，陽城人。萬曆四十四年進士。授商丘知縣。遷刑科給事中，追言梃擊，議曰：「張差之兇逆顯著，而僅票法司提問，則庇姦之罪當與劉廷元同科也。」又疏曰：「差持梃闖宮，正東朝危急、皇祖震動之時，舉朝皆有宗社之憂，即鄭國泰亦有家門之慮。此何時何事，廷元職司巡視，親鞫其事，以臣子而首定賊亂之獄，當如何忠憤激發，乃平平點綴，補入風顛；輕輕轉語，贅以點猾。眼目顯然，伏案頗巧。然則廷元爲國泰護法，爲龐保、劉成卸身，其設心良苦，而其造謀殆不可掩。及提牢詰究，而風顛之計破；文華鞫問，而欽犯之案結。廷元網羅密布，牙爪滋張，凡爲國本倡正論者，或休或徙，或察或調，以爲差報仇，以爲風顛結局。不惟一時之人才消磨殆盡，而數載之公論顛倒無餘。總皆廷元之爲也。

聞當日慈寧宮召對之時，皇祖面諭羣臣：「御史劉廷元奏原是風顛，外邊如何有許多説話？」即此觀之，「風顛」二字，喫緊乎，不喫緊乎？廷元之入「風顛」二字，爲保姦乎，抑爲發姦乎？若非九廟有靈，皇祖獨斷，「風顛」二字到底糊塗，持梃奸謀一筆抹盡，即先帝一月之太平天子，事尚有不可保者。不知廷元此時，將與胡士相等同功乎，抑將與王之寀等同罪乎？

紅丸案，議曰：

李可灼一丸紅藥，致先帝升遐，罪在不赦，法無可原。當是時，首輔方從哲既不能力止可灼於未進藥之前，又不能請逮可灼於先帝升遐之後，乃票以回籍調理。若以可灼進藥爲是也，又若以進藥致損聖躬爲無罪也，忘君父之仇，昧討賊之義。從哲之罪試有百口不能自解矣。

移宮案，議曰：

封后、移宫二事，倘非禮臣、科臣之力爭，不知從哲欲何爲乎？有禮臣、科臣之力爭，爲從哲者得無愧死乎。

會憂歸。服闋，起四川參議，削籍。崇禎元年，召禮科，轉户科右。二年，陞禮科左、兵科都。三年，擢太嘗少卿。五年，以僉都御史巡撫順天，革徭役，飭武備，安輯百姓，彈壓勳戚。當事誣以規避，罷戍。性耿介，不立名譽，在言路持論侃侃，退焚其草，里居絶口朝政。北京亡後又七年卒。

崔源之，字士本，鹿邑人。天啟二年進士。授營繕主事，管修方澤壇，差修惠府，買銅鑄錢，造戰船，省銀數十萬。魏忠賢擅政，部郎附者，一二年至尚書、都御史，璫敗，前後四十餘人抵法，免者二人，仕不滿月許。惟源之六載郎署不遷，公論重之。出爲大名知府，寇逼，繕城備火器。轉薊州副使，調山西，管鹽軍糧餉驛傳海防事，陞永平參政，擢按察使，督無保留，仍管道事。晉山西右布政使。崇禎十四年，以副都御史巡撫延綏。榆餉缺五年，智撫恩結，軍無譁者，西垂宴然。十五年，疏請告，不許。十六年再辭，予告歸，年六十。林居敝衣糲食。又十餘年卒。

劉令譽，字闇然，洪洞人。天啟二年進士。歷潁上、寶豐、汝陽知縣。以御史巡按河南，督左良玉、湯九州破寇泌陽，斬飛虎等千餘級。累擢通政使。崇禎十一年，以兵部右侍郎巡撫延綏，請開渠導河，得水田萬畝，備救荒策，協理防河。入爲左侍郎。國亡後卒。

湯道衡，字平子，丹陽人。萬曆四十四年進士。自户部主事，歷南昌知府、武德僉事，有吏才。崇禎九年，以僉都御史巡撫甘肅。十一年，坐不能禦寇罷。弘光初卒，贈兵部右侍郎。子愚，任錦衣指揮僉事。

劉鎬，字日都，宜城人。天啟二年進士。自永城知縣累遷易州副使。崇禎十一年，以僉都御史巡撫甘肅。國亡後卒。

王公弼，字梅和，滄州人。萬曆四十四年進士。歷營繕主事、虞衡員外郎。出爲寧國知府，通楚糴，設鼓鑄。轉徽寧副使。璫勢張，有説少曲意，槐棘可唾手得，不應。吴養春獄株連數千家，力爭豁贓幾十萬。遷靖遠參議。調東昌副使，振百萬計，平鄆城、濮州、東阿盜。崇禎十四年，以僉都御史巡撫山東，九疏請蠲振，加户部左侍郎。李青山亂，大創於張秋俘之。坐寇攻濟陽不爲意謫。已擢通政使，未至而北京亡。清起用原官，終侍郎。

樊尚燝，字明卿，進賢人。萬曆四十四年進士。歷應城、江夏知縣。遷山西道御史。温體仁熱心會推，疏論之。巡鹽兩淮，增課百萬，以羨七萬助邊。爲璫誣罷。起視京營，日夕防守。累陞太僕少卿。崇禎十四年，以僉都御史巡撫河南。時徵兵防山口，河南備多而兵少力弱，寇至不能禦。十六年坐免。

秦所式，字懷生，三原人。崇禎四年進士。歷祥符、諸城知縣，户部主事，冀南副使。崇禎十六年，以僉都御史巡撫河南，平劉超亂，渡河擊李際遇，斬二千級，解汜水圍。李自成入西安，與副總兵李成棟守孟縣。十七年二月，以任濬代。未至去，削籍。自成至，被執。從孫諸生志，字德如，説以大義。八月，遇害於平陽。

劉宗祥，字梧陽，黄岡人。天啟五年進士。授金壇知縣，平海盜王武烈。遷御史，巡按江西、四川。秦良玉平奢崇明，賞格不行，上其狀。陞太僕少卿，管東路，面劾張捷行私。崇禎十二年，以僉都御史巡撫江西歸。與王之綱爲兄弟交。之綱降清，掠其資十餘萬，殺之而滅其屍。

陳良訓，字式甫，進賢人。萬曆四十一年進士。歷行人、刑部主事、户科給事中，疏陳防微，劾趙南星、左光斗、魏大中，已上國運方興、多難未息疏，劾沈一貫奸貪，一貫致仕。楊漣糾忠賢，忠賢肆辨，先下其章，力言疏不宜先下。再劾梁廷棟，罷。起吏科，劾李廷機。陞都給事中，論廠衛訊鞫之濫，忤王永光，出爲台紹參政。擢浙江按察使，轉陜西布政使。崇禎九年，以僉都御史撫治鄖陽，力守全城，平郭三海等。後以殺良冒功被劾歸卒。

廖大亨，清江人。天啟二年進士。累官上川南副使參議，監楊嗣昌軍。崇禎十三年，以僉都御史巡撫四川。十五年罷。

張宸極，字用其，河津人。天啟五年進士。授偃師知縣。妖民黄守方，前任加禮，詗其奸誅之。遷御史，督學宣大，請曹文詔入晋辦寇，乃命節制山陝。巡漕南直，有陋規數十萬金，散之飢民。調順天府尹。崇禎十五年，以僉都御史督治昌平。入爲户部右侍郎。山西有折解本色，謂飢民不宜重困，疏免之。改左，母憂歸。臨歿，深以未死國爲憾。

周鼎，字在調，宜興人。萬曆四十一年進士。授平陽推官。崇禎八年，以工部右侍郎總理河道，修泇利運，又大培高家堰隄，增築天妃閘石工。加尚書。以漕舟阻淺，上怒，周延儒、沈胤培、張國維保之得免。十一年冬，北京危，急起鎮臨清，説高起潛止淫掠，受約束。以年老告歸，卒年八十九。

蔡官治，字羽明，德清人。萬曆四十七年進士。自兵部郎中出爲真定知府，不立魏忠賢祠。趙南星忤璫，欲殺之，矯旨命行枷，較風以意。曰：「吾詎敢殺人媚人，貽後世清議。」多方周護，得不死。出爲湖廣督學僉事，轉衡永副使。崇禎十五年，以剿寇功，遷副都御史巡撫陝西。時李自成入關，孫傳庭敗，躬厲士衆，疾趨潼關，軍聲大振，復集商雒潰兵，部勒與戰，撫高傑、王卑。寇退，條上十事，報可。而忌者横構百端，罷歸。南京亡，日夜泣，病不藥，衣冠北拜卒。

徐一掄，字英度，上虞人。天啟四年舉於鄉。授保山知縣，多惠政。遷山東道御史，巡視陝西茶馬，釐飭一新。自成至，被執，受刑不屈。事敗間歸。江上潰，憤卒。

高顯，不知何許人。臨鞏副使。

錢選，嘗熟人。舉於鄉。隴右參議。

周弘圖，字子固，即墨人。選貢。宿遷知縣、貴陽監紀同知、平越知府，以平安邦彥功，轉靖遠副使、岢嵐參政。

曹夢吉，任丘人。萬曆四十三年舉於鄉。寧夏、河東副使。

劉印，南昌人。西寧參政。

李楠，崞縣人。西寧副使。

范德顯，字淑微，即墨人。選貢。居庸通判，以守城功，遷西安同知。北變後卒。

賈鶴年，萬年人。崇禎七年進士。長安知縣。

趙之勵，蒲州人。天啟七年舉於鄉。咸陽知縣，兵至去。

李天篤，字愧庵，雄縣人。進士。涇陽知縣，去。

張錫蕃，安陸人。舉於鄉。涇陽知縣，降。

韓淑琦，字艾愚，永城人。崇禎十二年舉於鄉。興平知縣，憂歸。卒年七十八。

王建極，靜樂人。選貢。臨潼知縣。

劉運隆，安丘人。崇禎六年舉於鄉。渭南知縣。

顧其言、楊皇禎。皆不知何許人。藍田知縣，降。

張雲龍，字伯興，大興人。選貢。鄠縣知縣。黄冠入山。

崔允升，字一初，翼城人。崇禎十三年進士。富平知縣，降。

彭三益，字曠庵，藁城人。崇禎十三年進士。三原知縣，降。

李友梅，趙城人。歲貢，三原丞。

宋國正，河南人。蒲城知縣，降。

揭惺，字木男，建昌廣昌人。崇禎十五年舉於鄉。雒南知縣，後脱父執死。

羅祚胤，馬平人。崇禎十三年特用。雒南知縣。

支廷諫，浙江人。舉於鄉。山陽知縣。

唐揚，不知何許人。鎮安知縣。

黎甲，不知何許人。經歷，署鎮安知縣。

周應新，畢節人。崇禎六年舉於鄉。同州知州。

蔡仕，字士田，武昌人。天啟七年舉於鄉。安定知縣調朝邑，修城、積粟、講武，歸。

晉承寀，洪洞人。歲貢。灤源知縣調郃陽，去。

党國柱，字伯才，扶風人。歲貢。郃陽訓導，隱。

蕭譜元，字籟始，永城人。崇禎七年進士。襄陵知縣調韓城，固守，歸。南京亡後降。

譚文，長沙人。歲貢。劉芳聲，東明人，歲貢。傅繼祖，射洪人，歲貢。皆白水知縣。

孔尚標，曲阜人。選貢。同官知縣。

馬履雲，字景莘，潁上人。選貢。慶陽推官遷乾州知州，爲僧，卒年八十三。

王永年，字祺延，汾西人。選貢。忻州訓導遷武功知縣。自成强授臨鞏防禦使，不應。

馬國柱迭薦，不出。卒年九十二。

張教，汾州人。選貢。永壽知縣。

莊天麟，武進人。崇禎十三年特用。永壽知縣，降。

孟學孔，宛平人。歲貢。淳化知縣，建敵臺，邑資保障，去。

武振，大同人。長武知縣。

單世賞，不知何許人。岐山知縣。

魏名大，武鄉人。崇禎十三年進士。三原知縣調寶雞。

宋之傑，字萬特，開平衛人。選貢。扶風知縣，平寇，降。

梁士純，字武堂，曲沃人。恩貢。扶風知縣。

高知斗，邠州人。歲貢。郿縣訓導，哭廟去。

巨道凝，臨汾人。恩貢。歷博野知縣、同州知州，力守全城。調鄜州，改定邊同知，浚渠溉田數千畝。擢漢中知府，保衛殘民，歸。清召不出。

姜銓，文安人。萬曆四十年舉於鄉。漢中知府。

張元初，大理趙州人。天啟七年舉於鄉。歷胙城、黄縣知縣，遷漢中知府，降。

黄應祥，龍里人。萬曆四十三年舉於鄉。漢中同知，終僉事。

畢大中，繁峙人。選貢。南鄭知縣。

焦應鶴，保寧人。褒城知縣，有惠政。

劉絅，巴縣人。歲貢。鳳縣知縣調洋縣。

王際明，撫寧人。選貢。沔縣知縣，拒小紅狼，力戰傷免。

王暐，成都人。舉於鄉。寧羌知州。

周灝，夏邑人。舉於鄉。鳳縣知縣調略陽。

牛天錫，不知何許人。舉於鄉。延安知府。

張仲友，廣東人。膚施知縣。

黎昌期，廣東人。恩貢。保安知縣遷主事。

蹇而文，巫山人。歲貢。保安知縣。

孫仲，昌邑人。歲貢。延川知縣。

胡允賓，石阡人。延長知縣，拒寇安民。

扈鶱羽，長安人。延長知縣。

劉永昌，臨汾人。歲貢。延長知縣，兵迫歸。

劉應元，遼東寧遠人。恩貢。青澗知縣。

劉惟馨，昆明人。舉於鄉。鄜州知州。

邊大綬，字素一，任丘人。崇禎十二年舉於鄉。米脂知縣，發自成祖墓。後被執，降。

閻宗聖，不知何許人。葭州知州。

胡士魁，密雲人。神木知縣。

何喬嵩，東莞人。崇禎十三年特用。府谷知縣。

李嗣泌，龍安石泉人。選貢。授維摩知州，遷慶陽知府，致仕。隆武元年秋，嵩潘亂，被執。子諸生嘉代死，嗣泌得免。

王多才，鳳縣人。歲貢。慶陽教授。隱晝屏山，卒年八十一。

劉廷元，北直人。歲貢，合水知縣。

魏民牧，曲沃人。環縣知縣。

宋文英，壺關人。歲貢。真寧知縣。

李用中，南陽人。恩貢。寧州知州。

魯國俊，全椒人。平涼知府。

張坊，不知何許人，平涼推官，降。

武應元，真定安平人。歲貢。崇信教諭，攝知縣，歸。

徐國化，棗强人。副貢。崇信知縣，歸，專研理學，從遊甚盛，以壽終。

蔣三捷，遼東寧遠人。歲貢。隆德知縣，降。

潘雲昇，順天人。靈臺知縣。

陳景，字鑑世，宣城人。崇禎十三年特用。靜寧知州。兵至，民擁之降，收印綬去。

文先國，荆門人。萬曆四十六年舉於鄉。莊浪知縣，有才德歸。

馮兆祺，北直人。舉於鄉。鞏昌知府。

郭迎，褒城人。隴西知縣，終昌平副使。

應昌士，字吉生，仙居人。崇禎十三年特用。安定知縣。

田之穎，榆社人。選貢。會寧知縣。

路尚綸，扶溝人。舉於鄉。通渭知縣。

王良卿，遂寧人。選貢。漳縣知縣。

曹崇信，蒲州人。舉於鄉。寧遠知縣。

李日芳，杞縣人。舉於鄉。寧遠知縣，降。

曹大行，遼東海州人。功貢。伏羌知縣。

高衍慶，字沖暘，膠州人。歲貢。西和知縣，以神君稱。國亡失明，久之歸，卒年八十九。

杜居陽，萬全人。成縣知縣。

李香遠，洋縣人。歲貢。秦州學正，歸，卒年八十二。

鍾鴻穎，海寧人。天啟四年舉於鄉。秦安知縣。

閻希魯，東明人。舉於鄉。秦安知縣。

萬曲選，江西人。選貢。清水知縣。

游文選，不知何許人。清水知縣。

王定國，眞定人。禮縣知縣，力守全城。

彭應程，河南人。選貢。禮縣知縣。

竇鎧，平定人。舉於鄉。階州知州。

孫紹先，壽州人。選貢。文縣知縣。

虞紹唐，吉州人。恩貢。徽州知州。

卞爲麟，不知何許人。徽州知州。

盛廣，字爾昌，桐城人。崇禎十三年特用。徽州知州。隱黄巖洞。

徐文獻，黎城人。選貢。兩當知縣，善於撫輯。遷鞏昌同知，未行，偕廣入山。

石應岷，丹陽人。舉於鄉。臨洮知府，寬徭撫民，嚴法治盜。

馬蔚，西充人。舉於鄉。漢中同知，遷臨洮知府。

姚思虞，字元遜，青縣人。萬曆四十年舉於鄉。授蘭陽知縣，遷臨洮同知。清召不出。

劉凝祚，霸州人。狄道知縣。

王承惠，字子年，蘭陽人。天啟四年舉於鄉。渭源知縣，爲政寬和。自成命仍故官，不應。士民遮挽，不克。

龔勝先，貴州人。選貢。金縣知縣。

王汝楫，商丘人。選貢。河州知州。
吴名儒，不知何許人。平利知縣，降。
郭一儒，長沙安化人。選貢。石泉知縣，降。
張鵬翔，字搏九，臨城人。選貢。河陰知縣。
郭修身，北直人。舉於鄉。白河知縣。
伍中愷，安莊人。天啟七年舉於鄉。綏德知州，遷榆林東路同知。
陳資託，四川人。舉於鄉。寧夏同知，流寓慶陽。
田舜年，淮安山陽人。選貢。寧夏西路同知。
張正禄，海州人。靖邊同知。
王衮，字五章，華陰人，歲貢。鎮夷訓導。國亡歸，興王弘撰遊。

郝士膏，字臣水，鄖縣人。萬曆四十一年進士。授芮城知縣，遷禮部主事。泰昌元年，轉户科給事中，上言：「劉光復生平背公樹黨，招權納賄，第止於利歸身家，未至毒中宗社。若『皇上慈愛』、『皇太子仁孝』二語，非因此以得忠藎之名乎？方張差未及究擬，而光復輒有『無詫奇貨、無居元功』之説，諷切問官，預爲逆黨出脱地。此其肺腸，欲何爲也？及宸怒一發，魂魄俱廢，不敢復申一語，以自明初心。前之越次陳言何其壯，後之隱忍含糊何其萎也，忠戇者固如是何！』章下所司。天啟元年二月，又奏言：「差持梃東朝，主使者自龐保、劉成、馬三道。外戚臣鄭國泰出揭自明，亦已情形敗露矣。當時王之寀之審語，何士晋之彈疏，皆鑿鑿可據。光復乃言『毋詫奇貨、毋居元功』，力阻誅賊。此果爲調和兩宫哉？且光復謂彌隙釋嫌，所以善處骨肉。夫引繩批根，誅鋤逆黨，非彌釋嫌隙之大者乎！光復何計不出此也？乃曰：『聖訓已明，自當靜聽。』此亦劉廷元風顛之説也。夫使差而果風顛，何以聖諭言風顛，又言姦徒。既顛矣，又何姦乎？其説萬萬不通者也。」無何憂歸。服闋，起吏科，偕丁乾學典試江西，發策刺魏忠賢。忠賢怒，降調。徐復陽疏參士膏，矯旨削籍追贓。崇禎元年，起兵科，歷禮科右、左，太嘗少卿，管光禄寺。十三年，以僉都御史巡撫河南，廉明嚴峻，官吏肅然。明年罷。李自成入關被執。十七年八月十四日，遇害於平陽。

杜三策，字升之，東平人。天啟二年進士，改庶吉士。授兵科給事中。魏忠賢擅政，楊漣劾奏二十四大罪，被旨切責。三策上疏畧曰：

舉朝皆知忠賢之奸，而皇上不知，此忠賢之所以爲奸也。忠賢之奸，舉朝皆見爲可誅可逐，我皇上獨見以爲可喜，此忠賢之奸所以入神也。

憲臣漣受先帝顧命，爲皇上社稷之臣，而可容滔天逆黨一日在君側乎？方今横流湍中，正不可少一砥柱，忍令鬱鬱不得其職，告老而去乎？忠賢擅作威福，流毒中外。此日以前，猶有所畏而不敢爲；此日以後，夫何所憚而不逞。諸臣不足惜也，如皇上爲社稷何？爲二祖十宗金甌之天下何？

郭興治劾之，回籍調理。又坐黨護熊廷弼，削奪。後忠賢矯旨逮三策。緹騎至德州，會忠賢伏誅，獲免。崇禎元年，起户科，册封琉球，卻金，得使臣體。歷户科右，太常、大理、太僕卿。十年，以兵部右侍郎僉都御史巡撫天津，修城練兵。北京亡後卒。

李懋芳，字國華，上虞人。萬曆四十一年進士。授興化知縣，弭盜鋤奸。有黠胥進金，叱之膽裂。邑人以女私人，自火其廬，覓他屍投燼，請治其壻。懋芳聽斷間立辨其詐，竟獲女子所私家。遷御史，憂歸。服闋，起故官。魏忠賢勢張，適青廠災，璫爲揮救，幸全諸廠。廷臣頌廠臣功，懋芳不阿，惟歸福朝廷而已。崇禎初，督學蘇嵩，搜羅名宿，得人稱盛。周延儒枋國，抗疏論其植黨營私，蠹政害民。出，刷卷南畿。歷大理僉都御史。會寇警，命巡撫山東護漕。適雨雹災害，疏謂小人害正所致，忤温體仁，劾罷之，出其黨顏繼祖代撫。時封疆淪歿，廷議謂懋芳去留係東南存亡，交章推薦，會事留中，不果。清兵入紹興，與丁進薙髮同降。

進，字印趨，上虞人。萬曆四十七年進士，改庶吉士，授簡討。魏撫民僭衣命服入朝，進斥之。忠賢怒，與同官陳子壯等首摘其奸，俱削籍。璫敗，召還，晉左春坊經筵日講。主試南直，忤權要歸里。

林贇，字季宣，莆田人。萬曆四十四年進士。授户部主事，榷税九江。遷金華知府，興利除弊。累陞荊西副使、浙西參政。值温台警，申戰守備，寇聞遁去。歷江西按察使，廣東、廣西左布政使。崇禎十一年，擢副都御史巡撫。楚寇數萬入境圍全，檄狼兵廖奇赴援，並授以密計，大破寇。僮韋扶同焚陽朔，命指揮高繼祖率師平之。靖江王亨嘉有異志，欲邀城外觀操。贇曰：「親王不典兵，祖制也，且出城有禁。」亨嘉又言：「土司願共討安南，自備十萬兵，止須撫軍檄允其統率，可成大功。」告以「無故用兵屬國，非請旨不可」。亨嘉遂不敢動。在桂六年，紀綱肅然，貪吏解綬。十六年二月，巡按李仲熊、副使蔡澄疏劾玩寇，十二月罷歸。卒年八十二。

王文清，汾州永寧人。萬曆四十七年進士。歷唐縣、容城知縣，儀制主事，遵化僉事。崇禎十四年，以僉都御史巡撫順天歸。北京亡後卒。

劉養貞，字念衡，邛州人。崇禎四年進士。歷漳州、漢陽、河間推官，有神明稱。遷虞衡主事，轉武選郎中。十七年，以僉都御史巡撫鳳陽，未任。三月，李自成兵迫，在金水河大詈秉樞，拳毆中貴。上崩，詣東華門，視梓宮含殮，卧哭三日夜，聲不絶。自成義之，不加害。既葬，晦跡，賣卜北京，養母以終。

楊進，蒲州人。萬曆四十七年進士。崇禎十三年，以僉都御史巡撫保定。十五年罷。自成兵至，大駡死。

王裕心，字元涵，孝義人。天啟二年進士。授國子博士，疏頌楊漣冤，陳魏忠賢罪惡狀。以户部郎中司銀庫，上羨銀十萬。歷大名、寧夏、蘭州、榆林副使，陝西布政使。崇禎十三年，擢僉都御史巡撫，有軍功。國變後，不食卒。

王永祚，字原修，太倉人。萬曆四十七年進士。授零陵知縣。崇禎中，遷上江防僉事，修築隄垸，湖不爲患。屬吏有以荔枝餽者，啟篋得白金，即擲還，仍注下考。尋督學湖廣，甄拔稱得人。十四年，以僉都御史撫治鄖陽。張獻忠出川，趨當陽，扼之房、竹，改趨宜城。明年十二月，寇以數萬衆攻樊城，左良玉引兵他避，永祚不能獨禦，奉襄、唐二世子微服走，投水獲救。命逮問，會北京陷，安宗立，遵旨就逮，下刑部獄。南京亡，歸里。歸莊、顧炎武奉之起兵崑山，城陷死。

朱一馮，字明景，泰興人。萬曆二十六年進士。授信陽知州，累遷刑部員外郎、職方武選郎中、福建參政。夷舶屢至，扼之金門。福寧兵變，單騎諭散之。歷按察使、布政使，調山東。天啟六年，以僉都御史巡撫福建。崇禎改元，鄭芝龍亂，喪師，又以黨逆，上將誅之，削籍歸。虎踞灘田九千六百畝，家富多怨。弘光時，史可法造門勸助餉二十萬塞謗，不應。高傑疏言一馮多藏厚亡。上命察田產，追贓四十萬。時議過苛，非可猝辦，後減至七萬。一馮遁閩，賄馬士英得免。

子斅慶，字巨源，副貢，龍泉知縣；永慶，字長源，貢監。隆冬追比，至墮二指。南京亡，起兵，逐知縣陳棐，斬縣丞景文瑞。事敗被執，放歸。

黃希憲，字雙南，宜春人。天啟五年進士。授順德知縣，遷嘉興知府。以御史巡鹽兩淮。中貴用事，額課不足，特疏更綱，中貴不能撓。改按甘肅，約浮費，飭將吏，禦寇有方畧，嘗單騎撫萬人。歷福建右參議、太僕少卿。崇禎十三年，以僉都御史代張國維巡撫應安。三吴漕、白二糧久累民，力請減折。知府方岳貢被誣逮，力白其冤。海寇王尚忠擾崇明，殄渠散脅，吴淞平。十五年，擢兵、工二部右侍郎，總理河道，特疏薦沈壽民。清兵南牧，逃。弘光時，與棄地巡撫王聚奎、陳睿謨、王揚基、郭景昌、何謙俱逮問，誣希憲冒餉，削籍下獄。江北四鎮疏救，曰：「希憲既不屈節，又屢餉軍，計圖恢復，不愧古忠臣奇男子。」未幾得釋。南京亡，擁戴潞王常淓。杭州降，依故宜春知縣章志佺於紹興，遇盜死。

子友蘇，字子瞻，選貢。楊廷麟起兵，欲復分宜以應。清兵至城下，敗走安福，力戰被執，噴血大罵死。

邑人趙鳴鐸，字遒以，諸生。同起兵。友蘇死，從瞿式耜軍，同死。

王聚奎，字聯珠，鄜縣人。崇禎元年進士。授行人，累遷貴州道御史，疏劾楊嗣昌「機事不審，予智自雄，用一太阿倒持之熊文燦，而寇勢日張；用一大言不慚之吴阿衡，而邊關不戒。出處俱失，忠孝兩虧。無涓埃之補，貽丘山之禍。」不納。濟南陷，劾嗣昌，「請立正大法，謝祖宗在天之靈，洩中外臣民之憤」。報聞。張獻忠屯穀城，首疏言其必畔。已以劾陳啟新，被謫。十六年，起僉都御史巡撫湖廣。武昌陷，自岳州走長沙。八月，獻忠至，詭云出戰，撤兵走湘潭、祁陽，猶日追贓罰。十二月削籍。隆武元年十月降。卒年七十三。

何謙，字非鳴，崑山人。崇禎四年進士。授南昌知縣，累遷河間僉事。十六年，以僉都御史撫治昌平。明年，寧武陷，昌平兵變劫焚，撫定之。張汝行迎降居庸關，謙自經，獲救。

至德州，與宗室帥欽兵。尋南走，下獄。南京亡後，憤惋卒。

陳睿謨，字嘗采，武進人。萬曆三十八年進士。以知縣遷山東道御史，巡按四川。魏忠賢生祠徧天下，巡撫尹同皋諷之。正色曰：「當留一塊淨土還朝廷，禍福吾任之。」卒不建。忠賢誅，下詔褒美。調按畿輔，出爲福建督糧參議，累擢湖廣布政使。其備兵禹州時，土寇楊四亂，統千户劉邦定禽之；修建儒學、潁濱書院；請蠲河患地百二十頃。崇禎十年，以僉都御史巡撫偏沅。土寇李荆楚、劉新宇、劉高峯亂，授尹先民方畧，迭捷平之。十五年，李自成入夷陵、荆門，睿謨奉惠王常潤走湘潭、嘗德。明年，嘗德告警，又遁，辰、岳遂陷，削籍。弘光時，與王揚基俱逮問，命助三萬金收贖，未幾卒。

子洛稷，崇禎十五年舉於鄉。任刑部郎中，多平反。出爲瀾滄僉事。子玉鎮，諸生，殉難。

先民，東昌人。睿謨大梁中軍，與長洲裴世芳、蕭山周師忠、上元王有成從至偏沅。先民以守備會總兵羅安邦平天王寺臨藍寇功第一，陞總兵。馬士英計中睿謨，先民以三千人至南京白其冤。未幾卒。師忠、有成降清。

揚基，字爾抑，潛山人。天啟五年進士。歷錢塘、東鄉、進賢知縣。遷户部主事，督餉湖廣。轉驛鹽副使。以援漢陽功，擢僉都御史巡撫承天。承天陷，左良玉東下，張獻忠連破蘄、黄、武昌，率罷卒數百，經湖南、江西，合良玉軍，涕泣誓師，謀恢復，督楊國棟復岳州。安宗立，以失機論治，尋命往王應熊軍理餉卒。兄振基，字爾玉，負才名。卒年八十一。

郭景昌，字仙巖，雒陽人。崇禎元年進士。授河津知縣。遷職方主事，疏言考選之弊。改雲南道御史，糾孔貞運闒冗素餐罷相。

十一年召對，言楊嗣昌調度失宜，并及高起潛備禦失策狀，上不答。退，疏劾之，乞立誅，正其誤國之罪，末言：「嗣昌倡『樂天事小』之説，致邊備日弛，上下欺蔽。庇一熊文燦，禍延諸方；私一常道立，毒流中土。且剛復自用，陰鷙恣行，筆端閃爍，工於飾非，真孔子所謂利口覆邦家者。宗社安危，視此一人，莫謂臣言不早也。」不納。巡按山東。時當清兵陷後，瘞濟南屍十三萬餘，發粟振民。再糾嗣昌「計劃顛倒，以致名藩陷没，禍及宗親」。忤旨被逮。獄中再上疏劾嗣昌曰：「嗣昌父楊鶴誤國，然猶庸拙，未嘗報怨於吴甡。嗣昌奸毒，搆起潛，内外夾攻，使盧象昇發憤戰死，死後又欲毁其名節。天下之人，切齒唾駡，惟皇上不知其事耳。目今流寇正横，而中樞如此，必至假手流賊，屠戮忠良，以禍敗國家。皇上至彼時而後知其奸惡，事無及矣。」上愈怒，切責，戍代州，民哭送之。歸值大祲，捐振活流民萬人。

十五年，以僉都御史巡撫湖廣，畏寇不赴任，逮問。明年，調山西代蔡懋德，未至而太原陷，南歸自理。劉澤清薦之，爲王鐸所惡，削籍驅逐。南京亡後，降於清，終嶺南參政。

贊曰：天下之壞，半繇良民盡化爲盜。然驅之者，貪刻之司道守令；釀之者，庸懦之督撫也。福臻、方盛、夢尹、家禎、奕輔、瞻祖、大成、嗣修、爾忠、鵬雲、源之、官治、士膏、三策、懋芳贄、景昌，皆英敏練達，無愧封疆守土之選。使久於其任，兵禍之烈豈至是！履霜不戒，尋至堅冰。悲夫！恂、繼謨、二陽、永祚、希憲、聚奎，素負清望；睿謨亦著邊才，事敗隱遁，雖不辱身，而或挂彈章，或棄清議。名節所歸，可畏也已！

南明史卷八十九

列傳第六十五

無錫錢海岳撰

羅元賓 張汝撰 沈一恂 賞奇璧 柴世盛 俞國賢 姚允莊 潘宗城 陸大紳 鮑經濟 秦凱 魯元錫 丁師虞等 陳廷俊 張從政 吳延齡 徐觀復 趙履祥等 王心純 尹鼎臣 潘復敏 管學經 王嗣奭 蔣之驎 馮文偉 呂鳳來 許鳴遠等 夏萬程 江萬紀 張展成 留長祚 李以雅 吳南明

鮑奇謨 徐時泰 翁鴻業 徐行恕 錢朝彥 曹國禎 陸位 胡敬仲 蔡道復 朱朝瑛 朱之椅 章閎績 章國佐 方大賓 吳希敏 余國禎 章可試 金肇元 盧光諏 金江等 周於德等 周之楨

王象晋 姚永濟 張法孔 邵名世等 潘融春 梁炳等 張光縉 王于陛

潘士遴 子堂依 胡振芳 柯元芳 戈用忠 鍾懋元 施日升 陸錫明 陸懋功 沈胤芳 吳文憲 徐昌治 俞之泰 劉渾 唐世涵 温育仁等 孫懋杰 沈儆炌等 蔣明鳳 吳士玠 沈戩穀等

張鑛

何萬化 子安世 江用世 蕭象烈 熊鳴歧 左佩玹

田時震 子而腴等 王運熙 陳正言 張國樞 何景雲 王德明

萬世芳　邊維明　李栩　鄭明經　傅應星　何遜　魏如京　王啟祚　魏璧　梁可棟　魏澹若　高掄　趙
禃　董維連等　倪光薦　袁士美　陰鶴鳴　孫世貴　祕業捷　朱佶　景星　張吉士　劉達　李用賓　范
士楫　吴東璧　李湛等　孫份　賈登瀛　戴邦禮　石瑩玉　李可植　孫允升　劉得政　張所志等　張弘
發等　宋之弼　馬魁選　張相漢　于廷標　王新命　宗鴻議　苗敏　王位　王殿國　趙兆麟　閻拱宸
雷翀　王敏　楊永俊　朱治泰　丁時學　黄光煒　楊家龍　王象明　嚴廷俊　劉令譽　張于鼎　李若星

黎象春　林永耀　張韜　王瓌　馮聖兆　邢應斗　原自新　顏習孔　魏生中　袁生芝　郭朝鳳　張養
素　毛宗昌　張絅　許汝都　高翼耀　龐國柱　何鳴鳳　黄邛　劉瑯　戴君恩　張玉昫　李噓雲　邊大
順　盛千齡　董會極　沈必成　齊克諧　余一鳳　潘巨　苟爲善　路從中　寇慎　王紹熙　王總衡
韓在　李昌齡　楊國柱　楊梧　張炳璿　邢大信　賈師逵　吕涵炳　張宏襟　劉文龍　楊復亨　何顯瑞

楊之翰　秦樂天　王家佐　秦四器　周昌祚　李長春　王九牧　吴璵　雷振關　劉時中　王子曜　郝
光顯　王善士　孫必茂　李行和　李躍龍　王湛白　曹養鯤　馬中驊　周志德　王耀祖　李子藩　翟事
心　王祚　謝誥　解引樾　衛禎固　衛先範　薛爾昌　趙濂　解允標　趙翔鴻　高來鳳　衛靖中　孫必
達　衛拱宸　孫弼明　權時昌　路世美　劉在朝　温珍　楊文選　賈克忠　程雲翼　曹暹　党國柱　李
招鳳　任義　王雲聲　李聖翼　党琉　李景貞　楊明盛　秦攀龍　程紹孔　許朝相　劉明彥　白鍾靈
魏天命　白玄福等　劉爾驥　李時馨　劉彝鼎　馬允際　陳灝　薛國柱　王胤昌　李國瑞　唐魁　王文

鳳　王秉樞　張金榜　董俊　韓士俊　房嘉寵　張行敏　劉奇德　魏知微　單士毅　尤捷　劉昌祚　苗
可進　陳善政　郭清霞　王皚　楊思敬　盧訪　王元　魯希聖　盧建中　陸文衡　吴嘉禎　申芝芳
張長城　朱壽陽　韓逢禧等　葉紹袁等　費彙興　陸汝孝　唐昌世等　張紀等　歸起先　陸瑞徵　時雍
趙洪範　徐時勉　陸坦　王棨　曾五典　孫以敬　袁廷選等　曹荃　華琪芳　趙玉森　王永積　胡
之竑　吴其馴　劉明翰　施元徵　王永吉　石文器　子珂　張紹謙　魯論等　涂世延　陳民情　曾應
瑞　李分　李茹春　聶文麟　劉允銓　王廷對　胡兆恂　王允佐　歐陽主生　程一品　羅尚仁　梁誠則
等　賀良弼　袁一龍　嚴雲京　張問明　辛聯魁　劉思騰　許明佐　左應選　王邵　鞏皇　張養　雷
俊士　吴就恒　戴運昌　張璞　吴玉　王嘉言　柳錦　高可久　趙文斗　劉光　侯三元　趙士吉　賈亭
劉靖民　張本順　王之翰　郭守邦　范宏嗣　鄗衛宸　王椿　衛民牧　許翰儒　張駿烈　周學閔　閻
瑞鳳　楊蕙芳　趙弘道　温源　韓啟泰　李棲鵬　張璞　范學淹　介嵩年　侯世汾　裴章美　王國明
郭連城　李可贊　馬耿　劉士龍　傅作楫　范道行　董直愚　王守履　程正家　馮詔　李養志　朱之弼
左光圖　閻之奇　李初明　王宗昌　蔣燦　倫之模　劉光祚　趙世亮　郭正奇　孫光啟　史標　高
鶴鳴　朱光師　林文薦　李嵩年　劉策　何肇元　劉芳久等　曹建章　李日晉　郭浩　李永昌　王皋
譚心學　任偉業　周攀第　朱永康　劉其修　衛一統　楊祖訓　孫有統　朱宗時　張京　胡廷佐　安懋

昭　連元　董振鐸　王俊民　王奇瑾　徐維鼎　藺民孚等　李含蛟　徐登進　魯廷芝　黃繼祖　張體乾　石可章　宋調元　王應昌　馮盛舉　馮倬　孟俊明　柳光禮　韓養醇　高拓斯　涂擴然　蘇于令　周祚新　周鼒　羅熿　趙嗣光　劉錫極　王祚　丘茂華　孫繼志等　游人達　董有聲　王正儒　康國相　柯士芳　趙文耀　李甲　張淑俊　周懋昶　洪秉誥　林起元　魯永庇　李世程　周汝熙　方承珂　王國樑　鄭君錫　閻承寵　許宏祚　李藻然　王之珍　胡光宇　邵應聘　張星　鄭之光　邵東昇　萬民表　鞏皇圖　許璸　徐中彥　楊泰峙　袁夢吉　李宏基　韓垍等　劉昇祚　白足長　韓守恒　王化基　屠斯立　張世澤　李甲林　孫必達　張雲翼　吳達　孟登第　張延　張贇　范芝　樊尚文　歐陽蒸　孫鵬　李在公　榮爾奇　侯益光　樊騰霄　徐可大　吳方思　馮如京　龐泮　吳孟明　子邦輔　兄孟淵等

徐本高　徐大成　李守鑅　文登科　陶紹侃　丘上儀　沈義　陸鳴臯　陳瑞鳳　孫宗岱　韋謙　劉元勳　許雲際　趙連城　管一馴　陳國計　歐陽亮　毛欽明　方輿　梅應明等　黃鼎元　徐大鵬　蔣蘊奇　董守正　莫夢琦　葉樞　魏國選　黑雲龍　談震采　子必揚　侯雍　王世德　黃培等　王承恩　馬獻圖　馮璿　李甲　李朴　李恒焴　卓聖　倪鸞　王世傑　張宗仕　李士元　李秀　柳應時　沈浩　方裕崑　劉紀　李茌　鄭莊　王弘基　張應運　郝允德　祁生保　唐調鼎　王三錫等　劉兆基　賈奇珍　田夢桂　王政行等　王翰英　丘念祖　竇五龍　來紹　馬元臣　寧承芳　宋逜　魏明命　蕭時亨　董道人

羅元賓，字尚之，會稽人。天啟二年進士。授太常博士，遷河南道御史，首疏破從前門户積惑，督馬屯，清豪右，裁戚畹，得田二千餘頃。時廠衛横，廉得尤者，立斃之杖下。施鳳來爲首輔，疏糾之，並及張瑞圖。二人告歸。李國樰歸，復糾其曲庇張體乾、田爾耕、許顯純，再糾其通内、縱逆、行私、賣國。清兵犯京師，守朝陽門。巡按福建，主剿鍾斌，密檄鄭芝龍敗之平林外洋，斌水死。故帥俞咨皋忤璫，誣贓六十萬，力請免之。視河東鹽，倣西母澆洒之法行之，得引五十三萬九千餘，以溢額二萬四千斤助餉，全活者二千餘人。因上鹽法便宜二十則，著爲令。掌河南道，又上便宜十五事。擢太僕卿，歸。未幾，起副都御史操江，置兵采石，整巡船防江。時寇勢愈張，引病歸。北京之變，會病甚，家人不以聞。隆武元年十一月，偶至書室，見弘光年號，家人告之，痛哭自擲，絶而復甦，不食三日死。

時紹、寧、台、温、處諸屬遺臣：

山陰則張汝撰，萬曆中官詹事主簿。喻思恂微時貧，將投水，汝撰館之，並爲納妾。後思恂撫浙，謁之，執弟子禮。

沈一恂，字六翮。崇禎中進士。官成都知府。國變，留洪雅威遠。

賞奇璧，字元亮。崇禎十三年特用。官乾州知州。國變，歸。

柴世盛，字襄明。歷河間丞、阜城知縣、天津屯田推官，歸。卒年七十五。

俞國賢，字穎齋。官參將，有征勦功。隱南直。

會稽則姚允莊，字泰履。萬曆三十一年舉於鄉。歷沅江知縣、六安知州，致仕。從劉宗周、陶奭齡學。國變，憤卒。

潘宗城，字完寧，進士。推官，調周府左長史，勸王出財城守。河決，歸。北京亡，與宗周謀起兵，不克。清迭召，不出。

陸大紳，天啟七年舉於鄉。玉山知縣，忤上歸。

鮑經濟，字濟之，天啟元年舉於鄉。海門知縣，憂歸。卒年八十。

秦凱，字禹垣，太學生。官尤溪丞。魏忠賢祠建，辭歸，年未三十。從宗周學。卒年一百。

魯元錫，字晋侯，崇禎九年武舉。官錦衣經歷。北京陷，掠幾死，不屈歸。

蕭山則丁師虞，字武彝，選貢。武城知縣歸。天啟元年邊警，上陳法折衷於朝。大荒迭振，建西江塘。卒年七十五。子克振。弟師孔，字乃碩，彈琴賦詩終。

諸暨則陳廷俊，字九嶷，諸生。官晋府右長史。通天柱以犒師名，謀入太原，力主伏兵禽之。事平，遷左長史歸。國變，憤卒。

餘姚則張從政，字平六，天啟元年舉於鄉。授襄城知縣，七卻寇。歷嵩江同知、兩淮運同，以老乞休，卒。

吴延齡，字永壽，賢良方正。官清澗教諭，以言事戍騰越。

上虞則徐觀復，本名顯，字一我，萬曆三十八年進士。官禮部主事。爲僧。

趙履祥，蘇州同知，杜門著書。弟履光，字日含，崇禎三年舉於鄉。從黄道周直浙，不仕。

嵊縣則王心純，字化遠，崇禎元年進士。歷龍巖、清江知縣，刑部主事，武庫職方員外郎，揚州僉事。寇急，忤上歸，講學卧龍山。

尹鼎臣，字士德，天啟元年舉於鄉。授澄邁知縣，平冤獄。謫淮安炤磨，江淮亂，攝桃源。陞黄岡知縣，歸。不應鄉飲。卒年八十九。

新昌則潘復敏，字存功，萬曆四十年舉於鄉。授曲江知縣，立石隄防水，哨舟防盜，備火藥。後楚寇攻城，得守全。遷蘇州同知，忤上歸。

鄞縣則管學經，字道明，崇禎十六年舉於鄉。歷全椒、陽江知縣，珠池利藪，不染一塵。遷兖州同知，平白蓮寇。累擢南京刑部郎中。出爲慶陽知府，建城保守有功，乞歸。國亡後，以通海入獄，免。卒年八十四。

王嗣奭，字右仲，萬曆二十八年舉於鄉。官涪州知州，致仕。寧波亡，貝勒博雒迫見，逃去。卒年八十三。

蔣之驎，字龍友，副貢。順天訓導，修會典。北京亡，歸。

慈谿則馮文偉，字玄度，崇禎十年進士。授刑部主事，督漕七省，疏請濬渠導河口。遷員外郎。出爲揚州知府，大旱蝗，發倉全活無算。以不屈楊顯罷。范士髦、范景文薦，旨以僉事用，引疾不出。

奉化則吕鳳來，字虞卿，歲貢。歷建德訓導、贛州教授。致仕三十餘年，詩文自娱，卒年八十七。

天台則許鳴遠，字有望，恩貢。授揚州通判，寇勢張，守城得全。朱大典薦淮安同知，濬湖七十里，流民復業。以疾歸卒。子君揚，字以言，諸生。泣血上書，隱終。

夏萬程，字君謙，官蘄水府長史。清招不出。

太平則江萬紀，字以明，淮府審理。通天文，張文郁奇之，或薦之馬士英授官，不應。以妻子入山。

永嘉則張展成，字汝陽，崇禎三年舉於鄉。授夔州推官，多平反。遷遼州知州，親老歸。

青田則留長祚，字竹園，泰昌元年恩貢。授新喻丞，白諸生冤。忤上，移王府官。清起不應。

縉雲則李以雅，字不匱，尚書鋕孫。任五軍都事。不仕。

慶元則吴南明，字君治。授黄岡丞，固守拒寇。城破，重創甦，歸二年卒。

鮑奇謨，字赤城，餘杭人。萬曆四十七年進士。授青浦知縣，調上海，制役法、漕規，吏不得爲奸。監生以貲横，中其諸父以死而利其産，論如法。遷陝西道御史，巡按河南，絶餽遺。陳留知縣韓一良廉介，特聞於朝，陞顯官。藩王治逋租，坐戍者三十人，而捕未獲者，引幾千人，奇謨曰：「逋租耳，擾民及此乎！」即罷之。奏減囚籍，一歲獲免者二百户。魏忠賢祠建，執不可，巡撫疏請列其名，奇謨不知也，因稱病歸。忠賢敗，自陳，得旨：「守正不阿，立案不行，心跡自明。」而議者猶過求，遂落職歸。家居四十年，永曆十七年卒，年八十四。

時杭、嚴、金、衢遺臣：

錢塘則徐時泰，字見可，天啟二年進士。改庶吉士。授簡討、經筵展書官，纂修實録。奉使益、淮二王，卻餽金。陞侍講，主順天鄉試，得金鉉、史可法等。補經筵日講，誥敕撰文。坐黨逆罷。家居二十五年，永曆五年卒，年七十三。

翁鴻業，字一巘，天啟五年進士。自禮部郎中出爲嶺東僉事，平海寇，雪冤獄。遷山東督學副使，以忠孝訓士。崇禎十一年，守城拒清得全。明年再至，城陷亡命，後歸卒。

徐行恕，字鏡非，萬曆三十一年舉於鄉。官德安知縣歸，以吟咏終。

錢朝彥，字殷求，崇禎十年進士。歷旌德、句容知縣。國變，杜門不見人。鄭成功攻南京，田雄執之，尋解。

曹國禎，字靈孕，崇禎中進士。官南直知縣，坐狂放罷。隨黄道周入閩。福京亡，賣藥南京，自呼康生。永曆七年卒。

陸位，字與偕，鄞縣教諭，入山。

胡敬仲，以總兵從袁崇焕立功山海關，忤奄下獄，歸。

蔡道復，官處州參將。杭州亡，散千金宗親，遁青田山中。

海寧則朱朝瑛，字美之，崇禎十三年進士。授旌德知縣。從道周遊，與弟朝瑶、朝珩隱。

朱之椅，字其瓛，歲貢。官訓導，日論道。歸。

臨安則章閎績，本名光岳，崇禎十三年進士。授上海知縣，除大憨陸龍江；歲歉，改漕麥折色。與魏黨章光岳同名，抗疏易今名，見甚罷。左光先疏薦，未出。

於潛則章國佐，崇禎九年舉於鄉。授饒州推官，平反大獄，多全活。歷太平知州、天津同知，母老歸。卒年七十九。

淳安則方大賓，字如見，天啟四年舉於鄉。授肇慶推官。歸五十年卒，年八十。

吴希敏，崇禎十二年舉於鄉。大寧知縣致仕。

遂安則余國禎，字瑞人。崇禎十三年進士。富順知縣歸，卒年八十一。

章可試，字星華，萬曆四十六年舉於鄉。舒城知縣，寇至拒守十四日得全。憂歸，林居二十年而卒。

東陽則金肇元，字司杓，天啟二年進士。授徽州推官，多平反，建漁梁壩。忠賢命毁紫陽書院。曰：「名義至重，鬼神難欺，死不爲也。」遷工部主事，以不附忠賢，幾得禍。陞兵部員外郎。出爲湖東參議，置廣信、建昌學田。轉嶺北副使，立南安水城。擢福建參政，憂歸。

盧光諏，字延伯，選貢。官宣平教諭，致仕。

義烏則金江，字孔殷，官縣丞。與弟珖隱諸暨靈泉鄉。

湯溪則周於德，字汝修，歲貢。官雲和訓導。子大忠，字葵之，官鴻臚序班，隱茶山。子之禎，從戎京師死；之翰從朱大典金華死。

龍遊則周之楨，崇禎十年武進士。官錦衣理刑，國變歸。

王象晋，字勳臣，濟南新城人。萬曆三十二年進士。授中書舍人，遷儀制主事。亓詩教、韓浚勢盛，欲引入黨，餌以銓曹，力卻之。觸怒，中察典歸。久之，起按察知事，轉行人副，精膳、儀制員外郎。扈惠王之國。出爲淮海副使。通州民變，疾馳縛其魁，餘黨悉解散。調蘇嵩督糧參政。有悍弁與糧户爭羨大擾，立捕治，人凛凛奉成法。進河南按察使。蘭陽王母陷許州諸生五十餘人，已置對，宗室勢張甚，幾獄成。察其誣，爲平反。擢浙江右布政使，同官姚永濟以考成不及額下獄，象晋攝印，盡以徵金代解，永濟得復官。年七十乞休。優遊林下二十年，國亡後久之卒，年九十三。子與胤，自有傳。

永濟，字伯通，上海人。萬曆二十六年進士。授東陽知縣，遷刑科給事中。張差之獄，王之寀請縛犯文華殿朝審，疏入未下，永濟趣之。歷荆岳、太原僉事，山西驛傳副使，按察使浙江右布政使，亦國亡後卒，年百餘歲矣。

同時司道之可紀者：

張法孔，字南魯，臨安寧州人。萬曆三十八年進士。以户部郎中督川學，歷上荆南僉事、四川左布政使。張獻忠攻成都，獨守南門，傾家資三十萬募士，夜擣寇營，寇惶駭退。

蜀王至澍疏薦天下清官第一，加太嘗卿、太僕卿致仕。

邵名世，字翼興，無錫人。天啟二年進士。歷兵部主事、員外郎，雲南督學副使，興泉參政，山東右布政使，居官廉明。子儒榮，字仲木，國亡逃禪，文得司馬遷法。

潘融春，餘姚人。萬曆三十八年進士。歷兵部主事、郎中，建南副使，南瑞參政，四川右布政使。國變，隱雞鳴山下，不見一人。

梁炳，字如星，容城人。萬曆四十一年進士。授鄆城知縣，振飢有功。歷陽信、光山，遷廣西道御史。忤魏忠賢，告歸。未幾，起江西道，巡按貴州，與朱燮元修陽明祠，興學化民。轉潞安參政、山西按察使、河南布政使。李自成圍開封，力守得全。以三品卿銜致仕。國變二十年卒，年八十九。子可植，崇禎六年舉於鄉。省炳汴圍，布蔬不仕。

張光縉，字璇源，澤州人。萬曆二十九年進士。授户部主事，督崇文門、荆州稅。歷廬州、嵩江知府，霸州僉事。以邊才改遵化。逐崔呈秀私人，坐詆罷。威宗立，起磁州參議，調商雒，擢山東右布政使，未行，力拒寇，改陜西，罷。國變杜門。

王于陛，字啟宸，朝邑人。萬曆三十五年進士。授户部主事，督崇文門稅，御璫寬商，潤不入己。遷郎中，督餉薊州。歷岢嵐副使、山西左布政使，屢敗寇。國變，以詩文自娱。臨殁，遺言以故衣冠殮。

潘士遴，字叔獻，烏程人。天啟二年進士。以行人使雲南。會安、岑苗變，連部數十萬，士遴道經其地，畫方畧撫之，曉以順逆，苗立散去。遷浙江道御史，敕理七省漕務，加意釐剔，歲運悉復舊制。謫歸。起大理副，出爲湖西參政。寇起，代署七印，肆應周詳。加江西左布政使，鎮袁州，臨、吉修城置礮。丘仰寰萬人分道進，雪夜禽之，江右倚爲長城。疾歸入山，卒年七十七。

子堂依，字瞻匪，諸生。貢太學，卒。

時嘉湖屬遺臣：

嘉興則胡振芳，字來子，天啟七年舉於鄉。歷嶧縣、蘄水知縣。城陷，一門十三人死。振芳以印請兵恢復，被執不屈，刃中肩，絶而復甦，歸。

嘉善則柯元芳，字月傳，崇禎十年進士。授建寧推官，禽蘇靛賊五大王。署知府。行取而北京亡，乃歸。

戈用忠，字藎臣，崇禎十三年特用。官隰州知州，爲政平允，用杖輒流涕。憂歸，杜門。

桐鄉則鍾懋元，字生甫，天啟五年進士。授行人，歷主客主事、祠祭員外郎。出爲江西僉事、威清副使。峒瑶梗化，以計斬其渠。陞湖廣參政，降貴州參議，改湖廣僉事，致仕卒，遺命不立碑表。

平湖則施日升，字叔允，大學士鳳來子。任內閣中書，册封長沙王，力卻餽金。晚爲耆英領袖，卒年九十三。

陸錫明，字幼輿，天啟五年進士。歷工部主事，嘗州、徽州、瑞州知府。以安撫功，遷江西督學副使，得人爲盛。以母老歸。

陸懋功，字紀嘗，萬曆四十三年舉於鄉。自工部主事出爲保寧知府，守城拒寇。以杖殺悍卒忤撫臣，歸。子之瀚，字水立，同歸，詩酒食貧。

海鹽則沈胤芳，字隆生，崇禎元年進士。授營繕主事，督造桂府。出爲淮海僉事，練兵置戍，寇不敢犯。陞參政理漕，革陋規十萬，剔積弊數十條。漕卒譁，毆李向中，斬倡亂者五人。甫一年告歸。卒年八十三。

吳文憲，字萬爲，選貢。官衡陽通判，單車散礦賊。擢桂陽，歸。

徐昌治，字覲周，尚書從治弟，崇禎六年舉於鄉。授通判。少從從治在萊圍，匹馬乞師，列狀劉宇烈撓怯逮，萊州得全。歸而杜門。

俞之泰，字坤名，萬曆四十年舉於鄉。官福寧知州，拒劉香有功。憂歸。

劉渾，字爾濛，萬曆三十四年舉於鄉。官永明知縣。寇至，預結諸蠻力守，無敢犯。忤上官罷。

烏程則唐世涵，字育承，萬曆四十七年進士。歷崇明、藁城知縣，大理評事，刑部主事。出爲汀州知府，建城立學。遷山東副使。

温育仁，字幼真，大學士體仁弟。任應天通判，陞刑部郎中，以知府用。恬退早歸。

歸安則孫懋杰，字韜甫，廪貢。官達州同知，戢譁兵，平寇。致仕。卒年九十二。

沈儆烇，字肇生，恩貢。華亭教諭，乞歸，卒年八十。子允埏，字元方，諸生。南京亡，卒。

長興則蔣明鳳，字羽靈，萬曆四十六年舉於鄉。授乳源知縣，單騎諭瑶。遷蘇州同知，署太倉知州，剔奸勸農造士。憂歸。林居四十年卒。

吴士玠，字定寰，太學生。授宣大通判，參王象乾軍。隱。

德清則沈戩穀，字子禧，崇禎十年進士。歷棗强知縣、刑部江西司主事。出爲廬州知府，國變未赴，歸里著書。族弟中階，字上襄，崇禎十五年舉於鄉。專研性理，不仕。

張鑛，字珍夫，惠安人，萬曆四十四年進士。授湘潭知縣，遷貴州道御史。楊漣劾魏忠賢二十四大罪，受切責。鑛繼疏擊之，熹宗益怒。同日，趙彦、魏大中皆奏論。俄温旨從中出，則屬有天幸，告歸。威宗即位，起言事官。鑛召故官。巡按河南，振肅風紀，再劾媢璫臣，並辨周起元誣。周宗建、繆昌期等含冤皆優卹。改按雲南，安邦彥亂初平，設法招徠，清汰畝籍，垂永久。尋寇再起，討禽其魁，置之法。轉金衢參議，力節浮費。陞湖廣按察使，平反欽件，多俞旨。移四川右布政使，紀綱庶務，吏治一新。改江西參政，攝布政使，劑量糧額，掣新抵舊，民力既紓，國課亦裕。崇禎十二年調浙江按察使，已引疾歸。福京亡，隱居不出。清起不應。臨歿命殮以布衣，曰：「使我見先帝如是，猶有遺憾耳。」卒年七十八。

何萬化，字子元，青浦人。天啟二年進士。授兵部主事，遷禮部郎中。出爲福建督學僉事，平劉香亂。調湖東副使，乞養歸。母歿廬墓。服闋，起湖東參政，平張普微功第一。以疾歸。陞江西按察使，未赴。國變不藥，隆武二年卒。

子安世，字次張，諸生。詩文華贍，隱居南浦。

同時，江用世，字仲行，太倉人，天啟二年進士。歷刑部主事、員外郎、車駕郎中。忤璫削籍。崇禎初，起肅州副使，轉嶺西參政、江西按察使。

蕭象烈，字無競，廬陵人。萬曆三十二年進士。歷辰沅副使，貴州參議、按察使，推天下清官第一。忤巡按，劾去。

熊鳴岐，字文甫，豐城人。萬曆三十五年進士。歷貴州參議、按察使。皆國亡後卒。

左佩玹，字栗仲，耀州人。萬曆四十三年舉於鄉。授沙河知縣，調蓬萊。孔有德反，躬冒矢石數十戰，復其城。遷山東道御史。張捷舉吕純如，疏言逆案不可翻，謫應天知事，累陞户部郎中。出爲濟南知府，歷參政、山東按察使，平東明寇。國變歸。李自成欲官其子重光，重光不從死，佩玹痛之終身。

田時震，字御宿，富平人。天啟二年進士。歷光山、靈寶知縣。崇禎初，遷御史，疏劾尚書范濟世、巡撫單明詡、御史卓邁黨逆罪，而請免御史夏之令誣坐贓；又劾大學士周道登、劉鴻訓。未幾，連劾王永光、温體仁，忤旨切責。再劾袁弘勳。積忤永光，以年例出爲江西右參議。擢山西左參政。李自成入西安，脅諸紳降，時震獨不至，潛入深山，以榫自隨。使者至，時震出坐榫，以刀擬喉，曰：「必欲强者，請以榫報。」使者不敢逼。自成係其子爲質，不顧，子後死太原。清兵至，復入深山，大書榜其堂，曰「不忠不孝」。已逮之，時震曰：「自成，吾仇也。嘗聞臣於君，猶妻於夫。自成殺我夫，旁人挺刃正殺夫之罪，然則感其恩而失身從之乎？」出，復窮逋以終。弘光時，贈太僕少卿。

子而腴，字上則，代父係。崇禎十七年八月，與二僕死平陽。妻徐，不食七日死。弟時需，去諸生。同邑舉人劉宗彝亦入山死。

時山西疆吏：

王運熙，濰縣人。崇禎十六年進士。太原推官攝知府，降。

陳正言，興濟人。副貢。清平知縣、隰州知州、大同南路通判，調太原。

張國樞，景州人。崇禎十三年進士。榆次知縣。

何景雲，順德人。崇禎十三年特用。太谷知縣。

王德明，字明之，翼城人。崇禎十二年舉於鄉。太谷教諭，兵至入山。

萬世芳，易州人。崇禎九年舉於鄉。祁縣知縣。

邊維明，字樸雲，任丘人。萬曆四十年舉於鄉。祁縣知縣，降。

李栩，高邑人。選貢。徐溝知縣。

鄭明經，夾江人。選貢。清源知縣。

傅應星，登封人。選貢。交城知縣。

何遜，靜海人。天啟四年舉於鄉。文水知縣。

魏如京，陝西人。歲貢。壽陽知縣。

王啟祚，臨朐人。崇禎十六年進士。盂縣知縣，降。

魏璧，西和人。選貢。靜樂知縣。

梁可棟，陝州人。平定知州。

魏澹若，涇陽人。崇禎九年舉於鄉。樂平知縣。

高掄，秦州人。天啟七年舉於鄉。定襄知縣，降。

趙楫，字太章，臨縣人。崇禎三年舉於鄉。定襄教諭。擅詩文，友傅山，主其家，相唱和。

董維連，獲鹿人。天啟四年舉於鄉。代州知州。

文運溥，不知何許人。五臺知縣，降。

馮夢熊，不知何許人。崞縣知縣。

倪光薦，天津人。選貢。岢嵐知州。

袁士美，雄縣人。崇禎十三年特用。興縣知縣，降。

陰鶴鳴，耀州人。天啟七年舉於鄉。保德知州，力守拒寇，不支去。

孫世貴，字耀吾，徽州人。保德吏目，城守有功。

祕業捷，晋州人。崇禎三年舉於鄉。平陽同知。

朱佶，河南人。恩貢。平陽通判。

景星，開封人。進士。平陽推官。

張吉士，平原人。崇禎十三年進士。平陽推官，降。

劉達，字淇瞻，滑縣人。崇禎十年進士。臨汾知縣，降。

李用質，濟寧人。崇禎十三年進士。襄陵知縣，遷兵科給事中。

范士楫，定興人。崇禎十年進士。

吴東璧，乾州人。皆洪洞知縣，降。

李湛，定興人。浮山知縣。

孫份，汜水人。舉於鄉。趙城知縣，營建塼城。

賈登瀛，萊陽人。選貢。太平知縣，城守不支走。

戴邦禮，遼陽人。歲貢。岳陽知縣，砌東城。

石瑩玉，字崑岡，延安甘泉人。崇禎十三年進士。曲沃知縣，遷車駕主事。見國事日非，不赴。

李可植，武功人。崇禎十三年進士。翼城知縣。

孫允升，阜平人。汾西知縣。

劉得政，中衛人。恩貢。霍州、絳州判官，臨汾知縣，調蒲縣。自成授青州同知，不就，降清。

張所志，觀城人。蒲縣知縣，降。

孫敬，不知何許人。靈石知縣。

張弘發，雒南人。舉於鄉。蒲州知州。

馬登高，不知何許人。蒲州學正，降。

宋之弼，字鼎鉉，沁源人。歲貢。蒲州訓導。兵至，自刎不殊，獲救。卒年九十八。

馬魁選，平涼華亭人。選貢。臨晋知縣。

張相漢，字韓忠，新泰人。恩貢。滎河知縣。自成執赴西安，間入華山歸。不應召，卒年七十一。

于廷標，滄州人。舉於鄉。猗氏知縣。

王新命，滕縣人。萬曆四十六年舉於鄉。河津知縣。

宗鴻議，靜邊所人。崇禎三年舉於鄉。潞城知縣，遷解州知州。

苗敏榮，字淩漢，河曲人。諸生。陜州學正，調解州。國亡遊晋、豫。

王位，字予立，鳳翔人。崇禎三年舉於鄉。滿城教諭，遷夏縣知縣。兵至不受官，自刎，免。

王殿國，柘城人。舉於鄉。聞喜知縣。

趙兆麟，富平人。崇禎十二年舉於鄉。平陸知縣。

閻拱宸，不知何許人。芮城知縣。

雷翀，字翔宇，郃陽人。萬曆三十七年舉於鄉。絳州知州。歲飢，振活數萬人。寇迫，大修戰具。罷歸二十餘年卒，年八十六。

王敏，郃陽人。歲貢。絳縣知縣。

楊永俊，字士彥，蒲城人。崇禎九年舉於鄉。屯留、巴陵知縣。調絳縣。清召不出。

朱治泰，豐潤人。崇禎十三年特用。垣曲知縣。

丁時學，順天人。辟舉。霍州知州，歸。

黄光煒，羅山人。舉於鄉。吉州知州，去。

楊家龍，曲陽人。選貢。鄉寧知縣。

王象明，濟南新城人。歲貢。大寧知縣。

嚴廷俊，朝邑人。天啟七年舉於鄉。永和知縣。

劉令譽，平涼人。萬曆十六年舉於鄉。孝義知縣。

張于鼎，内江人。舉於鄉。平遥知縣。

李若星，寧陵人。天啟元年舉於鄉。介休知縣，降。

黎象春，香山人。舉於鄉。石樓知縣。

林永耀，南皮人。太學生。臨縣知縣，走。

張韜，溧水人。恩貢。永寧知州，降。

王壞，涇陽人。崇禎九年舉於鄉。寧鄉知縣，走。

馮聖兆，字滹洲，束鹿人。崇禎十二年舉於鄉。潞安通判，降。

邢應斗，字玉池，南鄭人。崇禎十二年舉於鄉。潞安推官，歸。

原自新，字銘盤，猗氏人。歲貢。潞安訓導。自成如故官，歸。卒年八十。

顏習孔，字心卓，沂州人。崇禎十年進士。長治知縣，歸。國亡不入城市。

魏生中，字畢原，武鄉人。歲貢。長治訓導，隱。

袁生芝，字良卿，公安人。崇禎十三年特用。長子知縣，去。

郭朝鳳，慶陽安化人。選貢。壺關知縣。

張養素，開封人。舉於鄉。黎城知縣。

毛宗昌，涇陽人。舉於鄉。平順知縣。

張絅，字錦卿，睢州人。恩貢。平順知縣，入山。

許汝都，字令喜，瓊山人。崇禎三年舉於鄉。朔州知州、大同同知。

高翼耀，字斂之，潁上人。崇禎十三年特用。懷仁知縣，兵後勸農，出粟食寒士。清起不赴。

龐國柱，慶陽安化人。諸生。懷仁知縣，歸。卒年七十五。

何鳴鳳，保安人。太學生。蒲臺知縣，遷應州知州。

黄邛，不知何許人。朔州知州。

劉鄖，復州人。馬邑知縣。

戴君恩，遼東人。廣靈知縣。

張玉昫，不知何許人。廣昌知縣，去。

李噓雲，禹州人。選貢。靈丘知縣。

邊大順，字素臣，任丘人。天啟七年舉於鄉。夏邑知縣遷澤州知州，降。

盛千齡，吴縣人。崇禎三年舉於鄉。高平知縣。

董會極，高陵人。恩貢。陽城知縣。

沈必成，大興人。舉於鄉。沁水知縣，有惠政，去。

齊克諧，蠡縣人。選貢。沁源知縣。

余一鳳，字孟威，龍遊人。天啟四年舉於鄉。武鄉知縣，招集流亡。調太原，未赴。自成官，不就。家居二十年卒。

潘巨，平原人。萬曆四十年舉於鄉。遼州知州。

荀爲善，醴泉人。歲貢。和順知縣。清召不出。

路從中，東光人。選貢。和順知縣。崇禎十七年七月城陷，經死。

寇慎，字永修，同官人。萬曆四十四年進士。自刑部浙江司、工部營繕主事、員外郎，遷虞衡郎中。天啟六年，出爲蘇州知府。歲饑，勸民興工爲圩，立轉般客貨法，農民市民皆得食。又請括公費入楚糴米，人心帖然。周順昌、周宗建被逮，周旋其間，輿誦載道。會丁憂歸。崇禎元年，起廣平，擢昌平監軍副使，以前任蘇州錢糧未完，降冀寧僉事。李自成破嵻縣，力守寧武拒之。以功陞朔州參議。八年，乞休，卜居山寨。十六年，自成入西安，被執不屈歸。又二十七年乃卒，年九十三。

同時陝西遺臣：

長安則王紹熙，字稺明。自利津知縣遷兵馬指揮，隱樊川。

咸寧則王總衡，字振乾，尚書用賓曾孫。任户部郎中，不附魏忠賢。自成授官不應，掠無完膚，以爲死，置之，入終南山。

韓在，字明仲。少從馮從吾學，以孝友稱。恩貢。入史館，授中書舍人，侍經筵，轉南京户部主事，歸。卒年八十三。

李昌齡，字仁徵，天啟元年舉於鄉。授靈寶教諭，守城卻寇。遷猗氏知縣，力拒加糧。謫河南布政簡較，陞沈丘知縣。會劉超反，任監軍。坐城陷，下刑部獄。北京陷，釋。命就選，堅卧不食。子泣勸之。曰：「爲國罪人，誼當死。不爲國罪人，尤當死。志決矣。」越五日卒。

涇陽則楊國柱，字叔堅，萬曆四十一年進士。授泰興知縣，平傜役。累陞河東僉事，斬混天龍等數千級。自成招，不出，不食七日，不死。國變，牧羊空同山卒。

楊梧，字鳳閣，萬曆三十四年舉於鄉。官青州同知。

張炳璿，字儀炤，選貢。滿城知縣。不受官。

邢大信，字順甫，歲貢。瀋府教授，致仕，年九十一。自成至，不犯。

臨潼則賈師逵，字希賢，舉於鄉。歷平原知縣、趙州知州、雲南左參政。

吕涵炳，字虎伯，天啟四年舉於鄉。歷澤州、汝州知州，爲王漢所重。孫傳庭薦監軍僉事。國亡歸，卒年八十五。

鄠縣則張宏襟，字象南，萬曆四十一年進士。歷萊、蕪、清苑知縣，主客員外郎，山西督學副使。自成强官，不受。隱二十餘年卒。

富平則劉文龍，下西路通判。自成攻懷安，執不屈，歸。

楊復亨，字季泰，崇禎六年舉於鄉。授昌樂知縣，疏請歲省助解銀二千餘兩。寇至，力守全城。中蜚語罷。時關中已失，北講學澤、潞，晋士從之如雲。永曆初歸。

何顯瑞，天啟四年舉於鄉。歷陝州學正、靈寶知縣，歸。不受官。子浩，去諸生。

楊之翰，字清宇，崇禎七年會試副榜。授夏津知縣，致仕。卒年九十三。

三原則秦樂天，字元一，天啟五年進士。歷趙城、南宮知縣，户部主事，天津督餉副使，四川參議。不受聘。

王家佐，字公輔，萬曆三十七年舉於鄉。官交河知縣，寺居不屈。

秦四器，字成寰，萬曆四十六年舉於鄉。郯城知縣，謫歸，隱。

周昌祚，崇禎九年舉於鄉，知縣。

李長春，舉將才，官通州參將，全城。調西安撫標，入商山終。

醴泉則王九牧，字子久，崇禎十年進士。官曲沃知縣。歸里課徒。

華州則吴璵，副使。

雷振關，字動宇，教諭。廬墓三年。卒年九十七。

華陰則劉時中，修撰。

王于曜，字元明，崇禎十三年進士。自行人累遷山西鹽運使。入華山，三召不出。

郝光顯，字文弢，天啟四年舉於鄉。郟縣知縣，致仕。

王善士，字五章，歲貢。歷許州同知，山西都司經歷，歸。

潼關則孫必茂，字本培，恩貢。助餉千金。授永寧知縣，禽盜有功。忤忠賢下獄。爲傳庭監紀。兵敗，入小敷谷。

李行和，字去知，恩貢。授七品官。王之臣爲其父文焕所禮，及貴，聘千金不受。隱華山。

李躍龍，字禹門。以守備隨賀人龍斬馬光玉孫承恩，破惠登相。遷宣府都司，調寧夏，拒張獻忠中矢。大捷，陞遊擊。崇禎十五年，戰自成南陽，受十餘創，甦。關中陷，隱。

蒲城則王湛白，御史。自成拷餉，免。

曹養鯤，字圖南，天啟元年舉於鄉。歷成安知縣、東城兵馬指揮、户部郎中，督餉天津，歸。

馬中驊，崇禎三年舉於鄉。清豐知縣。國變不出。

商州則周志德，字鍾伯，選貢。登州經歷，憂歸，爲道士，隱成仙溝。自成三徵，清再召，不出。

同州則王耀祖，布政使宏祖弟。中書舍人，爲僧。

李子藩，字以成。歷榆林百户、指僉事，大同參將，多戰功，入山。

朝邑則翟事心，字鑑寰，萬曆二十五年舉於鄉。歷保昌知縣、東昌通判、濮州知州。所至以作人爲先。卒年八十六。

王祚，字克纘，天啟七年舉於鄉。授慶雲知縣。清兵至，死守十餘日，圍解。自成追餉，以廉免。逼官華州牧，亡。入清久之卒。

郃陽則謝詰，崇禎三年舉於鄉，汶上知縣。與李灌詩酒終。

韓城則解引樾，字拙存，崇禎元年進士，改庶吉士，授編修。雄才博學。隱太華、龍門間，與姚思孝有「逸史二老」之目。

衛禎固，字紫嵐，崇禎七年進士，授開封推官，建西關城。遷雲南道御史，劾中樞玩寇。巡按真定。自成兵迫，爲李建泰監軍，請扼太行倖萬一，不省。戰保定大石橋，敗績，行遁五臺山，自刎死。

衛先範，字象極，萬曆四十七年進士。歷太平、襄陵知縣，建衛公橋。遷吏部主事，不附忠賢，閒居十二年。寇至，與左懋第城守。起考功文選，取懋第、汪喬年、劉宗周、陳子壯。忤璫歸。自成執，不屈走。卒年八十二。

薛爾昌，大學士國觀子。任中書舍人。年十三，自成劫其兄爾章拷餉，爾昌投代，自成義之，幽年餘，誘降不從。自成敗，脱歸。孫廷銓仕清，勸之不出。閉門讀書六十餘年卒，年八十八。

趙濂，萬曆四十年舉於鄉。惠州參政。

解允標，選貢。僉事。皆拷免。

趙翔鴻，字充之，崇禎四年進士。歷武陟知縣，太平推官，保定、順德知府歸。清召不出。

高來鳳，崇禎九年舉於鄉。順德知府，致仕。拷免。

衛靖中，字羽明，天啟七年舉於鄉。河南推官，隱。

孫必達，字成章，崇禎七年進士。邯鄲知縣，歸隱三十年卒。

衛拱宸，選貢。鉅野知縣。皆拷免。

澄城則孫弼明，僉事。拷餉免。

權時昌，字明之，選貢。忻州知州。輔國將軍不法，請置於理，晉王嘉之。調清平知縣，陞保安知州。清起不應。

路世美，字繩烈，崇禎六年舉於鄉。東光知縣，隱。

白水則劉在朝，字藎廷，選貢。新繁知縣，致仕。

同官則温珍，副使。

乾州則楊文選，字簡之。以醫進，愈威宗，授贛州經歷。寇阻，解橋稅四萬南京。遇寇，擊之歸。清起不應。

淳化則賈克忠，主事。

鳳翔則程雲翼，萬曆四十六年舉於鄉。歷達州、冀州知州，山東鹽運使。入山詩酒。

岐山則曹暹，天啟二年進士。授猗氏知縣。以御史巡按淮揚，轉冀寧參議，平寇亂，歸守全城。

扶風則党國柱，字伯才，歲貢。郃陽訓導，去。

郿縣則李招鳳，字鳴陽，崇禎三年舉於鄉。崇明知縣，致仕。卒年七十四。

隴州則任義，崇禎六年舉於鄉。蓬州知州。入山爲僧，卒年八十一。

南鄭則王雲聲，字長纓，崇禎十三年進士。官行人。入沔山中課徒，欲泣四十餘年。

吳三桂起兵，死。

李聖翼，崇禎六年舉於鄉。參政。

城固則党琉，字叔玉，恩貢。代州知州。隱東山。

洋縣則李景貞，字元亮，崇禎七年進士。禮部主事。隱寶臺。

楊明盛，字熙宇，萬曆二十三年進士。滋陽知縣致仕。

沔縣則秦攀龍，選貢。通判，隱。見自成示一笑，被略。

略陽則程紹孔、許朝相，皆選貢。參議。

劉明彦，恩貢。平谷知縣，調滎陽，歸。清召遺逸，不出。

安定則白鍾靈，字長庚，天啟七年舉於鄉。授鄜城知縣。敗寇，遷職方主事，未任。

魏天命，舉於鄉。知縣，致仕。

延川則白玄福，字柱峯，選貢。推官。與楊嘗炫爲道士太和山。嘗炫，太原人，崇禎十三年進士。去官隱華山。

中部則劉爾驥，字健之，選貢。藍山知縣。卒年八十。

綏德則李時馨，字望文，萬曆四十七年進士。授行人，遷御史，不附東林。巡按直浙。天啟四年杭州兵變，株連平民，獄爲之滿，時馨亟其渠，餘悉釋之。以直言忤忠賢歸。崇禎時薦，不出，優遊林泉二十餘年卒。

劉彝鼎，字象鉉，天啟二年進士。歷鄒縣知縣、户部主事、大同僉事，忤中官去。李過至，子參將廷傑戰死。彝鼎被執不屈，囚杖，送西安，至蒲城得脱，易姓名授徒。國亡乃歸。

馬允際，諸生。負武畧。崇禎十六年，官七省參謀，以勞瘁王事死。

葭州則陳灝，行人、徐池僉事。

吴堡則薛國柱，汝州僉事。

神木則王胤昌，監軍副使。

府谷則李國瑞，郎中。

合水則唐魁，崇禎九年舉於鄉。授寧遠衛推官，獄囚金豫等四十人失入坐死，悉從輕典。遷工科給事中。國亡，入東華池，迭召不出。卒年八十七。

寧州則王文鳳，字儀世，保薦。推官。國變南遊。

平凉則王秉樞，字初暘，崇禎十二年舉於鄉。歷阜城知縣、河間同知、户部員外郎，致仕。自成至，爲僧十餘年卒。

張金榜，字耀吾，歲貢。以商州訓導署商南知縣，請免民賦二年。遷寧州學正，歸。

隆德則董俊，歲貢。温州訓導，致仕。寇至，守父柩不去。

漳縣則韓士俊，字秀峯，選貢。文登知縣，撫綏有功。國變歸，飲泣卒。

寧遠則房嘉寵，字綦心。官參將，寇至死戰。

狄道則張行敏，字公孺，天啟元年舉於鄉。觀城知縣，歸。以孝友稱。國變後不食卒。

興安則劉奇德，崇禎元年進士，改庶吉士。累擢諭德。歸守全城。

紫陽則魏知微，恩貢。歷清河知縣、登州通判、大同西路同知、懷隆僉事，歸。

單士毅，知縣，致仕。

榆林則尤捷，字克吾，山海參將岱子。薊鎮右協總兵，屯平谷。國變，率兵走河南圖恢復。一夕，兵畔死。

劉昌祚，字鴻業，總兵光祚弟。都督同知真寧副總兵。以母老乞休。自成遷其家襄陽，歸。

苗可進，戎車守備，入商山，不知所終。

寧夏則陳善政，字盡我。寧夏鎮標參將，擢西安前衛指揮使。崇禎十五年，勤王歸。李自成至，不受官。國亡後卒。

郭清霞，以遊擊從孫傳庭戰郟潼，敗隱東莞。

靖虜則王譺，字二雪，崇禎十二年舉於鄉。李建泰劄付便宜討寇，未就。

鎮番則楊思敬，夏邑知縣，著書終。

盧訪，字博齋，功貢。獲嘉知縣，致仕。卒年八十二。

王元，以貢元授武城丞，遷沭陽知縣。用邊才，改守備睢州副總兵，歸。

莊浪則魯希聖，襲指揮，累功陞參將。賀錦執之，迫脅不從，哭駡，繼之以血。守者少懈，入山，不知所終。

靖邊則盧建中，僉事，隱居卒。

陸文衡，字坦持，吴江人。萬曆四十七年進士。授都水主事，遷郎中。出爲福州知府，不建魏忠賢祠。歷金衢參政、四川按察使、山西右布政使。以在蜀郵符詿誤，降雒陽副使。熊文燦倡撫議，手出一疏，令道將署名，文衡獨以寇方猖獗，撫之非宜，不從。文燦怒，裂疏而起。不三月，寇果反，畿南警，設真保廣道，特簡文衡。陛見，上言：「今日民窮財盡，向來分派搜括，不可再行。惟有清消耗蠹一法，餉用自足。」不應。旋丁憂歸。服闋，起薊州，調濟南。以父老乞休。國變，痛哭數年卒。

時蘇屬遺臣：

吴縣則吴嘉禎，字源長，崇禎元年進士。歷興泉僉事、廣西參議，入山。

長洲則申芝芳，字素公，崇禎四年進士。歷萬安知縣、兵部主事、禮科給事中，以清介稱。降李自成，歸。

張長城，字倚公，太學生。客周奎邸，薦授中書舍人。北京陷，爲僧歸。知子悌仕清，憤不入城死。

朱壽陽，諸生。父祖文殉周順昌禍。璫敗，賜官田五十畝，不受。條上十七議。張國維、陳洪謐薦，授國子博士。北京陷後卒。

韓逢禧，侍郎世能子。任刑部郎中，出爲雷州知府。弟逢佑，任浙江按察理問。皆乞休野服。

吴江則葉紹袁，字仲韶，天啟五年進士。歷工部主事、郎中，歸。負才名。南京亡，爲僧，名木拂。子世佺，字雲期；世侗，字開期；世倌，字星期；世倕，字弓期；與族人敷夏，字康哉，皆去諸生爲僧。

費彙興，字晋叔，太學生。授齊河丞，力守全城。遷青州通判。隱蘆墟，不入城市者三十年。

陸汝孝，字錫虞，崇禎六年舉於鄉。宜興教諭，隱。

崑山則唐昌世，字興公，天啟五年進士。歷營繕主事、員外郎、郎中。崔呈秀總户、工事建署，昌世題榜無頌意，目爲小東林。崇禎二年，監督廣寧門，助守禦。與大璫王希忠爭體注不合，奪官。范景文、張鳳翔疏薦，不出。卒年八十九。弟昌齡，字吾修。崇禎十年進士。南京兵部主事。

張紀，字齊方，光禄卿振德子，諸生。任錦衣千户。北京陷，鬻産至南京，圖報國。南京不守，大哭，爲僧，名昭節。弟濳，本名緄，字稚龍，諸生。從振德興文。振德死難，與興文諸生王垣起兵，斬畔官。授都司僉書。奉喪歸。卒年七十八。

嘗熟則歸起先，字裔興，崇禎十六年進士。授刑部主事，多平反。國變歸。

陸瑞徵，字兆登，歲貢。江寧教諭，遷新城知縣，致仕。

時雍，字伯和，歲貢。無錫教諭，專研周易。從子敏，與巡按善，欲爲道地，不許。

嘉定則趙洪範，字元錫，天啟二年進士。授麻城知縣，遷陝西道御史，巡按雲南。普名聲亂，移書巡撫王伉備之。伉逮，連入獄，國變釋歸。

徐時勉，字克勤，崇禎十三年特用。授澄城知縣，民飢發粟，除租例羡餘，罷。卒年七十六。

陸坦，字履長。父嘉穎，字子垂，去諸生卒。坦，崇禎三年舉於鄉。授南豐知縣。隱鄧尉山，窮餓死。

王棨，字偉長，崇禎三年舉於鄉。懷仁知縣，未赴。

太倉則曾五典，字子叙，崇禎十六年進士。授東陽知縣，三月病歸。孫以敬，字浣心，崇禎十年進士。甌寧知縣，遷給事中，降李自成，南歸。崇明則袁廷選，字公廉，歲貢。丹陽訓導，遷歙縣教諭，未赴。清除知縣，不應。子萬琛，字憲銘，去諸生，不入城市。

曹荃，字元宰，無錫人。崇禎元年進士。授南京刑部主事，疏陳時政闕失，畧言：

功罪者，天下之公論，偏用之，則徼倖者生端，而報復無已；賞罰者，人君之大柄，輕施之，則習視爲固然，而威權不靈。以今人心懈弛、世道陵夷之秋，而概以尚德緩刑之説進，臣知其無當也。臣所求於聖明者，惟欲用法之平耳。

竊觀皇上所與共理天下者，二三執政也。自錢龍錫以輔臣下獄，而政府畏罪，一味柔腸，即安危大事，囁嚅莫敢發口矣。所與綜核庶政者，六卿之長也。自易應昌以執法重譴，而士師懼禍，全用揣摩，即炤然爰書，遊移莫能自主矣。詞臣者，啟沃之資也。楊世芳、劉必達素稱端品，以閲文拘謹，置之司敗，而主試一席，人皆指爲畏途矣。監司守令者，郡邑之綱紀也。左應選力捍危疆，聲名甚著，偶挂彈章，身幾不保；王忠孝清操自矢，囊無尺縑，禮數稍疏，隨被逮訊，而保障者無必死之志，飲孽者懷不測之虞矣。諫臣之設，欲其舉賢無隱也。王績燦、吳執御、吳彦芳以薦賢縲絏，而言路吞聲，雖有正人端士，不敢入告矣。直言之旌，欲其糾慝不避也。摘參廠衛之許國榮，以鉛斤中法，指斥宦寺之馬思理、高倬，以草場係獄，而危言賈害，宵小益肆其矜誇矣。

夫三代之世，坐石垂縷，而民知恥者，罰當其辜也。叔季之世，深文腹誅，而下不辱者，罪浮其寔也。煌煌聖世，雷霆日赫，而恬不知警，至矯激之士借以爲名高，詭譎之徒因端而希說，可不爲猛省乎？

且皇上今日而欲行法，則内臣之遣尤不可不慎也。何則？内臣不出，則雪霜雨露皆屬君恩；内臣既出，則兵刑矯飭悉歸中貴。今者大小臣工，毫髮細過，一經指摘，罰不逾時；而張彝憲巨萬贜私，悉置不問。邊臣餌敵，立就搒掠；而王坤主款，反蒙優詔。然則内臣有功而無罪，有賞而無罰，有彈駁之權而無斧鉞之臨，將來鴟張，奚所底止！海内元元，誰非赤子；内外人臣，誰非耳目。平則萬目皆舉，不平則百職俱隳。伏乞聖明垂鑒

疏入，謫詹事録事。再劾内中書黄應恩，并及首輔張至發穢狀，人心大快。累擢漳州知府、副使，勸鄭芝龍勤王。尋告歸。國亡後杜門卒。

邑人華琪芳，字方侯，天啟五年進士第二，授編修。累遷少詹事，掌南京翰林院學士。

坐魏忠賢黨，罷歸。

趙玉森，字君立，崇禎十三年進士。授簡討。降李自成，南歸。

王永積，字稺實，崇禎七年進士。授武定知州，修城製器，糾民操練。清兵萬人至，以民兵六千守十餘日不下。遷職方員外郎。寇迫，疏請清核兵餉，飭南京文武條陳堵截之方。十六年，分較會試，得顧咸建、孟章明、劉曙。擢郎中。中官王之心爲弟之仁賄求節鎮，力拒。之心聳上召對中左門，問諸將缺何不亟推，永積正色以對，卒不用之仁。引疾歸。南京亡後，對酒悲歌卒。

胡之竑，字翼在，崇禎元年進士。授户部主事，榷九江，以羨餘三千金爲貧民完逋。歷興化知府、山東副使。歸卒。

吴其馴，字永調，崇禎四年進士。官職方員外郎，忤温體仁去。完髮終。

劉明翰，字羽戢，光禄卿元珍子，萬曆四十三年舉於鄉。授中書舍人、定王講官。嘗召對文華殿，請東宫或永、定二王南行。北京陷，歸里。

施元徵，字曠和，萬曆四十七年進士。授南京國子助教，疏劾崔魏餘黨徐時泰、孫之獬等。歷下江防僉事、興泉副使，清介勵名節。仙遊寇熾，破禽渠曾旺，不妄戮一人。北京陷，受刑辱，間道歸。

王永吉，字曼修，天啟二年進士。授定興知縣，傾財助楊、左難，於客氏賓客童僕持法不屈。遷儀制主事，劾王永光。出爲福州知府，以事去。黄道周薦，起故官，又劾歸。再起金華，罷。南京亡後，不見一人，數年卒。

石文器，字伯重，瀘溪人。萬曆四十一年進士。授禮部主事。出爲曲江知縣，以事降安慶經歷，署太湖知縣，遷永平推官。改建寧，平天罡地煞黨。陞大理左寺副、右寺正，上平刑疏。時熹宗崩，四郊多壘，大司馬斂兵入城，力爭宜陳師於外，乘便擊賊，毋墮士氣。上疏陳不便十事。擢河間知府，平寇亂。孔有德反，來攻，大破之。周浚城濠，置軍器火藥，悉出捐廉，不費公帑。署天津副使，致仕歸。北京凶問，痛哭幾絶。安宗立，傾財助義。欲謁福京，老不能行。卒年七十九。

子珂，字叔寅，去諸生。山居，薦不應。

時建、撫、吉、臨、袁、贛遺臣：

南城則張紹謙，字道益，選貢。寧海知縣，修城，平反疑獄，修方孝孺祠，并刻其集。遷武昌同知，卒官。

新城則魯論，字孔壁，選貢。授潁州同知。寇警，繕城、治械、練勇，民以安堵。歷天長、霍丘知縣，福建海防同知，倡築城堡，寇盜絶跡。與弟訓歸隱靈峯，著書卒，年八十五。訓，字述之，去諸生。子啟聖，字公望，不應試，力拒鄉飲。

涂世延，字位五，萬曆三十五年舉於鄉。歷湘鄉知縣、隨州知州，卻張獻忠兵，年老致仕。永曆七年卒，年八十一。

臨川則陳民情，字春臺，天啟二年進士。歷武清、遵化知縣，職方主事、郎中，督山海關。轉莊浪副使，陞陝西按察使。以逆奄罷，隱南京。清起巡撫安徽，力拒。卒年八十五。

曾應瑞，字舜漁，萬曆四十四年進士。授揭陽知縣。遷四川道御史，巡按廣西，以不建魏忠賢祠，謫南京大理評事。累陞四川僉事、漳南副使，禽金錢豹等。後與樊師孔以失地罷歸。

李芬，萬曆四十四年進士。副使。

李茹春，字載陽，崇禎十年進士。授華亭知縣，革陋規。改機户官解，躬搜盜三泖。歲大歉，單騎散民變，止軍騎勒索。行取，父卒歸。召不出。

金谿則聶文麟，字孟仁，天啟二年進士。歷應天教授、國子助教、武庫主事、職方郎中。出爲漳州知府，海洋商舶秋毫不染，力捍劉香。忤旨，降寧波同知，轉潮州知府，杜苞苴。陞兩淮鹽運使，卹商困。以廣西參政致仕，卒年九十。女歸邑人李大覺子諸生元善，城陷，大駡死。

劉允銓，字卓望，萬曆三十七年舉於鄉。修武知縣，繕城練兵，禽渠安民。遷懷慶推官，未赴。城陷，被執不屈，刃折，免。卒年九十一。

王廷對，字抒素，萬曆三十四年舉於鄉。歷寧陽知縣、濮州知州，不事搏擊，禽渠免脅從。陞福建鹽運同知，蠲嘗例。家居三十年，卒年九十。

胡兆恂，字子發，萬曆三十四年舉於鄉。授鳳陽教諭，忠賢祠建，欲毁宫牆，力持之。調湘潭，遷新寧知州，謫潘府長史。卒年八十。

王允佐，字右卿，恩貢。歷武寧訓導、教諭，楚府長史，歸。

廬陵則歐陽主生，字醒庵，崇禎七年進士。歷兵部主事、武庫郎中、廣平知府，修城練兵，不受宫花羨金。威縣知縣失守土地，進五千金，卻之。遷蘇嵩副使，革敝政。請告歸。卒年八十二。

程一品，字方叔，吏員。選大使。陳啟新陞吏科，上疏摘其疏中有害國體者，發刑部問擬，直聲動一時。後爲澧州判官。卒年七十。

羅尚仁，字渾然。麻陽巖門巡簡。以征苗功，遷福州經歷，歸。獻忠至，傾家免難。

永豐則梁誠則，字建中。從鄒元標遊，薦試兵部，官山海遊擊。越二十年歸。王寵兵起，禮請，辭。被執，與邑諸生郭之錀字公司及弟晋卿同死。

安福則賀良弼，字君賚，崇禎六年舉於鄉。蘭陽知縣，致仕。

宜春則袁一龍，字占梅，萬曆三十七年舉於鄉。歷江山、邵陽知縣，大理評事，刑部主事，寶慶知府，獎拔士類。忤岷王歸。弘光元年以壽終。

分宜則嚴雲京，字志胤，萬曆四十三年舉於鄉。歷平原知縣、兵馬指揮。以御史巡按河南，與左良玉、劉澤清解開封圍，歸。

張問明，字日章，選貢。授魏縣知縣，治河有功，單騎諭寇。已參盧象昇永平軍，歸。崇禎十一二年大水、永曆元年大祲，爲粥以振，有司榜曰「德門遺老」。

萬載則辛聯魁，字張五，萬曆三十一年舉於鄉。歷永豐教諭、徐州知州。調劍州，寇發，歷險歸。

贛縣則劉思騰，字摶南，天啟四年舉於鄉。廬江知縣，力濟民困。獻忠圍城，固守得全。卒年八十。

龍南則許明佐，字向日，恩貢。授遵義同知，督秦良玉軍平苗。歷揚州、淮安知府。邵捷春薦僉事，歸。拓城不費公帑，崇墉屹如。崇禎末平寇亂。卒年八十四。

左應選，字六語，榆次人。天啟元年舉於鄉。崇禎三年官昌黎知縣，時清兵陷永平、遷安、灤州，應選甫任三日，率士民及各路潰兵登陴，百計力拒。清以蒙古兵攻之，不克；大臣達爾漢晝夜攻，再不克；太宗自撫寧移兵環攻之，迭施雲梯攀城，持盾鑿城，先後四十餘日，卒不克，乃去。尋平白蓮寇數千人於雲峯寺。論功，陞山海僉事，調薊州。忤周延儒，逮戍汾州。李自成至，送關中，不屈，免。卒年八十四。

時山西遺臣：

太原則王邵，字炳藜，崇禎四年進士。改庶吉士，上疏陳時政。奉使代藩，歸里，值寇至，守城設防，救災蠲卹。入知起居注、經筵展書官，陳用人要務。言晋撫吴甡撫民禦寇方略，部黨衅起，遂以疾告。十六年，以國子司業召，未赴。山西陷後，悲憤卒。

鞏皇，不詳其仕履。十七年五月執赴西安，明年歸。

榆次則張養，字惟日，萬曆四十四年進士。歷中書舍人、江西道御史，巡視淮揚，言鹽法六事。魏忠賢欲致門下，不應，見之避去。清浮課二十萬。後以事下獄。北京陷，被執，免。卒年八十二。

雷俊士，萬曆三十七年舉於鄉。順德同知。執至西安。子夢蘭隨侍，歸。

太谷則吴就恒，副貢。吴江知縣。國變不仕。

祁縣則戴運昌，字震存，崇禎十年進士。歷尉氏、良鄉知縣，禽寇有功。遷户部員外郎，請罷練餉，阻馮銓予冠帶。以陳演事連下獄，釋，入鹿臺山二十年，卒年八十九。

徐溝則張璞，恩貢。狄道知縣，致仕。兵至被執，不屈桁夾。自成東歸，與妻陳挾至西安，經死。

壽陽則吳玉，字之璋，天啟二年進士。歷博野、蠡縣知縣，廣西道御史。忠賢誅，應詔陳言，劾趙興邦黨逆及張慶臻賄王在晋、劉鴻訓。出爲河南督糧參議，致仕。

王嘉言，字獻明，萬曆四十七年進士。歷行人、户部廣東司主事、西安知府。城陷執免，後卒於秦中。

柳錦，字素我，選貢。平山知縣，城陷大罵，歸十餘年卒。

高可久，字仲德，歲貢。陵川教諭。遷大同教授，不赴，詩酒終。

盂縣則趙文斗，字仰北，崇禎六年舉於鄉。束鹿知縣，歸，不入城市者三十年。

靜樂則劉光，選貢。歷河間通判、延安同知、神木僉事，歸卒。

河曲則侯三元，字焕吾。恩貢。歷洵陽、保安知縣，延安同知，監紀五省，歸。自成迫餉，以清得免。年逾大耄卒。

樂平則趙士吉，字修之，萬曆二十三年進士。歷陽武、滑縣知縣，提督通惠河，廉直。

忤魏忠賢，罷歸。國亡，樓居完髮十餘年，歿以故衣冠殮。

忻州則賈亭，不詳其仕履。執送西安，歸。

代州則劉靖民，字汝舟，崇禎三年舉於鄉。河南推官，致仕。隱滹水陽。吴維華爲清招撫，過之趣仕，不答。

張本順，字佑蒼，歲貢。訓導。張鳳翼招之，不出。

五臺則王之翰，字瀛宇，選貢。禹城知縣。歸家力田。姜瓖敗後，靜坐終。

襄陵則郭守邦，天啟四年舉於鄉。歷淅川知縣、楊嗣昌監紀通判、荆南僉事，單騎散寇十餘萬，歸。

洪洞則范宏嗣，字燿昆，恩貢。授德州判官，不受餽遺。遷湖廣都司經歷。入京，值戒嚴，立上防禦四策，乃出之任。歸未幾，詔令赴部，力辭。自是與辛全、桑拱揚講研心性卒。

太平則鄗衛宸，字葵一，崇禎四年進士。歷嘉定知州、户部四川司員外郎。親老乞休。清薦不出。卒年七十一。

王椿，字大年，侍郎體復子。任南京太僕丞，歷户部陝西司主事、刑部廣東司郎中，以敢言稱。出爲柳州知府，雪冤獄，歸。自成至，獨不索餉。卒年七十六。

曲沃則衛民牧，字若澤，崇禎三年舉於鄉。西安同知，城陷歸。召不出。與從弟嵩山水自娱。

許翰儒，字文閣，崇禎九年舉於鄉。安陸推官。清舉遺逸，不赴。

張駿烈，字注張，崇禎三年舉於鄉。建德知縣，隱。卒年八十二。

周學閔，萬曆三十一年舉於鄉。城固知縣，歸。拷免。

汾西則閻瑞鳳，太僕少卿生斗子。任通政經歷，累擢户部福建司員外郎，歸。清迭召不出。

蒲州則楊蕙芳，尚書俊民孫，崇禎十年進士。工部郎中，致仕。寇至不屈。

趙弘道，參政，歸。

温源，字憲之，河南道御史，以剛直忤時貴。國亡，居密縣超化寨白雲莊。趙御衆、馬爾楹、耿介訪之，杯酒流連，詩文往復。

臨晋則韓啟泰，崇禎七年進士。授行人，典試貴州，遷刑部主事。入山。

李棲鵬，巡撫棲鳳弟，恩貢。歷井陘知縣、盧陵同知。杜門。

猗氏則張璞，字荆山，副貢。自督餉遼陽通判遷陜州知州，歸。吴三桂入川，辟書記，不應。

萬泉則范學淹，天啟元年舉於鄉。隴右副使，耿直愛民。寇入，令見主帥。曰：「殺即殺耳，何見爲！」寇義之，不忍害，幽文廟，絶粒。士民護之歸。

解州則介嵩年，字赤仙，崇禎四年進士。授益都知縣，歷禮部主事、户科給事中。秦、晉陷，上言：「大節不振，廉恥風微，倡逃迎降，出自搢紳，深可痛憤。亟宜獎崇節烈，以收拾人心。」已李建泰出督師，請同行督餉。國變，與梁以樟隱嵩關，未幾卒。

侯世汾，字修之。歲貢，通判。清召人才，不出。

夏縣則裴章美，字中含，萬曆四十六年舉於鄉。與全以聖學相參訂。官永清知縣，力行教化，兄弟爭訟泣去。甡、朱之馮先後訪道，禮重之。後入山十餘年卒。

聞喜則王國明，崇禎十六年武進士。歷真定守備、遊擊，歸。

平陸則郭連城，字笑瀛，崇禎四年進士。太平推官。以剛忤去。清徵不出，著述以終。

李可贊，字憲陸，歲貢。授濟源教諭，冒矢石，斬河北寇二萬。歷南陽、武陟知縣，撫援汴兵。以老致仕。

稷山則馬耿，字介石，萬曆四十年舉於鄉。歷祁州、景州知州，歸，不食死。

汾陽則劉士鼇，字黿翙。永年主簿，歸，不見一人。隆武二年卒。

孝義則傅作楫，崇禎十六年進士。慶都知縣。兵至將殉，其子持之歸。姜瓖兵起，與邑人張永錫父子應之。兵敗入山。清起不應。

平遥則范道行，字太衢，萬曆三十一年舉於鄉。澠池知縣，以忠賢索賄不應歸。寇亂受創。

介休則董直愚，字肖初，天啟五年進士，歷蘭陽、商丘、膚施知縣，職方主事，稽勳員外郎，致仕。

寧鄉則王守履，字存予，天啟二年進士。自許州知州遷户部員外郎，首劾忠賢、崔呈秀可殺四大罪狀，並其黨倪文焕、田吉、李夔龍逮治死；再面糾陳爾翼閒住。陞兵部郎中。以礮炸，爲梁廷棟所劾，廷杖爲民。後以湖廣道御史巡按湖廣。入清起用。

長治則程正家，萬曆四十年舉於鄉。歷南陽推官、監紀，戰迭捷，禽劉中湖，殲楊四，復鄧、淅二城。累陞户部主事、郎中，致仕。

長子則馮詔，恩貢。石門知縣，以循良稱。拷免。

黎城則李養志，歲貢。忻州訓導，拒寇，歸里陽狂。

沁源則朱之弼，字鼎鉉，歲貢。蒲州訓導。寇至，自刎明倫堂，獲救，歸而講學。卒年九十八。

應州則左光圖，字翼宸，天啟元年舉於鄉。嵩縣知縣。少失祐，事繼母蒲，以孝聞。自成圍城，力拒不支，執，將殺。蒲曰：「我繼母兒事我，願代死。」遂釋歸。居鄉一介不取，冬猶袷衣。

蔚州則閻之奇，字平之，助餉，授中書舍人，督南漕，國變歸。

威遠衛則李初明，恩貢。僉事，致仕。

王宗昌，字諤士，揭陽人，天啟四年舉於鄉。歷番禺、清遠教諭，國子學録，大理司務，户部主事，監舊太倉，剔弊更新。遷郎中，管理七省漕糧，一月，改管山東鹽課。擢天津督餉參議，軍儲百萬，飛輓無虚日，酌盈劑虚，心力並瘁。北京不守，欲起兵勤王，無一應者。知事不可爲，與蔣爘航海歸。後數十年卒。

爘，字韜仲，長洲人。崇禎元年進士。歷餘姚知縣，兵部主事、郎中。出爲天津參議，修建衛城。南京亡，奉母隱卒。

時北直隸府州縣官：

倫之模，字五全，灤州人。歲貢。順天訓導。力拒清召。卒年七十三。

劉光祚，雲南歸化人。崇禎三年舉於鄉。固安知縣。

趙世亮，掖縣人。東安知縣。

郭正奇，不知何許人。通州知州。兵至，走。

孫光啟，平樂人。崇禎六年舉於鄉。三河知縣，降。

史標，字文準，華陰人。崇禎十三年進士。武清知縣。國變不出。

高鶴鳴，商丘人。選貢。灤縣知縣，去。

朱光師，雲南人。舉於鄉。霸州知州。

林文薦，掖縣人。功貢。文安知縣。

李嵩年，三原人。天啟四年舉於鄉。大城知縣。

劉策，字范董，武定人。萬曆二十九年進士。保定知縣。

何肇元，武進人。進士。保定知縣，去。

劉芳久、張錦、張應時，皆不知何許人。涿州知州。

曹建章，字琢甫，冀州人。選貢。涿州學正，歸，詩酒終。

李日晋，不知何許人。昌平知州，降。

郭浩，寧陵人。崇禎三年舉於鄉。懷柔知縣，降。

李永昌，遼東人。恩貢。薊州知州，遷監軍僉事。

王皋，字映藜，保德人。副貢。歷河内訓導、新安知縣、晋州知州，調薊州。

譚心學，貴州人。玉田知縣。

任偉業，耀州人。崇禎十三年進士。鉅鹿知縣調遵化。歸隱四十年卒。

周攀第，内江人。舉於鄉。平谷知縣。

朱永康，蒲州人。崇禎十六年進士。清苑知縣。

劉其修，廬陵人。舉於鄉。滿城知縣。

衛一統，字泰階，陽和人。選貢。安肅知縣，與縣丞周光昊、典史許起龍降。

楊祖訓，嵋峨人。選貢。定興知縣，與縣丞章漢鼎、教諭劉宏道降。

孫有統，虞城人。崇禎十三年特用。新城知縣。

朱宗時，寧陽人。舉於鄉。新城知縣。

張京，字穀臣，澤州人。天啟元年舉於鄉。雄縣知縣，與訓導韓應節降。

胡廷佐，平涼人。恩貢。容城知縣，遷刑部主事。

安懋昭，山西人。蠡縣知縣。

連元，不知何許人。蠡縣知縣。寇至不屈。

董振鐸，富平人。天啟元年舉於鄉。完縣知縣。

王俊民，韓城人。天啟七年舉於鄉。滕縣、深澤知縣，歸。李自成至，拷免。

王奇瑾，洋縣人。崇禎六年舉於鄉。束鹿知縣，歸。

徐維鼎，巴縣人。崇禎十三年特用。東鹿知縣。

藺民孚，華陰人。萬曆四十六年舉於鄉。易州知州，與同知孔弘化、吏目朱懋文降。

李含蛟，不知何許人。涞水典史，降。

徐登進，字賓吾，遼陽人。歲貢。新泰教諭、臨洮教授，遷河間經歷。歸隱新泰，不入城市二十年卒。

魯廷芝，垣曲人。崇禎十六年進士。獻縣知縣。

黃繼祖，無錫人。保舉。阜城知縣，降。

張體乾，韓城人。天啟七年舉於鄉，肅寧知縣。

石可章，榆社人。崇禎十年進士。任丘知縣。

宋調元，字端右，洪洞人。崇禎九年舉於鄉。任丘知縣，降。

王應昌，不知何許人。交河知縣。自成令鄭寧國至，降。

馮盛舉，大城衞人。選貢。交河知縣。

馮倬，萬泉人。天啟四年舉於鄉。青縣知縣。精研性理，從遊甚盛。

孟俊明，字籲卿，光州人。崇禎九年舉於鄉。青縣知縣，去。

柳光禮，宜良人。崇禎九年舉於鄉。興濟知縣，斬衰哭，去。

韓養醇，禹城人。天啟七年舉於鄉。靜海知縣，去。

高拓斯，濟南海豐人。選貢。景州知州，去。自成牧賈元麟爲民所殺。

涂擴然，不知何許人。吴橋知縣，去。自成以符執蒲爲令，邑舉人王翰、諸生季天與執至德州斬之。翰後降。

蘇于令，曹州人。選貢。東光知縣，降。

周祚新，不知何許人。東光知縣，去。

周鼐，江都人。故城知縣，降。

羅熿，字鏡初，介休人。萬曆四十六年舉於鄉。滄州知州，降。

趙嗣光，樂清人。崇禎六年舉於鄉。南皮知縣。

劉錫極，上蔡人。恩貢。鹽山知縣。

王祚，字克纘，朝邑人。天啟七年舉於鄉。慶雲知縣，去。自成授華州牧，不應。

丘茂華，代州人。崇禎七年進士。真定知府。十七年自成至，降。七月，間謁南京，上疏自列效死固守，不從胡寇。南京亡，再降。

孫繼志，容城人。恩貢。真定訓導，歸。

莫甲，不知何許人。井陘知縣。

游人達，豐城人。舉於鄉。獲鹿知縣。

董有聲，河津人。舉於鄉。元氏知縣，降。

王正儒，不知何許人。靈壽知縣。

康國相，郃陽人。萬曆四十六年舉於鄉。藁城知縣。

柯士芳，字無譽，莆田人。崇禎十三年特用。欒城知縣，拒清全城。令段宗夏至，降。

趙文耀，陝西人。歲貢。無極知縣。

李甲，霍縣人。太學生。行唐知縣。

張淑俊，新鄉人。定州知州。

周懋昶，紹興山陰人。太學生。新樂知縣，執，杖免。

洪秉誥，樂清人。崇禎九年舉於鄉。曲陽知縣，出贖鍰存粟千石義振，歸。

林起元，字斗建，文登人。崇禎十年進士。南宮知縣。國變，隱華山，不知所終。母宋、妻劉死難。典史司化金降。

魯永庇，睢州人。歲貢。棗強知縣。

李世程，臨汾人。舉於鄉。武邑知縣，被執。

周汝熙，臨海人。武邑典史署知縣，緝盜全城。

方承珂，字伯玉，莆田人。天啟元年舉於鄉。安平知縣遷壽州知州。
王國樑，茌平人。選貢。饒陽知縣。
鄭君錫，平溪人。崇禎九年舉於鄉。武强知縣，降。
閻承寵，字天廷，趙城人。恩貢。阜平知縣遷趙州知州，歸。卒年八十二。
許宏祚，雲南人。舉於鄉。柏鄉知縣，去。炤磨童養聖降。
李藻然，綏德人。崇禎三年舉於鄉。隆平知縣。
王之珍，華陰人。舉於鄉。高邑知縣。
胡光宇，南昌人。太學生。贊皇知縣。
邵應聘，富平人。崇禎六年舉於鄉。寧晋知縣。
張星，字向一，金堂人。舉於鄉。金縣知縣，拒寇全城，遷深州知州。
鄭之光，廣東人。舉於鄉。深州知州，去。
邵東昇，壽張人。萬曆四十年舉於鄉。洴陽知縣調衡水，以印去。
萬民表，阿迷人。崇禎七年進士。邢臺知縣，城陷死。
鞏皇圖，舞陽人。選貢。南和知縣。李建泰責糧，不屈。
許瓚，河陽人。崇禎九年舉於鄉。任縣知縣。

徐中彦，安定人。崇禎九年舉於鄉。内丘知縣。自成至，去。清官，不應。

楊泰峙，偏關人。歲貢。唐山知縣，與訓導劉澤延降。

袁夢吉，成山衛人。歲貢。平鄉知縣。

李宏基，臨潼人。崇禎九年舉於鄉。廣宗知縣，有古良吏風。建泰兵至，不納。建泰怒，拔其城，民匿之免。

韓垍，蒲州人。崇禎六年舉於鄉。廣平知府。

張延祚，不知何許人。廣平推官，去。

劉昇祚，汾陽人。崇禎十年進士。永年知縣，去。

白足長，清澗人。選貢。稷山知縣調曲周。

韓守恒，甘州人。歲貢。肥鄉知縣，與縣丞陝西王化基、典史解達人守城。

屠斯立，字繼思，漢陽人。崇禎六年舉於鄉。成安知縣，去。

張世澤，杞縣人。歲貢。成安訓導攝知縣，降。

李甲林，全州人，崇禎六年舉於鄉。威縣知縣。

孫必達，字成章，韓城人。崇禎七年進士。臨潁知縣調邯鄲，歸。國亡杜門。

張雲翼，字鵬雲，雒陽人。崇禎十六年進士。邯鄲知縣，去。

吴達，無錫人。崇禎三年舉於鄉。邯鄲知縣，降。

孟登第，字枝山，武昌人。歲貢。清河知縣，歸。年八十，讀書不輟。

張延，渭南人。天啟七年舉於鄉。元城知縣。

張賛，濟寧人。天啟七年舉於鄉。大名知縣。

范芝，雒陽人。舉於鄉。南樂知縣，寬厚和平，去。

樊尚文，字完樸，冀州人。歲貢。望江訓導遷南樂教諭。

歐陽蒸，潛江人。崇禎十年進士。滑縣知縣，降。

孫鵬，鳳翔人。崇禎四年進士。東明知縣，降。

李在公，三原人。萬曆四十六年舉於鄉。永平知府。

榮爾奇，德州人。崇禎十六年進士。盧龍知縣，降。

侯益光，字一匡，山西人。諸生。撫寧知縣，降。

樊騰霄，慶陽寧州人。萬曆四十六年舉於鄉。昌黎知縣，歸。自成官，不受，被拷。入荆村山。

徐可大，鎮武衛人。歲貢。昌黎知縣，降。

吴方思，武進人。崇禎十三年進士。灤州知州。

馮如京，字紫乙，雁門人。灤州知州，降。

龐泮，字子魯，任丘人。歲貢。灤州學正，歸。卒年八十四。

吴孟明，字文徵，紹興山陰人。尚書兑孫，錦衣都指揮同知南鎮撫轉總兵有孚子。任錦衣千户，遷鎮撫司副理刑。魏忠賢以私人許顯純掌鎮撫司刑篆。羣小陷東林，孟明從容語曰：「連多於鉤黨者則快，盍亦自爲他日地乎？」後先活者四十人。又佐定爰書，坐贜皆無左證，預爲昭雪地。顯純知之怒，誣藏亡命，下司拷訊，削籍歸，大獄乃成。

嘗乘小舟出遊，忽舊邏卒來見，問：「何爲？」曰：「伺察周汝登、劉宗周等間隙耳！」曰：「昔夏門亭長知憐李固，長安石工猶賢司馬，今爾曹獨無心耶！」卒唯唯退。

崇禎初，起僉書。與徐光啟分練京營兵，擢都督同知、錦衣都指揮使掌衛。陸文聲訐復社張溥爲倡亂魁，救之。

孟明居官貪，以附東林得時譽，掌衛二年歸。魯王監國，與姜一洪、金蘭各出十萬金犒師。國亡後卒，年八十。

子邦輔，字元素，任錦衣千户鎮撫理刑。姜埰、熊開元下獄，上欲死之，故緩其事。上怒少解，令嚴訊主使者，略訊具獄。上詔予杖，二人乃免。

孟明兄孟淵，以任子歷錦衣都指揮使掌衛。子國輔，字期生，任鎮撫，廣東武舉第一。崇禎中，東宮出閣講學，以指揮僉事爲侍直。尋陞指揮使南鎮撫僉事都督同知、太子太保、左都督，緹騎俯首斂跡。歲饑，振災全活數十萬人。魯王監國，將驕兵悍，要求百出。死力捍義，糾徒完守，以衛鄉井。王入海，侍孟淵隱居以終。

徐本高，字維岳，嵩江華亭人。大學士階玄孫。天啟初，任錦衣指揮僉事，力拒建魏忠賢祠。會飲日，命演劉瑾故事，忠賢甚之。會楊、左下獄，魄藥通問，矯旨削籍。威宗立，召原官。清兵圍北京，分守彰義門，以功加太子太傅、左都督，乞休歸。南京亡，不食死。子佐，任中書舍人。

徐大成，興化人。崇禎三年武舉，南京羽林右衛指揮僉事。從洪承疇陝西，挂柱石將軍印。國亡爲僧，不入城市二十年卒。

李守鑠，字景暘，和州人。國楨從子。歷龍驤衛指揮使、都督僉事，居庸昌平總兵。李自兵至，死戰，殺傷數百人，自刎不殊。後至南京，入廣東卒。

文登科，江寧人。官總兵。國變，爲僧平鄉華高寺，名大光。閱數十餘年卒。

陶紹侃，字惜之，黄岡人。天啟七年武舉。官鄖陽遊擊，大破寇三條嶺，陞行都司，力戰紅坪灣渡泥闕。擢臨鞏總兵，加左都督，告歸。

丘上儀，字維正，武進人。武進士。歷江西都司、海鹽遊擊、贛南總兵。居官廉。或告之曰：「將者，智信仁勇嚴，不聞以廉，取一介亦何傷？」笑而不答。國變後，躬耕海鹽紫雲山。

沈義，吴江人。賣餻爲業，喜任俠。周宗建逮，慨然周旋槖饘；既卒，爲之殯殮。津撫馮元颺奇之，招至麾下，累功官都司、僉書、副總兵。隱伏龍山。

陸鳴皋，字漢聲，吴縣人。騎射，通兵法。崇禎四年武進士。官臨清守備，破寇滕縣，遷副總兵。侃侃陳時政，削籍，入東山。史可法招，疾未赴。

陳瑞鳳，字來儀，武昌人。通兵法。討平白蓮寇，授參將，鎮天津。不媚忠賢，致仕。崇禎十七年十一月，卒於衡山。

孫宗岱，字石君，六合人。諸生。崇禎中應薦，以參將總理鹽法。國變賣藥。

韋謙，潁州人。練兵保鄉里。崇禎八年十四年兩拒寇，官遊擊。

劉元勳，字長人，桐城人。諸生。通兵法。爲可法都司，提餉繁昌。又從黄得功戰英霍，陞遊擊。可法督師揚州，疏薦，居憂未出。清徵不應，隱於孔城。

許雲際，字見龍，寧國人。歷湖廣都司、遊擊。張獻忠破武昌，一門三十餘人死，雲際力戰免。卒年七十八。

趙連城，字我維，湖廣人。劉綎都司。國變居無爲。卒年九十七。

管一馴，字寧海，南陵人。萬曆四十三年武舉。保定、大寧都司，以連環礮卻自成兵。爲都御史張寅誣下獄。北京陷歸。

陳國計，字丹廷，武進人。于王弟。有膽力，以武舉官太湖都司。詩酒自娱卒。

歐陽亮，字孔炤，分宜人。白沙守備，招鄉兵結守。北變歸。卒年九十四。

毛欽明，武昌人。武舉。登萊守備，年老歸。臨歿，戒子孫不仕。

方興，字伯坤，莆田人。少爲諸生。崇禎中從戎，平海寇，累功官副總兵，鎮浯嶼。時紅毛夷據臺灣，巡撫欲攻之，興謂：「當今中原多事，生民涂炭，亟宜拯救撫勞，何暇闢遐荒之土，擾鹿豕之羣耶？」巡撫怒，劾興阻兵失機，下詔獄。七年，乃得放歸。已而夷侵浯嶼，檄往諭之，興單騎赴夷營。夷素知興威望，退去，復故官。入京上疏，指斥時事，而上抑不報，待命而北京亡，久之乃歸。國亡，抑抑卒。

同邑梅應明，字麗中，崇禎三年副貢。官兵馬指揮。復社方興，以負時望者相引爲曹。應明慨然曰：「東漢鉤黨，南宋僞學，禍不遠矣。」投劾回，以詩酒自娱。子彥驥、彥騊，崇禎六年三年舉於鄉。

同時，黃鼎元，字臚先，紹興山陰人。少遊邊塞，熟地理。崇禎七年，在山西北樓副總兵李秉春軍。清兵至，建議劫營。任守備，夜選死士三百，火攻全城。中官劉允中忌之，誣秉春冒功死。鼎元詣京代訟冤，下獄。後斬允中，鼎元出爲宣府鎮朔中軍。九年，清兵攻城，用火器拒守。十年，遷萬全都司，屢禽大盜，定兵變。十四年，陞湖廣都指揮使，加都督，勸宋一鶴守禦計，不用。十五年，遂陽狂病歸卒。

徐大鵬，字翔雲，龍遊人。負大力，從綎、麻貴討倭征播，先入婁山。又從熊文燦剿鄭芝龍，官副總兵。崇禎二年，清兵入，守平子門。上書斥張鳳翼誤國，三疏糾溫體仁黨庇之奸，下獄；鳳翼得罪。自理末減，戍榆林，赦歸。卒年九十四。

蔣蘊奇，字禹培，會稽人。諸生。歷山東都司，河南參將、副總兵，以仁威稱。國亡隱湖墅，自稱夢覺道人。卒年七十九。

董守正，字澹子，鄞縣人。光宏從子。官光化典史。與推官程九萬招張獻忠穀城，累遷鄖陽守備。從趙光抃宣大，陞遊擊。光抃死，隱淮安。國變賣畫，卒年九十。

莫夢琦，字兩韓，上杭人。京師西路中營守備，有拒禦功。國變歸。

葉樞，字機仲，嵩溪人。天啟武舉。南企仲贊畫，家北京。國變歸，杜門。

魏國選，字蘭渚，會稽人。推萬人敵，官三屯營使，歸。

黑雲龍，字從名，宣府人。任遊擊。天啟七年，累官宣府總兵，以事落職。崇禎二年，京師戒嚴，從滿貴入衛。召對，陳方略，起山海總兵，統新募赴敵。兵皆市井無賴，非夙練，一戰披靡。矢貫過頤，墮馬，被執。清百計窘之，不屈。行至邊，乘間誘斬監者二人。歸，備陳虜情，嵩山圍得解，陞後軍右都督。給假歸宣府效用。北京亡後卒。

同時，談震采，字偃之，膠州人。萬曆四十四年武進士。自總河坐營遷山東都司僉書，修三殿。歷山西掌印都司、榆林遊擊，防邊有功，斬神一元，降神一魁，解慶陽圍，斬趙勝。張福臻奇其才，疏留屯守寧塞參將，以病歸。崇禎十五年，清兵至，與高弘圖拒守。國變，隱不仕。子必揚，字暘若，諸生，拒張大雅。清官不應。

侯雍，字碩膚，大興人。駙馬拱宸孫。任錦衣指揮使。隱六安，以吟咏終。

王世德，字克承，大興人。任錦衣指揮僉事。北京陷，方巡徼北城，拔刀將引決，僕抱持奪刀，挽趨金剛寺。時妻魏已率諸婦女赴井死。僧哭進僧服，乃祝髮走淮安，作崇禎遺録。子源，見清史。

黄培，字孟堅，掖縣人。尚書嘉善孫。任錦衣僉事，轉都指揮使。上章論事，力保復社。黄道周、姜埰、熊開元逮，戒使者，得不死。國變完髮，後坐詩稿死。子貞明，任錦衣僉事。

王承恩，西寧衛人。歷三岔守備、大靖參將。提兵入衛，擢太子少保、臨洮總兵，挂鎮西將軍印。改延綏，降宜川寇，破上天龍、苗明陽等鄜州，上天龍降。已乞歸。久之，召赴京。阻於寇，崇禎十七年五月二十九日病歿道中。

馬獻圖，字興之，西寧衛人。都督世龍子。任錦衣都指揮使，憂歸，率家將健丁日夜守。李自成百計攻，不下。既破京師，乃悉兵攻之。獻圖力竭城陷，與弟戰死城上。

馮璿，睢南人。武舉。南直總兵，勦川寇有功。隱叙州。

李甲，盧龍人。家世遼帥，鎮瀋陽。甲以蟒玉總兵守杏山得脱，入五臺爲僧，名文釋，字海湧。後至江西，勸宗室議霧入滇，不知所終。故將拳石，負技勇，亦爲僧萬安。

李朴，遼東人。總兵。國變，改姓名，遁石埭卒。

李恒焴，香河人。右府都督同知，隱南京。

卓聖，遼陽人。荆州水師副總兵，大破飛天王、馬光玉睢陽。妻徐，河南人，便弓馬，從自成軍，戰敗歸聖。自是同率軍殺敵，屢有功。一日，聖攻王二、王三敗，被圍茅嶐山中，徐率五百人援之，戰東山，禽王二，得出。國變，偕隱芒碭卒。

倪鸞，字和鳴，臨清人。武舉。官鳳陽留守，以副總兵管宿遷營務，駐於馭下，寇犯禽斬之。河上軍潰過宿，力拒守。歸。

王世傑，字爾康，榆林人。都督威子。任遊擊。陞桂林副總兵，未赴。以兄世欽死難，入山。吴三桂授官，不應。

張宗仕，灤州人。通兵法。從張春軍，官參將，致仕。

李士元，字小溪，順天通州人。有膽力。官青州守備，拒清兵全城。崇禎十五年，以參將屯蘆溝橋，發紅夷礮敗清兵，回青州。自成兵至，斬將軍姚甲。説衡王由樴起兵，不從。趙應元起兵，爲清誘殺之。後圖反正，亡命，鬻馬絡北京二十年卒。

李秀，神木人。從洪承疇、孫傳庭軍，官定州參將。救開封，礮傷股。隱啞柏，葛巾方領。迭召不出。

柳應時，榆林人。歷環縣守備、階州參將，以步兵三百人力拒寇，招集流亡，一方以安。

沈浩，字洪溪，寧晋人。力舉千斤。崇禎四年武進士，京營參將。隱文登鐵槎山。永曆五年卒，李一壺殮之。

方裕崑，蔚州人。以勇署官新平堡參將，隱千勝疃。

劉紀，字約吾，雒川人。以軍功官參將，隱。

李嶐，字浮玉，棗强人。歲貢。崇禎十一年，與弟嶽拒清兵全城。授沿河口守備，防真定。十二年，平贊皇寇。十六年，又與劉璠力守拒清，遷參將。嶽，以武舉官遊擊。十七年，撫寇王之林、吕增爵。宼國變歸里，嶽入清成進士。

鄭莊，字南華，寶坻人。參將，致仕。

王弘基，字觀生，滄州人。天津餉院遊擊。寇至，以火器全城，歸。

張應運，字景開，蓬萊人。從山永馬成名軍，補山海車左營中軍守備，得山東清俘民五百歸。崇禎十六年，以失地聽勘。黎玉田薦撫標左營遊擊。國變歸，屢薦不出。

郝允德，字寧尹，絳州人。崇禎七年武進士。歷利民守備、平陽參將、保定遊擊。丁啟睿命屯北山。北變聞，仍堅拒不下。自成破平陽，與知府張尚策出戰，禽帥劉貴，牛金星遁。

祁生保，蔚州人。宣府遊擊，致仕。

唐調鼎，武騰衛人。武進士。安西遊擊，防固原，禽董千總通寇者，進剿安民有功。

王三錫，字懷萬，福山人。便弓馬。崇禎七年武進士，歷昌平守備、登州水師遊擊，調陝西。十七年二月，赴京陳方略。國變，狂走海上卒。弟慎言，崇禎七年武進士。錦衣百户，去。從子家利，精技射，溷跡拳技終。

劉兆基，字臨宇，廣平人。崇禎四年武進士。歷威遠守備、河間都司。國變大哭，杜門二十餘年卒。

賈奇珍，字連城，雒川人。武生。歷千户、黄龍山守備。招高傑，遷柏林都司。國變，爲自成所執，不忍加害免。

田夢桂，肅寧人。崇禎十二年武舉。以故關守備家居拒寇，賴保全者萬人。義師起，清强起不應。卒年九十二。

王政行，字東泉，昌平人。官守備。威宗梓宫移昌平，無錢殯葬，政行約守備劉汝朴及諸生孫繁祉，太學生白紳、徐魁、李甲、鄧科、趙永健、劉應元、楊道痛哭，傾家財奉安於田妃園。凡畚鍤斥復之事，皆躬爲之。葬畢，隱遁。未幾，總督李鑑與總兵王應輝、參將楊甲，於崇禎十七年五月朔斬將起兵，後與楊春茂降清。汝朴，字次軒。春茂，字奎東，崇禎十五年舉於鄉。

王翰英，威海人。鎮撫守備。爲威宗發喪，泛海南去。

丘念祖，字續武，淄川人。崇禎六年武舉。潞安守備，致仕。

竇五龍，字秋實，曹縣人。崇禎十二年武舉。西寧鎮海營守備，歸。死難。

來紹，靖遠人。靖遠道標守備。以打刺赤地衝要，修城垣敵樓，爲一方保障。

馬元臣，字錫九，宣府人。父同知颿，殉沔陽。元臣官天津守備，扶柩歸。

寧承芳，宣府人。勇敢善騎射，累功官大同守備，爲盧象昇所重。隱杭州，述象昇事，灑淚不止。

宋涇，字霖蒼，瀋陽人。崇禎十六年武進士。官安慶撫標守備，避地濟寧。先，崇禎中友人寄金二萬，埋土二十年，屢空不假。後遇故掖令劉甲，問其先人，則寄金友也，同至其家發之，封識如故。甲初不知，願留其半，涇不受。臨終，自書「大明武進士」主，投筆而絕。

魏明命，字臨汝，沁州人。父副總兵，死難。明命，諸生。任指揮僉事，林泉詩酒以終。

蕭時亨，字天衢，德州人。任指揮僉事，歸。卒年八十二。

董道人，隱其名，家開封，工畫嵩石。少去文爲武，起家關中，入北京爲兵部將佐。崇禎十年守信陽，多戰功。北京亡，大哭，火戰袍，埋弓劍，爲道士固始南山，問往事不應。後卒於山中。

南明史卷九十

列傳第六十六

無錫錢海岳撰

張培　唐啟中　程生春　康裕中　傅孕笥　周鑣 從父維持　從弟鍾　兄銓　張明弼　吳邦策　黎志陞　武愫等　雷縯祚　光時亨 子廷瑞　項煜　蘇京　時敏　錢位坤　姜荃林等　王景曦　徐紘

張文達，保山人。萬曆四十六年舉於鄉。授錢塘知縣，累遷霸昌僉事。時兵事亟，傾家助餉，以憂去。聞李自成至，還騎入衞。北京破後，於蘆溝橋驛亭自經死。

顏繼淵，嘉定人。崇禎中舉於鄉。授萊陽知縣，遷昌平知州。北京破，逼起用，大駡，入學宫撞碑死。

任之和，順天通州人。諸生。萬世道、張彪，涿州人，皆諸生。崇禎十七年四月，集衆謀起兵，事洩死。諸生朱萬祺降清。

賈應鶴，字鳴皋，永清人。副貢。寧海衞經歷，遷行人，致仕。十七年三月二十四日，衣冠決家人，曰：「君亡國破，何以生爲？」賦絶命詩，不食死。

施溥，字汝中，上海人。父大經，崇府審理。兄沛，南康同知，有清操。溥歲貢，授永清衞經歷，遷欒亭知縣，未赴。北變聞，曰：「父兄荷國恩，詎可失臣節！」仰藥死。

王延善，字維嬰，保定新城人。諸生。通性理，以醫活人。崇禎十一年清兵入塞，大掠京東南。與子餘恪餘佑、餘嚴，從子餘厚、餘慎，合孫奇逢起義兵保鄉里。北京亡，兄建善復城邑；延善乃散財萬金、粟千石，糾兵數千人，告天傳檄，進復雄縣、容城，禽縣令。時吳三桂已降清，延善不知，命雄縣武舉劉溶齊文印及馬予三桂。同事者雄縣諸生馬魯、邊文祺，新城守備胡斌，及從子餘祺等，方向文安、任丘圖大舉。任丘令走死，文安固守不下。餘厚，字若谷，諸生。與餘恪、餘佑、餘慎，亦以一哨復安州，禽州牧。兵勢已合，而三桂引請兵至，李自成西遁，衆乃散。

多爾袞入北京，仇家訐延善前狀，逮刑部獄。餘恪謂餘嚴曰：「父死而子避，非義士也。我二人其死之。餘佑出後世父，不可死。」輦金向京，道中見有演伍員出關者，餘恪謂餘嚴曰：「吾弟幾誤大事，二人死，誰報父仇者？」餘嚴曰：「我弟也，當死之。」餘恪曰：「弟壯且能，我死弟留。爲員爲尚，不可再誤。」二人同之正陽門，刑部方以延善出菜市，餘恪大呼曰：「我起義生員王延善長子餘恪也，求赴死。」父子遂同死。

餘嚴夜歸，率壯士數十人入仇家，誅其老幼三十人。清人益怒，檄逮餘厚等。逾年，餘厚被執，旋得解，與餘慎渡河隱歸德以終。

建善，崇禎十三年特用。授魯山知縣，入清起用。餘佑，自有傳。

王琦，字鴻美，深澤人。選貢。歷青城、虞城知縣，興學較，課農桑，捐奉振飢。流寇攻城，敗之。崇禎十四年，土寇圍城，中矢力拒得全。命兼辦漕虞城，盡散米。歸里，練鄉兵。十七年真定陷，以一軍屯深澤，衰絰陳計。四月，聞北京亡，嘆曰：「國破矣，忝膺一命，可生乎？」寇欲官之，不從，閉門經死。

陳嘉猷，慶都人。歲貢。有學行，從遊者甚盛。寇至，拒戰死。

王甲，蠡縣人。武生。北變，哭失聲，大書「崇禎皇帝」四字於胸，以手撫之，狂走號泣三日，不食死。邑人馮澤亦死。

鄧奇遇，字會明，柏鄉人。家世力田。北京亡，奮欲起兵，不果，謂妻曰：「吾欲死義，爾能從乎？」妻曰：「夫子將蹈高節，妾請先之。」遂仰藥死。次日葬之，召親故訣。衆曰：「子草莽微賤而捐軀，好名不已甚乎？」奇遇曰：「嗟嗟，是何言？士各有志，詎以一死博名高哉！」竟仰藥死。

魏光龍，饒陽人。與李若梓、索雲錦，諸生王啟賢、王采、符應第、符應舉、符振芳同死。

閻東井，武邑人。崇禎六年舉於鄉。起兵棗強，立「定鼎營」，戰死。定州、冀州士民於崇禎十七年五月起兵，斬牧董一陽、盧傳第。事跡不詳。

李春蓁，肥鄉人。崇禎四年進士。以湖廣道御史巡按山東，不阿權貴，投劾歸。十七年五月，與鄉官唐起元，舉人虞贊元，諸生宋湯齊、郭珩、王拱宸、徐坤，與黄廷奏、任有名、任守智、李孝及僕劉芳起兵。湯齊等爲張汝行所殺。春蓁被執西去，與妾馬經宜溝驛死。

起元，字伯汾，肥鄉人。潞州指揮僉事，歸。後率家丁力戰鉅鹿死。汝行，肥鄉人，少爲盜，張鳳翔，拔千夫長，累官通州總兵，罷。降劉方亮，授權將軍。再降清。久之病死。

冀運洪，曲周人。諸生。北京亡，與諸生王瀛、霍度、岳浧，推縣丞張天爵爲知縣，禽令孫應震，爲先帝發喪，團練城守。聞德州兵起，乞援未至，應震與千總王來朝通。城陷，運洪、天爵執死。天爵，華州人。

殷淵，字仲泓，雞澤人。諸生。工矟劍，有文武才。父太白，爲楊嗣昌監軍副使。淵從征，嘗以數騎破寇萬餘。寇驚曰：「殷公子神勇不可當也。」皆辟易去。太白旋爲嗣昌所殺。淵志欲報仇，入廣陽山中，教子弟鄉人習武。

崇禎十六年，清兵至，攻半月不克去。十七年，李自成破雞澤，尋圍京師，招之不應。偕兄岳，馬騰龍、諸生楊祥麟等，約山中壯二千人斬令秦植，復廣平，以同知陳嘉胤署知府，訓導劉澤廷權知縣。次柏鄉，威宗凶問，乃入城哭臨，義聲大震。一時百户嚴世清斬唐山令，諸生黄公祐復順德，申涵光起廣平，王顥祚起曲周，各以兵會，廣平九邑悉定。是年五月，淵爲奸人所乘，遇害明倫堂，暴屍烈日中不壞，有黄犬守之不去。家丁王明血戰死。趙鐸斬數人被執，斷縛去。

騰龍，密雲人。歲貢。雞澤訓導。與母年八十，從淵死。

楊希震，字心起，長垣人。崇禎十三年進士。授堂邑知縣。時大暵，蠲逋四萬八千餘金，致仕歸。北京亡，令至，結壯士謀斬之。事洩，迫指同謀，極罵遇害。首斷身仆，又躍起若將擊寇者。寇大驚，擲屍城外，白虹貫天，久之乃散。

魯廷芝，垣曲人。崇禎十六年進士。獻縣知縣，死難。

李化桂，陝西人。濬縣典史。令馬世聰至，與鄉官劉向信、王元衡密謀起兵，不克死。元衡，諸生，欲執令下獄，清兵至，免。

劉焜，内黄人。光祚孫，太學生。刎死。

程見周，字香臼，滑縣人，崇禎三年舉於鄉。

邑人王良翰，字藎銘，崇禎六年舉於鄉。閻祺，字敬迓，諸生。十七年五月與廩生朱印哲謀起兵，事洩被執，酷刑不屈，北拜死。印哲仕清。

張崙，字在真，新河人。博通經史，寄情翰墨，卜居南宮。國變，麻衣痛哭。寇至加禮，不答，大罵死，屍不仆。

何大陸，字叔作，開州人。諸生。精騎射，力戰死。妻杜經死。

劉璧星，字聚五，東明人。萬曆四十三年舉於鄉。授即墨知縣，致仕。崇禎十七年，李自成令王秉衡至，璧星與張力、范春駿、李允樟、馬行健、辛廣慈起兵，於五月望各率家丁十余人斬秉衡。爲寇所劫，皆大罵死。

力，字扛侯，崇禎十年進士。萊州推官，以入覲歸省，爲倡首。贈太僕少卿。

春駿，字倩美，天啟四年舉於鄉。商南知縣。

允樟，字若梗，歲貢。武英殿中書舍人。父妾李井死。

行健，訓導。

廣慈，字航海，諸生。皆東明人。

李興邦，字振宇，歷城人。世襲濟南衛指揮。北京亡，防禦使至，官紳迎之。興邦哭辭親，大慟死。都司劉世儒起兵。崇禎十七年五月，防禦使去，進士孫建宗請鍾性樸掌府，尋降於清。

鄧之榮，字樸如，聊城人。任東昌衛指揮僉事，平狗蠅肚亂。安山大飢，粥振多全活。北京亡，郭陞至，世職多降。之榮曰：「世受國恩，一旦至此。戰則無兵，徒死無益，吾其行也。」東至東阿，得鄉兵五百，戰白塔山敗寇。明日再戰亭山，鄉兵潰。以二十騎戰，被圍幾重，戰死，時六月二日。

鞠鳴秋，長山人。農夫。有北歸者言上崩狀，痛哭，經死。

郭萬程，字孟白，汶上人。選貢。中書舍人，劾魏忠賢，廷杖罷。崇禎初，以將才起南京副總兵，提督水師，再罷。北京危，起山東副總兵勤王。未行而陞至，執死。

王奇謀，平陰人。崇禎中武舉。令張先聲至，起兵斬之。後赴肥城，爲盜所殺。

朱錦，濟寧人。寇攻城急，聲言止殺知州朱光一人，能出者免屠。錦貌如光，請代易衣出，寇磔之去。

舒萬化，字廷鳳，玉山人。歲貢。博興知縣。崇禎十七年七月，李自成兵圍城，萬化登陴，謂民曰：「我爲王臣，爾爲王民，敢不效死！」城破，衣冠與妻程、子懋友婦毛同經死。

典史沈季佐，不知何許人。戎服巡城，連斬二人，刎死。

教諭張述，濟南海豐人，歲貢。

訓導王象益，字沖儒，濟南新城人。歲貢。夫婦死。

郭純，不知何許人，歲貢。觸壁死。

副貢顧遠，博興人。同死。

又海豐教諭厲必中，字允薦，日炤人。歲貢。聞北變，絶粒明倫堂，與僕李忠同死。

邑人袁斯魯，字愚溪，副貢。訓導歸，遇寇莒州不屈，與子死。

壽光知縣王國興，靖虜衛人。選貢。張所蘊，鎮番衛人。歲貢。自青州經歷升任。先後死。

尹尚志，字如甫，臨朐人。爲童子師。北變怒詈。會盜渠孟尚信入境，火死。

王勳，蒙陰人。與陳主謣、陳福增、趙惟章、張爾禄、楊子蔭、張養真，不屈死。

傅鍾秀，字海峯，高密人。崇禎元年進士。官太嘗少卿，以憂歸。北京亡，日哭泣，一夕髮白。令孫握玉至，與單崇上啟衡王，糾士民禽之置獄。寇大至，被執死。

子禀初，字天鄰，副貢。草檄討寇，讀者感泣。同死。

崇，字景姚，高密人。萬曆三十八年進士。自翼城知縣遷户部主事，以郎中督遼餉，經署熊廷弼重之。丁憂不出。與劉廷選、閔真、廩生張所性守城，大駡死。

同時，車宗殷，垣曲人。天啟元年舉於鄉。登州同知。城陷死。

沈文煌，登州人。武舉。寇至，與二子皆死。登州衛遊擊王鴻業，守備方成矩，大嵩衛指揮使邵秉鉞，靖海衛指揮同知王銘鐘，威海衛指揮同知劉鴻嗣、指揮僉事陳萬言降。

葛凝秀，平定人。崇禎七年進士。官户部郎中，致仕。十七年七月，李自成授官，不屈死。

邑人諸生安邦輔、陳一德，自成兵敗過州，詣營痛詆之，皆井死。

王徵俊，字夢卜，陽城人。天啟五年進士。歷韓城、滕縣知縣，户部主事，河南副使，捍寇有功，遷山東參政。調寧前，歸。北拜經死。

高宗文，汾州永寧人。歲貢。汾西教諭，歸。崇禎十七年八月城陷，衣冠坐中庭死。諸生張素等不試，被執，死者百七十人。都司崔有福降。

高象先，字斗南，浮山人。諸生。十七年秋，被執磔死。

王緒宏，字思永，澤州人。崇禎十六年進士。授真定知縣，入山。自成迫致，不應。輾轉就宗室廷堉謀恢復。張元錫突於十七年十月變起肘腋，挾之從，大駡死。

州人程接孟、式孟兄弟等十八人同死。接孟，萬曆四十三年舉於鄉，沭陽知縣。

當崇禎十七年五月，自成自北京敗走山西，郡邑多閉門拒守，自成攻屠之，民死枕籍，姓名可紀者：

郝士林以榆次拒，與副貢侯祥，武舉郝應祺、王輔國，太學生張治經、齊榎，諸生張治度、趙芳、任三讓、桑蘅、祁三俊、李聯捷、王國昌、李塾、侯之翰、齊人道、寇獻瑜、寇獻球、寇永滈、褚延文、李塘、李幹智、大用、褚延寬、李登龍、寇省身、寇發身、王瑄、王建元、孫承志、董萬有、李自登、程雲步、張辨、齊文輝、王度弘、翟漢傑、張鳳翔、張運隆、郝龍禎、周諭等皆死。

太谷令周士達以城拒，太谷人固原同知武國清與子諸生象乾四人死。諸生郭民翰，字憲芳，戰死。諸生員觀光，民杜光輝、趙譔、侯萬里、李元芳，與妻員死，侯萬方與母李及子婦婢妾十三人井死，孟之晉母張經死。城中死者二萬七千人。

諸生王師帝，以翼城拒死。定襄、忻州、祁縣亦屠。

又永寧都司崔有福以州拒，攻寧鄉、臨縣。八月，永寧陷，自成將劉忠攻陽城，邑人潘貞力拒不下。

是月，清兵始入大同，十月入太原，十一月入平陽云。

諸天祐，聊城人。少任俠，倜儻有大志，遊關中多年。崇禎十六年，孫傳庭戰歿潼關，西安失守。天祐率壯士十八人據河州，募勇千人，欲復西安。李自成以萬人攻之，天祐弟出城逆戰，少卻，天祐從城上彎弓瞋目踴身下，植立叱咤，矢發，寇渠應弦倒。寇奔，揮刀逐之。寇大敗，依山不出。久之，天祐率三十騎間出山後，偵寇無備，乃留騎山上，令曰：「我下襲之，如見寇亂，即馳下。」乃單騎緩轡趨寇壘。寇初不戒，近始呵之。天祐大呼曰：「我大膽諸將軍來取寇首。」躍馬繞營走。寇錯愕驚，搏之，營亂，三十騎自山上馳下，呼曰：「大兵至矣。」寇駭潰。天祐禽斬數十人歸，繇是名動關中。明年，寇渡河長驅入晉，攻北京，分精兵十萬取河州。天祐力不支，亡山谷。

北京破，上殉國，天祐痛哭，拔刀斫石，復起兵鳳翔，凡四十二人。鐵虎頭者，嘗從洪承疇立功，隱終南山。天祐以將汪鳳容、柳含往請之，虎頭慨然曰：「諸公以義召我，我何辭！我年六十，尚辭死乎？」立謁天祐。天祐大喜，即歃血爲盟。是時自鳳翔而北，南及漢中，西踰隴，山寨豪傑莫不暗受約束，寇中亦有期內應者。天祐憤不能待，與虎頭出山號召，猝遇寇步騎數千，即前突之，斬前鋒將數十百人。

初，天祐在河州，嘗與寇戰，望見寇中軍大纛，挺戈入，寇將辟易，橫刺刺擁纛者下馬，奪纛馳還。寇將隨後呼曰：「諸將軍，我知公天威。今奪我纛，何面目見人，幸哀還我纛，後請無敢犯。」天祐笑擲予之。至是其將在軍，目曰：「此諸天祐也。」寇大驚，益請兵圍之。虎頭揮雙鐧，左三稜，重十六斤，右二十斤，四稜，出入重圍，所向披靡。

會日暮，鳳容曰：「前有水，身請阻橋，將軍與諸人幸少息。」天祐曰：「諾。」遂過橋。虎頭、鳳容、王甲三人據橋西，含、伊季分巡水上下。含謂居民曰：「水深幾何？」曰：「淺。」含曰：「寇度奈何？」曰：「請給之。」須臾，寇至上流，遥呼民問渡。民曰：「水及馬腹，泥深不可測。」寇逡巡去。大隊逼橋東，列板前行爲蔽，長矛後，翼以弓矢，將次渡。虎頭解甲著單布衣，挾鐧躍過，碎二板。寇攢矛刺之，虎頭揮鐧折矛如葦，人馬仆死，寇去旗鼓走。鳳容兄子秉拍手呼曰：「張飛據水斷橋，何以過！」夜半間走。

初，客李生者，年十一，爲文千言立就。及長，與姬詹習天文兵法，工騎射，皆天祐所倚。生失道，鳳容、含、章顯還跡之，行二十里，以故寇追及之。天祐分衆爲二：命顯、鳳容將右，自將含、季將左，奮攻之。寇散復合。鳳容見寇以二矛躡天祐，天祐力鬭不顧，又縱馬馳而左，寇驚退。一寇乘間刺鳳容中脅，鳳容夾其矛，奮力掖寇墜，鳳容亦墜。寇失矛，鳳容拔寇矛反刺，寇殪之。含奪馬授鳳容，鳳容上馬。馬弱復墜，又奪馬援之。共馳逐寇，寇退數十里。次日，復戰力疲。天祐知事不濟，嘆曰：「我起兵報國，卒困此。天也！吾當畢命此寇。」馳赴之。寇圍幾重，天祐四面突。甲望見，曰：「事急矣。」潰圍入，解甲授天祐，翼之出，遂各脱身走。天祐馬蹶，死於陣。虎頭爲寇獲，大駡不屈死。關中豪傑聞之，皆爲流涕。

甲，山東人，多力善射，精火攻，膽略過人。時天下大亂，黠者從寇，招之，曰：「吾將爲國殺賊，肯從汝乎？」久之，往來兩河，交豪傑，豪傑多下之。身長八尺，貌寢訥，使酒難近。臨陣，以牛胞貯酒負馬上。戰酣，數人下馬坐地角飲，寇見不敢犯。而忠義出天性，與天祐爲兄弟交，同起兵。天祐被圍，大呼入，左手運戈，右手解甲與天祐曰：「天下可無我，不可無公。」天祐死，部伍皆散，痛哭曰：「兄死，我不獨生，終爲兄報仇。」乃撫其妻子，傾橐交四方奇士，圖再舉，不果。從隱秦晋以死。

顯善識路，倉卒過山林，陰雪夜亦辨，談笑殺寇。又嘗次卿者，被創洞腹，血殷韉，戰更力。事皆不詳。

劉温克，字幼恬，涇陽人。諸生。精醫術，爲洪承疇、楊嗣昌上客。北京亡，命家人成服。李自成歸西安，知不免，陰製藥以待。自成果召之，長揖不拜。自成怒，及進藥，疑之，不肯服。次日索之，温克已夜服毒死矣。年七十五。子良肱，去諸生，隱。

李樹聲，岐山人。猗氏知縣致仕。北京亡，招之，不從死。

李瑁，盩厔人。崇禎六年舉於鄉。入山死。

張傑，隴西人。諸生。賊陷城，官民皆降。防禦使劉達，故巡按，日較諸生，以收人心。傑密與道標守備陳對明、崔光祖謀糾衛弁起兵，屯寧遠魯班山，民附者萬計，羣推爲主，傳檄四方，有云「少康以一旅興師，楚人以三户亡秦」，人心感動。攻清安門入城，爲尹王鼎鼐、令夏清所拒，入山。寇攻圍數月，力屈。崇禎十七年九月，與對明、光祖戰死。妻李經死。其屬鄭百户、光杜四、鄭三並有將才，皆死。

温元春，寧遠人。選貢。北京亡，與諸生杜桂枝、金章、王汝盤，太學生郭梁散財起兵死。

李毓梁，字喬選，盂縣人。崇禎十五年舉於鄉，有儁才。北變，痛不欲生。李自成招至西安授官，乃命妻奉母入山，於十七年七月十五日書紙曰：「君恩深重，背之不忍；老母年邁，逃則不能，惟一死可謝君親。」遂自經死。明日，母至不哭，曰：「兒不從命，死得其所，何哭爲？」人皆賢之。

李應選，金華永康人。濟源典史。十七年十月，衣冠端坐死。

錢養士，字望雲，盂縣人。諸生。與諸生劉國檄皆守城執死。

邑人程德化，字羲寰，歲貢。北京亡，與舉人李化邦、選貢閻善先、廩生馬雲路率子弟門人哭上生寺。閱數月，寇至城陷，皆被執死。

劉光斗，夏縣人。舉於鄉。修武知縣，在任二年，大開屯田，活者千人。授官，不應死。

李三樂，修武人。聞變井死，年七十五。

王榮，字吉甫，榆林人。彰德遊擊、護藩城守參將。寇至，護趙王出。追及，力戰，中矢被執。愛其勇，誘降，不應。與子師易同死。

高應詔，字顯吾，遼東人。任指揮同知、彰德都司。寇東下武陟，將至郡，分防水冶鎮。十七年八月，以萬人攻鎮，應詔戰龍山、元亢、馬鞍山，迭勝，追及山西界。寇大至，陣死倪村，水冶得存。義勇王廷秀、李尚賓、周顯威、谷邦奇皆死。

竇維輅，龍門衛人。崇禎六年舉於鄉。武安知縣，安撫有方。北變，自刎獲救，旋自毒死。

陳三益，字友芝，會稽人。准貢。授中牟丞，集丁壯築堡，數敗寇。遷儀封知縣，仍兼中牟，力守孤城。北京亡，招撫使至，三益盡碎佩印，被執，不屈死。

楊鳳彩，安陽人。歲貢。中牟教諭，城守，被執死。

喬信宸，滎陽人。諸生。練兵保鄉里，令至，逐之。崇禎十七年四月，寇大至，被執。授官，不應，大罵死。

李珍，字席之，郾城人。廩生。十一月，寇至城屠，死者三千人，珍割舌支解死。

邢晤，字林泉，臨潁人。善雙刀，力拒小商橋。寇數萬人至，戰死。

王之章，字茂才，禹州人。諸生。家饒好義，守禹山寨。弘光元年春，被圍汲盡，被執不拜，與妻張死。

范世增，字奎光，杞縣人。負膂力，精槍法，爲練總，拒寇有功。元年正月，通許土寇婁道一至。署知縣李經命以百人出，殪其渠。越十餘日，寇大至，力守月許。敗寇出追，經馬蹶，世增以馬易之使去，自與李友京力戰死。

蔡東莊，偃師人。有奇力，與四子一孫拒戰。被執，大罵死。同死者二十餘人。

丁如浣，字穎水，鄧州人。騎射多力，修髯如戟，身長七尺，賓禮文士豪傑。寇亂，棄諸生，召死士，立明家寨，起鐵冶治戰具，屯田百頃。寇來則戰，多克捷。弘光元年春，李自成南走，兵大至，圍寨數匝。如浣大戰二十日夜，不支死。

州人海寬，諸生。合軍穰東寨，舞槊救之，斬數十人，力竭亦死。

傅彦，以衆守樓自保。是年四月，劉宗敏襲之，執死。

唐廷俊，字家修，讀書力田。鄧州屠，避房家寨。家人次第殉，乃投塹死。

韓陳忠，太學生。不屈死。

申爾忠，内鄉人。諸生。投井獲救，不食死。邑人符光宏，諸生。駡寇死。

賈嘉元，字太和，裕州人。監貢。中書舍人。力守，城破，大駡死。州人石峨，諸生，格死。

樊中萃，字超宇，諸生。立寨祖師頂。大隊至，不支死。

張培，字抱一，廩生。立寨自守。土寇張良相破寨死。

唐啟中，字本之，廩生。衣冠經死。

程生春，字肖宇，守備内鄉團練。火自成劄，保青頭山，戰敗，與妻投崖死。

康裕中，舞陽人。諸生。端方好學。被執，大駡死。

傅孕笥，汝陽人。諸生。崇禎十七年六月，袁宗第至，戰脱孕領死。

周鑣，字仲馭，金壇人。雲南布政使泰時子，崇禎元年進士。授禮部主事，抗疏論不當寵任内臣，罷斥言官。上怒，斥爲民，自是知名。

泰時兄尚書應秋、弟御史維持，以黨附魏忠賢列逆案，鑣深恥之。通籍後，即交東林，矯矯樹名節。已晋郎中。阮大鋮廢居南京，鑣與諸名士爲留都防亂揭帖逐之。大鋮懼，匿牛首山。或謂大鋮曰：「鑣名以訐公而重。諸名士之黨，又以訐公者媚鑣。」於是大鋮怨鑣刺骨。南京議紹述，吕大器、姜曰廣並主潞王，鑣與雷縯祚嘗往來遊説，故馬士英、大鋮欲以是致二人於死。

後士英劾周鍾從逆，牽連及鑣，於是鑣、鍾等俱逮治。維持與鑣弟銓、外孫張明弼奏言：「家門不幸，鑣、鍾兄弟成隙。吴邦策回南，鑣傳刻燕中紀事、國變録諸書，僞撰勸進表、下江南策以誣鍾。且鑣於陛下登極，首倡異謀，是鍾罪止一身，鑣實罪在社稷也。」詔所司並劾焉。獄急，鑣屬陳丹衷致書幣求解於士英，爲邏者所獲，丹衷坐謫。羅萬爵上疏痛詆鑣，且偏詆東林，而祁逢吉以詈鑣，自光録卿遽擢户部侍郎。

弘光元年三月，誅妖僧大悲。王懩因言：「斬百大悲，不如斬鑣、縯祚。二人者，妖所繇興也。夫真主既出，海内帖然。乃今日冒稱皇子，明日冒稱皇妃，希踵王郎故智，實繇二人譏訕新政，造謗宫闈，故訛言繁興。不立斬二人，恐魚腹藏書，狐號叢野，乘間竊發。」會左良玉東下，檄中有「構陷鑣、縯祚」等語，士英、大鋮益怒，謂二人實召良玉兵，趣賜自盡。乃各作家書，互書「先帝遺臣」於腹，投繯死。遺命勿葬，如伍子胥抉目事。置棺雨花臺側，未浹月而南京亡。

維持，字爾調，萬曆四十七年進士。天啟中，請刊黨籍，盡毀天下書院。俄劾趙彥削世蔭，周嘉謨、張問達、白所志、劉惟忠削籍。以應秋在位，引嫌歸。崇禎初，起巡按浙江，劾罷。

鍾，字介生，鑣從弟。爲諸生。有聲復社。崇禎十六年進士，改庶吉士。甫半載，李自成入京師，投繯。其僕救之，不得死。忽黎志陞至，挾以出降。顧君恩薦之牛金星，用爲簡討。事敗南歸。周氏，金壇右族，而其父子兄弟悉有離心。鑣、鍾尤以才相忌，各招致生徒立門户，兩家子弟遇於途，不交一揖。鍾既降，鑣門人徐時霖等被以惡名。朝中傳其自稱：「勸進表『獨夫授首，萬姓歸心。比堯舜而有武功，邁湯武而無慚德』等語，爲金星所賞。」遠近切齒。初，鍾與弟鎔遇大鋮酒肆。鎔與語不合，推案壞坐，坐皆失色。鍾徐引去，不爲謝。劉澤清鎮山東，慕鍾名，奉五百金以交歡，拒勿納。以此二人深恨之，故士英、大鋮謀必殺鍾。其年八月，士英言：「光時亨力阻南遷，致先帝身殞社稷，而身先從寇，爲大逆之尤。鍾勸進未已，又勸早定江南；聞其嘗馳馬於先帝梓宫前，臣聞不勝髮指。其諸父應秋、維持皆忠賢鷹犬，今鍾復爲自成忠臣，梟獍萃於一門，逆黨鍾於兩世，宜加赤族誅。其母兄銓，尚厠衣冠之班；從兄鑣，儼然寅清之署，均宜從坐，用清逆黨。」鍾遂被逮。士英起大鋮，爲廷臣所阻。大鋮語人曰：「彼阻逆案，我當立順案相對。」以自成國號順也。鍾既被繫，數求解於士英不得。及六等定罪，解學龍置鍾次等待繫。士英擬旨詰問，學龍不得已改從一等，而以停刑請。士英怒，學龍削籍去。明年四月，高倬用新竹篦杖之數十，張孫振再鞫再杖。居數日，良玉檄至，人情洶洶，遂與武愫同棄市。鍾猶謂行刑者曰：「殺我，天下遂太平乎？」

銓，字簡臣，崇禎十年進士。上虞、蕭山知縣，致仕。永曆七年，以義師事連，談笑死。

明弼，字公亮，金壇人。崇禎元年進士。授揭陽知縣，謫浙江炤磨，起台州推官，遷户部陝西司主事。憤士英當國，不赴。

邦策，字一匡，四川人。選貢。印國變録被逮。

志陞，字子方，華容人。崇禎七年進士。官山西督學僉事，降自成。自成敗，南歸，遇清兵死。

愫，涇陽人。崇禎十六年進士。候選京師，迎降自成，授淮安防禦使。方愫之吉服迎自成也，有僕大慟曰：「奴聞主憂臣辱，主辱臣死。此何時，不奔喪哭臨而吉服乎？」叩頭出血。愫叱之去，遂絶粒死。愫後竟見法。

雷縯祚，字介公，太湖人。崇禎十三年特用。授刑部主事，劾楊嗣昌六大罪。遷武德僉事，劾督師范志完縱兵淫掠、折餉行賄。召入朝，與志完面質中左門。纘祚因言周延儒招權及其幕客董廷獻通賄狀，廷儒繇是被放。志完誅而令纘祚回任。纘祚初覬得總憲，故極意攻擊，及是頗沮喪，廷臣遂以此忌之。及馬士英欲逐姜曰廣，乃令宗室統𨨗誣劾之，指纘祚爲曰廣私黨。劉孔昭謂阮大鋮曰：「當迎立時，曰廣、纘祚倡言上不可立，當設法阻之。」大鋮竟據以入告，且曰：「龍飛之初，可爲寒心。曰廣尚不敢爲賈充，而纘祚公然欲爲成濟，宜立正西市。」明年二月，林有本復劾其爲不孝不忠。至四月，遂與周鑣俱賜自盡。

光時亨，字羽聖，桐城人。崇禎七年進士。授滎昌知縣，斷決明敏，屢雪冤獄。歷兵、刑科給事中。旬月間，凡彈劾權貴及言軍國事，疏凡百許上，直聲大震。十七年三月，召對平臺。范景文、李邦華、李明睿、項煜請南遷，時亨叱之曰：「寇四面環集，乘輿將安往？不如固守根本，以定人心。」議遂格。已奉命分守東直門。城破，墮陴，折左股，扶服入尼庵。夜半自經，尼救之不死。尋爲寇跡得，過御河投水，又爲人所救，移時甦，遂志移不死，乘間南歸。

初，左光斗、魏大中之死，阮大鋮主之，時亨訢之，故大鋮必欲得而甘心。時亨舟過宿遷，命劉澤清逮送京，誣以迎降。時亨曰：「殺則殺耳，可辱耶？」杖三十，與周鍾、武愫同戮，以此辱時亨。

子廷瑞，字輯侯，諸生。隆武時，血疏頌父冤。左光先、方士亮亦謂：「以爲果降，聲罪戮之可也，何必以阻南遷爲罪。以阻南遷罪時亨，時亨大節皎然矣。」黄道周亦是其議。得昭雪復官，授廷瑞中書舍人卒。妻王經殉。

煜，字仲昭，吴縣人。天啟五年進士，改庶吉士。以經藝名，授簡討。清兵自大安口入，劾尚書王洽，請如世宗斬丁汝夔故事，洽乃下獄。歷詹事、侍讀，極論張至發把持考選，庇兒女姻任濬而抑成勇，被譴。北京破，與倪元璐、馬世奇痛哭，將自裁，忽門生黎志陞排闥入，請迎降。煜方恨駡，而志陞竟挾之上馬去。煜既不死，既語衆曰：「大丈夫名節既不全，當立蓋世功名，如管仲、魏徵可也。」已得太嘗丞，大沮。奉李自成命祀泰山，馳驛微服走南京。適安宗即位，雜入朝班，爲衆所逐，匿於鍾家，爲士民執之南京下獄。高倬爲援助餉例，斂三千金出獄。而故里爲鄉人所火，不敢歸，走慈谿。明年，江東兵起，衆擁之西門外太平橋，繩繫擲激湍中死。

時降臣之命赦得起用者：

蘇京，字培皋，安東衛人。崇禎十年進士。授杞縣知縣，監軍援開封。遷江西道御史，巡按河南，監延寧甘固軍。十七年，自成自蒲阪渡河，京託言塞太行道，先遁。行及寧郭驛，兵變，迫衣婦人衣插花行，違則抶之，以爲笑樂。後降自成，授防御使。南走，命防廟灣。

時敏，字子求，嘗熟人。崇禎十年進士。歷海寧、安陽、固始知縣，明察有吏才。自成兵至，拒守十一月完城。遷兵科給事中，屢言時政得失。出巡三邊，督軍真定。轉都給事中，視糧江西，諭左良玉戢兵移鎮，威令肅然。北京破，大呼曰：「天下將一統矣。」降，選爲令。士民焚其家，三代四棺均毀。自成敗，南歸。以澤清薦，與王景曦、徐紘開屯大瞿山，薦單恂、曹家駒爲通判，協理屯事。南京亡，奉義陽王朝墠起兵，有舟千、壯士二三千人，擢兵部右侍郎，總督南直軍務。志高氣盛，鄉人不與。後爲毛晋所劫，死於七星橋。僕王成從死。茅忠裕匿敏妻子死。

錢位坤，字大隺，長洲人。崇禎四年進士。授大理右寺正。自成改國子助教。南歸，擢兵部郎中。

姜荃林，字蘭滋，鄱陽人。崇禎元年進士。授寧國知縣，修學甄才。調房山，降自成。南歸，遷禮科給事中。又中書舍人顧大成，以入銀九千，亦復官。

景曦，字子萬，上海人。崇禎十五年武舉。任左所千户，遷瞿山屯田都司。南京亡，奉母歸隱。

紘，字莞佩，長洲人。太學生。授千户，役夫數百開山，工食仰於紘，月費千金不吝。